"互联网+"新形态一体化系列丛书

养老机构运营与管理

主　编	周素娟	李海燕		
副主编	王　伟	韩晓婷		
参　编	崔　凯	范东一	惠国浩	王乾丽
	蒋利芬	李东辉	李淑欣	王　宇
	于安国	赵　辉	张艳军	王小龙
	李　瑾	张坤昱		

北京理工大学出版社
BEIJING INSTITUTE OF TECHNOLOGY PRESS

版权专有　侵权必究

图书在版编目（CIP）数据

养老机构运营与管理 / 周素娟，李海燕主编 . -- 北京：北京理工大学出版社，2021.11
ISBN 978-7-5682-9998-5

Ⅰ.①养… Ⅱ.①周… ②李… Ⅲ.①养老院 – 运营管理 – 研究 – 中国 Ⅳ.① D669.6

中国版本图书馆 CIP 数据核字 (2021) 第 262468 号

出版发行 / 北京理工大学出版社有限责任公司
社　　址 / 北京市海淀区中关村南大街 5 号
邮　　编 / 100081
电　　话 /（010）68914775（总编室）
　　　　　（010）82562903（教材售后服务热线）
　　　　　（010）68944723（其他图书服务热线）
网　　址 / http://www.bitpress.com.cn
经　　销 / 全国各地新华书店
印　　刷 / 定州市新华印刷有限公司
开　　本 / 787 毫米 × 1092 毫米　1/16
印　　张 / 14.5　　　　　　　　　　　　　责任编辑 / 李慧智
字　　数 / 344 千字　　　　　　　　　　　文案编辑 / 李慧智
版　　次 / 2021 年 11 月第 1 版　2021 年 11 月第 1 次印刷　责任校对 / 周瑞红
定　　价 / 39.00 元　　　　　　　　　　　责任印制 / 边心超

图书出现印装质量问题，请拨打售后服务热线，本社负责调换

前　言

我国已进入老龄化社会，老龄事业及养老产业快速发展。目前，我国养老机构数量在急速增加，养老机构运营体系建设在不断完善和成熟。

2017年"深化产教融合、校企合作"写入党的十九大报告，校企合作政策"组合拳"以及人才培养的创新机制开始深入人心。《养老机构运营与管理》的出版是企业与学校联合培养人才的具体体现。本教材由从事养老运营10余年的企业高管、核心运营团队、行业专家及老年服务与管理资深教授和学者共同编写，编写过程中提取了大量国内外养老运营管理与服务实战经验，注重知识与技能的实用性，能较大程度地满足培养老年服务与管理专业人才的需求，也是国内外养老机构多年运营与实践的结晶。

本教材由四个项目组成。项目一养老机构发展概况介绍了我国老龄化现状与趋势，概述了我国养老机构的类型、服务理念、服务等级划分及服务项目；概述了国内外养老政策。项目二养老机构服务与管理重点介绍了两方面内容：一方面从服务角度，将老年人入住到退住养老机构的服务全过程进行了阐述，并重点介绍了社会工作的介入对养老机构的意义；另一方面从服务管理角度，对养老机构服务战略、服务理念和服务流程进行阐述，并重点介绍了国内首创和探索实践的"全人整合照护模式"相关理论和实操要求。项目三养老机构管理主要阐述了养老机构管理的要素、管理的方式、管理的内容及要求和管理的相关政策，并重点介绍了安全管理、质量管理和标准化体系建设方法和要求，同时对行政、人力资源、财务、物业及信息化知识和管理进行了详细阐述。项目四不同运营模式的养老机构管理特点重点介绍了公办公营、公办（建）民营、民办公助三种模式的特点、运营方式及存在的主要问题。

本教材的最大优势在于将养老机构运营与管理所涉及的知识及技能进行了较为全面的阐述，借鉴了国内外不同类型养老机构的运营与管理经验，并用真实案例进行充分体现，对养老机构的运营与管理、对养老领域人才的培养更具科学性、实用性和可执行性。

本教材的主编团队作为国内养老产业、养老教育领域的先行者，精于专业，求于实战；既是机构运营实操的舵手，又是教书育人的园丁，也是"校企合作""双师制"的践行者。

希望本教材能为我国未来养老机构运营人才的培养提供较为完整的知识体系和实证依据，更能为养老行业从业者日常培训和职业生涯发展的重要学习工具。

另外，本教材在编写过程中得到了北京理工大学出版社给予的大力支持，在此深表感谢。

本教材引用了许多作者的文献，由于篇幅有限，仅列出主要参考文献，真诚地向各位作者表示感谢。

由于时间仓促，且限于编者的能力和水平，教材中难免有不妥之处，恳请读者谅解并给予指正。

周素娟　李海燕
2021 年 9 月 8 日

目 录

项目一　养老机构发展概况 ……………………………………………………………… 1
　任务一　我国人口老龄化现状及趋势 ………………………………………………… 1
　任务二　我国养老机构概述 …………………………………………………………… 8
　任务三　国外养老机构概述 …………………………………………………………… 14

项目二　养老机构服务提供管理 …………………………………………………………… 24
　任务一　老年人入住、退住养老机构与评估服务 …………………………………… 24
　任务二　养老机构的主要服务内容 …………………………………………………… 30
　任务三　养老机构社会工作介入 ……………………………………………………… 68
　任务四　养老机构服务管理 …………………………………………………………… 74
　任务五　全人整合照护模式 …………………………………………………………… 80

项目三　养老机构服务保障管理 …………………………………………………………… 94
　任务一　养老机构管理概述 …………………………………………………………… 94
　任务二　养老机构的安全管理 ………………………………………………………… 107
　任务三　养老机构质量管理与标准化体系建设 ……………………………………… 124
　任务四　养老机构的行政管理 ………………………………………………………… 152
　任务五　养老机构的人力资源管理 …………………………………………………… 164
　任务六　养老机构的财务管理 ………………………………………………………… 199
　任务七　养老机构的物业管理 ………………………………………………………… 205
　任务八　养老机构的信息化知识和管理 ……………………………………………… 210

项目四　不同运营模式的养老机构管理特点 ……………………………………………… 220

项目一 养老机构发展概况

任务一 我国人口老龄化现状及趋势

【知识目标】

◇ 了解人口老龄化、老年人口抚养比、老年人口系数的概念
◇ 熟悉人口老龄化的四种状态
◇ 了解我国人口老龄化现状
◇ 了解我国人口老龄化发展趋势和应对思路

【能力目标】

◇ 能够运用所学人口老龄化的知识读懂相关报告,并能撰写简单的有关人口老龄化的文章

【素质目标】

◇ 形成积极的人口老龄观

【思维导图】

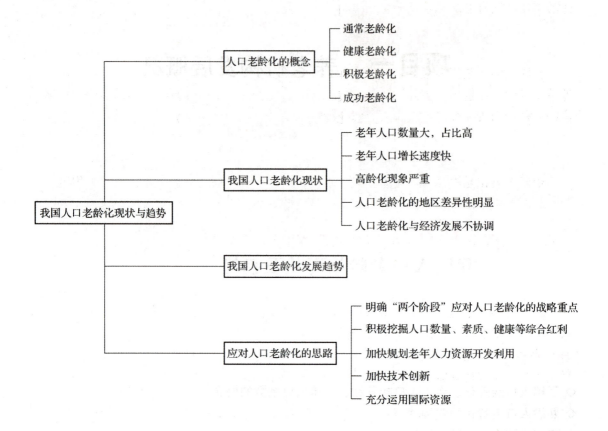

一、人口老龄化的概念

人口老龄化是指总人口中由年轻人口数量减少、年长人口数量增加导致的老年人口比例相应增长的动态过程，是经济社会发展的产物，是时代文明进步的标志。人口老龄化包含两方面含义：一方面是指老年人口相对增多，在总人口中所占比例不断上升的过程；另一方面是指社会人口结构呈现老年状态，进入老龄化社会。按照国际标准，当一个国家或地区60岁及以上人口占总人口比例超过10%或65岁以上人口占总人口比例超过7%，就意味着这个国家或地区处于老龄化社会。

人口老龄化已成为世界发达国家和部分发展中国家普遍存在的一种社会现象。我国自1999年进入老龄化社会，是世界上唯一在经济不发达情况下进入老龄化社会的人口大国。预计到2030年，我国65岁以上人口占全国总人口比重将提高到18.2%，至21世纪中叶将达到顶峰35%左右，21世纪末老年人口将维持在总人口的1/3左右。下文通过"通常老龄化""健康老龄化""积极老龄化"和"成功老龄化"四个概念来阐述人口老龄化的含义。

（一）通常老龄化

通常老龄化是人体衰老的一个自然发展过程，是指身体功能尚好，但有某些疾病、一定功能丧失和早逝危险的老年人，常有血压升高、腹部脂肪堆积、一个或多个生理过程恶化的表现。通常老龄化强调的是个体自然老化。

（二）健康老龄化

健康老龄化是指通过提高整个老年群体身心健康水平、减少医疗支出和延长老年人有效劳动寿命，促进老年人才资源的开发和利用，将老龄化对社会的不利影响转化为积极因素的一种行动或一段过程。健康老龄化强调的是政府和社会的行为。

（三）积极老龄化

积极老龄化是以承认老年人权利、尊严和自我实现为原则基础，通过老年人积极的行动，提高老年生活质量，使其健康与保障尽可能发挥最大效益的行动或过程。积极老龄化是全方位的，既包括身体健康和心理健康，也包括老年人自我价值的实现、贡献及权利，从而赢得社会更广泛的尊重。积极老龄化强调的是个人的积极参与。

（四）成功老龄化

对于老年人来说，发生疾病与功能丧失的危险性低；具有高水平的心理和身体功能状态、生活充实富有活力是成功老龄化的三个标志。对于社会来说，成功老龄化揭示了怎样的老龄化社会才是人们所期望的社会，至少要做到有准备地老龄化、均衡地老龄化、有尊严地老龄化和有贡献地老龄化。

二、我国人口老龄化现状

我国人口基数大，老年人占比高，多年实施计划生育政策，社会经济发展迅猛，城乡二元经济结构突出，这些基本国情决定了我国人口老龄化的复杂性。

（一）老年人口数量大，占比高

《2019年国民经济和社会发展统计公报》显示，2019年底我国总人口首次突破14亿，达到了140 005万人。同年，联合国经济和社会事务部发布的2019年《世界人口展望》报告显示，世界总人口为77亿。我国人口总量约占全世界的18.2%，依然是世界人口第一大国。2019年末我国人口数及其构成比重见表1-1。

表1-1 2019年末人口数及其构成比重

指标	人数（万人）	比重（%）
全国总人口	140 005	100.00
其中：城镇	84 843	60.60
乡村	55 162	39.40
其中：男性	71 527	51.10

续表

指标	人数（万人）	比重（％）
女性	68 478	48.90
其中：0–15 岁（含不满 16 周岁）	24 977	17.84
16–59 岁（含不满 60 周岁）	89 640	64.03
60 周岁及以上	25 388	18.13
其中：65 周岁及以上	17 603	12.60

自第五次人口普查开始，我国老年人口数及比例持续上升。同时，我国老龄化程度在世界格局中的位次不断上升，预计 2050 年排名第 33 位。截至 2019 年我国总人口及老年人口比例见表 1-2。

表 1-2　总人口及老年人口比例

年份	2000 年（第五次人口普查）	2011 年（第六次人口普查）	2015 年	2016 年	2017 年	2018 年	2019 年
总人口（亿人）	12.95	13.71	13.75	13.83	13.9	13.95	14
60 岁及以上老年人口数（亿人）	—	1.78	2.2	2.31	2.4	2.49	2.5
60 岁及以上老年人口数比例（％）	10.33	13.26	16.1	16.7	17.3	17.9	18.1
65 岁及以上老年人口数比例（％）	6.96	8.87	10.5	10.8	11.4	11.9	12.6

注：数据来源包括《第五次全国人口普查公报》《第六次全国人口普查公报》《2015 年国民经济和社会发展统计公报》《2016 年国民经济和社会发展统计公报》《2017 年国民经济和社会发展统计公报》《2018 年国民经济和社会发展统计公报》《2019 年国民经济和社会发展统计公报》。

根据国家统计局发布的数据，2019 年末我国 60 岁及以上的老年人口数达到 2.54 亿，占总人口数比例为 18.1%，65 岁及以上老年人口数达到 1.76 亿，占总人口数比例为 12.6%。由中国发展基金会预测，中国将在 2022 年左右，由老龄化社会进入老龄社会，届时 65 岁及以上人口数将占总人口数的 14% 以上。

（二）老年人口增长速度快

首先，中华人民共和国成立至 1957 年，我国迎来了第一个人口增长高峰期，如今恰逢该人口队列进入老年阶段。其次，人口平均预期寿命不断延长，进入老年阶段的人口迅速增加。最后，我国人口总量增长步伐的减缓一定程度上使得老年人口比例扩大。2000—2010年的10年里，我国人口总数增长量为7 390万人，1950—2000年的50年间，平均每10年增长人数为1.2亿。60岁及以上的老年人口在1990—2000年的10年间增长了3 300万人，2000—2010年的10年间增长了4 753万人。我国老年人口进入了快速增长时期，其增长速度超过了世界大部分国家。

从人口系数来看，我国老年人口系数从7%上升至14%用了25年，而从14%上升至21%只用了15年，比大部分发达国家和地区所用时间都短，如法国的老年人口系数从7%上升至14%用了116年之久。

老年人口系数

老年人口系数也称老年人口比重，是指老年人口在总人口中所占比重。其水平高低反映一定时点人口年老或年轻化程度。

（三）高龄化现象严重

通常60~69岁被划分为低龄老年人，70~79岁为中龄老年人，而80岁以上则为高龄老年人。2010年我国80岁以上的高龄老年人口总数为2 098.9万人，占全国老龄人口比重为11.8%。联合国经济和社会事务部在《2010年世界人口展望》中预测，到21世纪中叶，我国80岁以上的高龄人口总数将达到1亿左右，占我国老年人口总数的比重将达到22.5%。近20年，我国老年人口增长快于总人口增长，也是全部人口中增长最快的部分。

由于高龄老年人大多生理机能衰退，患病率高，生活自理出现不同程度的困难，因此高龄老年人在生活上需要照料。另外，高龄老年人退出劳动力市场已久，个人储蓄减少，需要经济上的供养。我国严峻的老年人口高龄化形势，给社会秩序的稳定带来巨大挑战。

（四）人口老龄化的地区差异性明显

我国人口老龄化的地区差异主要体现在城乡差异及东西部地区差异两个方面。中华人民共和国成立以来，我国迅速完成了人口结构的转变，农村也随之实现了人口再生产类型的转变，老年人口比例迅速提高。另外，自改革开放以来，城市的就业拉动力使得农村劳动力大量流向城市。在内因和外因的双重作用下，我国人口老龄化逐渐出现了城乡倒置的现象。虽然人口老龄化城乡倒置现象在发达国家也曾普遍出现，但该现象在我国显然有其独特之处。首先，我国农村的经济发展水平远远低于城市。其次，我国人口老龄化城乡倒置的持续时间长。在未来较长时期内，农村青壮年劳动力仍会大量向城市迁移，这将导致农村老龄化程度高于城市的现状无法得到改变，预计这种状况将持续到2040年，此后城市的老龄化程度才会逐渐超过农村。

与此同时，我国人口老龄化的地区差异还表现为东西部地区的差异，这主要是东西部经济发展及医疗水平不同，气候条件也有所差异，导致东部地区人们平均寿命比西部地区长。一方面，东、中、西部三大区域在进入老龄化社会的时间上存在较大差距。东部地区早在1992年就进入了老龄化社会，比中部地区早了整整10年，而西部地区则在2004年才以老年人口系数7.02%的水平进入老龄化社会。另一方面，从绝对差距来看，三大区域老年人口系数呈阶梯分布，由东向西依次为高、中、低。从2003年开始，绝对差距有所减小。从相对差距来看，东西部地区差距最大，紧接着是东中部地区差距，中西部地区差距最小。

（五）人口老龄化与经济发展不协调

发达国家人口发展的历史经验表明，人口老龄化程度是基于一定的社会经济发展水平的。我国的人口老龄化虽然也是伴随经济高速增长而发生的，但是老龄化的发展速度远远超出了经济发展水平所能承受的力度，即当前的老龄化程度与经济发展水平极不协调，被称为"未富先老"。中国是目前唯一在经济不发达情况下进入老龄化社会的人口大国。

老年人口比重的增加在一定程度上阻碍着经济的发展。一方面，我国的人口老龄化尚处于初期阶段，劳动力仍在增加，储蓄的积极效应部分抵消了老龄化所带来的消极效应，加之我国老年人传统的消费观念以及目前老年人消费和投资渠道狭窄，使得我国人口老龄化在短期内会增加居民储蓄，减少社会消费。另一方面，从劳动力供给的角度来看，由于人口梯队效应，老年人口比重上升意味着劳动力资源的减少，这将成为未来经济发展的桎梏。

三、我国人口老龄化发展趋势

受计划生育政策、城市化和经济增长模式的影响，我国人口增长率逐年降低。预计到21世纪中叶，我国人口增长率将下降至-0.33%，占世界人口总量的比重也将下降至15%左右。即便如此，我国老龄化程度仍持续加深，预计到2030年，我国将进入人口老龄化最严峻的时期，一方面，老年人口总数将迎来高峰；另一方面，随着老龄化的加剧，老年人口抚养比将大幅度攀升。

四、应对人口老龄化的思路

中国在建设社会主义现代化国家的过程中，要将积极应对人口老龄化与创新驱动发展、乡村振兴、可持续发展等国家战略和重大举措深度融合，实现在发展中积极应对人口老龄化。

（一）明确"两个阶段"应对人口老龄化的战略重点

第一个阶段（2020—2035年），要加快推进创新驱动型发展，积极构建适应老龄化社会的政策制度，奠定积极应对人口老龄化的物质基础和制度保障基础。

第二个阶段（2035—2050年），要巩固完善应对老龄化的政策制度，使促进人的全面发展的制度保障更加成熟。

（二）积极挖掘人口数量、素质、健康等综合红利

第一阶段我国总抚养比快速升高，数量型人口红利消减。但与发达国家相比，我国抚养负担相对较轻，且具有人口规模、劳动力比较优势，同时人口综合素质大为改观，收获质量型人口红利的基础正在强化，应积极推动科技创新，构建与人口老龄化相适应的现代化经济体系，挖掘人口数量、素质、健康等综合红利。

（三）加快规划老年人力资源开发利用

我国人均预期寿命将继续延长。有关预测显示，2045—2050年我国人均预期寿命将达到81.52岁，接近发达国家平均水平（83.43岁）。中国将年龄超过60周岁的公民定义为老年人，而国际上通常将年龄超过65周岁的成年人定义为老年人。我国要加快规划老年人力资源的开发和利用，重视低龄老年人力资源开发，倡导形成"寿命更长、工作更长"的积极就业观，完善劳动就业法律法规，鼓励老年人积极参与社会经济活动，促进发挥老年人的潜力。

（四）加快技术创新

全球新一轮技术革命和产业变革必然推动传统养老方式的多样化，推动传统养老服务业的升级换代，使不断增加的老年人口创造了广阔的养老服务科技市场。运用互联网等科技手段实现养老服务需求的精准对接，运用各种涉老辅具、服务机器人等减少对人力资源的依赖，既是应对人口老龄化的有效手段也是必然选择。

互联网技术和养老信息化平台的应用离不开基础数据库。从供给侧来看，需要建立足够多的合格供应商的数据库；从需求侧来看，需要建立基于老年人身体状况评估的数据库。这是实行分级分类管理、确定财政补贴发放的范围和标准、开展居家入户服务、保证质量可监控的基础，也是建立长期护理保险制度的基础。但基础数据库和平台的搭建是一切基础性工作的前提，需要联合民政、卫健、统计、公安等多个部门，整合各方面的资源，以保障数据接口和数据安全。

（五）充分运用国际资源

全球化是当今时代的基本特征，融合发展势不可挡。老年人总量大、增长速度快、"未富先老"的现实国情决定了解决中国的养老问题必须在全球范围内配置资源。一是要抓住技术创新这个根本；二是要参与国际标准和规则的制定，包括健康医疗照护产品，适老化建筑与环境设计的国际技术标准、规范等；三是在关键领域和关键环节取得突破。

参考文献

[1] 刘爽. 人口均衡具有重要的社会发展内涵[N]. 中国人口报，2010-08-02（3）.
[2] 包世荣. 我国养老服务业发展研究[D]. 长春：吉林大学，2019.

［3］Chen X, Huang B, Li S. Population ageing and inequality: Evidence from China［J］. The World Economy, 2017（2）.
［4］国家统计局，第五次全国人口普查公报，2001-05-15.
［5］国家统计局，第六次全国人口普查公报，2011-04-28.
［6］国家统计局，2015年国民经济和社会发展统计公报，2016-02-29.
［7］国家统计局，2016年国民经济和社会发展统计公报，2017-02-28.
［8］国家统计局，2017年国民经济和社会发展统计公报，2018-02-28.
［9］国家统计局，2018年国民经济和社会发展统计公报，2019-02-28.
［10］国家统计局，2019年国民经济和社会发展统计公报，2020-02-28.
［11］刘厚莲，中国人口与发展研究中心. 世界人口展望2019：中国人口老龄化的趋势与应对.

任务二 我国养老机构概述

【知识目标】

◇ 了解养老机构的基本含义、性质、服务特点
◇ 掌握养老机构的主要类型
◇ 了解养老机构服务内容

【能力目标】

◇ 能够区分养老机构的类型

【素质目标】

◇ 能够根据学习需要进行自我学习
◇ 能够小组配合完成课程任务

项目一 养老机构发展概况

【思维导图】

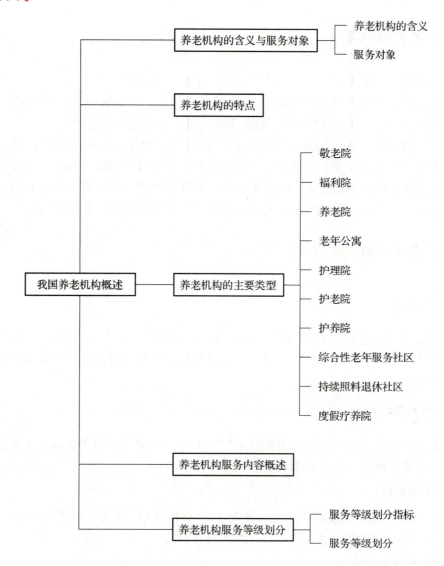

一、养老机构的含义与服务对象

（一）养老机构的含义

养老机构是社会养老专有名词，是指为老年人提供饮食起居、清洁卫生、生活护理、**健康管理和文体娱乐活动等的综合性服务机构。它可以是独立的法人机构，也可以是附属于其他机构的一个部门或者分支机构。**

（二）服务对象

养老机构的服务对象主要是老年人，但某些养老机构（社会福利院）也接收辖区内的

9

孤残儿童或残疾人。

二、养老机构的特点

养老机构的特点如下：

（1）公益性：养老机构是以帮扶、救助城市"三无"、日常生活疏于照料以及农村"五保"老年人为主，且多不以盈利为主要目的，多见于政府办养老机构。

（2）服务性：养老机构主要为老年人提供全程的日常生活照料、基础护理、康乐活动、心理护理等服务，针对生活自理能力不同的老年人提供不同的、有针对性的服务。

（3）风险性：养老机构的老年人多为高龄，伴随年龄的增长，器官功能衰退，是意外事件、意外伤害、疾病、死亡的高发人群。因此，养老服务业是一个高风险行业。

三、养老机构的主要类型

（一）敬老院

敬老院指在城市街道、农村乡镇、村组设置的供养"三无"、"五保"老年人、残疾人员和接待社会寄养老年人安度晚年的养老服务机构。有条件的敬老院还接收享受退休金待遇的自费老年人。

（二）福利院

福利院是国家、社会及团体为救助社会困难人士、残障人士而创建的用于为该群体提供衣食住宿或医疗条件的爱心福利场所。

1. 社会福利院

社会福利院主要收养城市"三无"老年人，孤残儿童、弃婴，实行养、治、教并举的工作方针，保障弱势群体的合法权益，维护社会稳定。

2. 老年社会福利院

老年社会福利院是享受国家一定数额的经济补助，为接待老年人安度晚年而设置的社会养老服务机构，通常设有生活起居、文化娱乐、医疗保健等多项服务设施。老年社会福利院多由国家出资兴建与管理，主要接纳"三无"老年人、自理老年人、介助老年人、介护老年人。

（三）养老院

养老院是指专为接待自理老年人或综合接待自理老年人、介助老年人、介护老年人安度晚年而设置的社会养老服务机构。它同老年社会福利院一样设有生活起居、文化娱乐、康复训练、医疗保健等多项服务设施。

（四）老年公寓

老年公寓是专供老年人集中居住，符合老年体能心态特征的公寓式老年住宅，具备餐饮、清洁卫生、文化娱乐、医疗保健服务体系，是综合管理的住宅类型。老年公寓是既能体现老年人居家养老，又能使老年人享受社会提供的各种服务的老年住宅，属于机构养老的范畴。随着我国养老服务行业的发展，老年公寓已经较为普遍，并且出现了低、中、高档不同类型。

（五）护理院

护理院是指由医护人员组成，在一定范围内为长期卧床患者、晚期姑息治疗患者、慢性病患者、生活不能自理的老年人和其他需要长期护理服务的患者提供基础护理、专科护理，根据医嘱进行支持治疗、姑息治疗、安宁护理，消毒隔离技术指导、社区老年保健、营养指导、心理咨询、卫生宣教和其他老年医疗护理服务的医疗机构。

（六）护老院

护老院是指专为接待介助老年人安度晚年而设置的社会养老服务机构，设有生活起居、文化娱乐、康复训练、医疗保健等多项服务设施。

（七）护养院

护养院又称护理养老机构或护理院，是指专为生活完全不能自理的老年人提供服务的社会养老服务机构，设有生活起居、文化娱乐、康复训练、医疗保健等多项服务设施。

（八）综合性老年服务社区

综合性老年服务社区包括社区养老服务驿站和社区日间照料中心，根据老年人的不同需求特点为老年人提供相应的服务。

1. 社区养老服务驿站

社区养老服务驿站是实现社区居家养老的终端展示平台，为附近社区老年人按需制定特色居家养老服务项目，满足老年人的各项生活需求，如开展助餐服务、日间照料、呼叫服务、文化娱乐、健康指导、心理慰藉等基本服务项目。部分养老驿站还可以开展助浴、助洁、助行、助医、康复护理等服务项目。

2. 社区日间照料中心

社区日间照料中心是指为社区内生活不能完全自理、日常生活需要一定照料的半失能老年人提供膳食供应、个人照顾、保健康复、休闲娱乐等日间托养服务的设施，是一种"白天入托接受照顾和参与活动，晚上回家享受家庭生活"的社区居家养老服务新模式。

（九）持续照料退休社区

持续照料退休社区（Continuing Care Retirement Community，CCRC）是一种复合式老年社区，通过提供自理、介助、介护一体化的居住设施和服务，为老年人提供优美的、无障碍的居住养生环境。它不仅提供各种生活配套设施，如餐厅、超市、洗衣店、银行、邮局、美容美发店及各种娱乐活动场所，还配置各类专科医生，为老年人提供预防、医疗、护理和康复等多种专业的医疗服务。在持续照料退休社区，老年人既可以获得与其健康状况相对应的居住空间与关怀照料服务，也可以进行各类文娱和老年教育活动。

（十）度假疗养院

度假疗养院是指为能够独立生活的老年人提供旅游和康养服务的住宅。度假疗养院一般位于风景优美的旅游胜地，其目标群体多为身体机能较好且喜欢旅游的老年人，是"候鸟式养老"的一种体现方式。

四、养老机构服务内容概述

养老机构类型不同，服务内容也有所不同，主要包含以下服务内容。

咨询服务：包括但不限于入住、法律、心理等方面的服务咨询。

膳食服务：包括但不限于营养评估、食谱制定、营养配餐、食品加工与制作、日常订餐、送餐等服务。

生活照料服务：包括但不限于个人卫生照料、穿衣、修饰、饮食起居照料、如厕照料、体位转移、睡眠照料等。

护理服务：包括但不限于老年综合评估、制订护理计划、实施护理措施、老年常见疾病护理、健康指导、基础护理、院内感染控制、自备药管理等。

协助医疗服务：包括但不限于观察老年人日常身体健康状况变化，协助老年人服药、康复、使用助行器具及预防并发症，完成标本的收集送检和物品的清洁、消毒，协助做好院内感染的预防工作。

医疗服务：包括但不限于疾病诊治、风险告知、转诊转院、健康体检、疾病防控及慢病管理。

康复保健服务：包括但不限于配备适合老年人需要的基本健身器具和康复辅助器具，并指导老年人使用；对认知症老年人进行非药物干预性益智康复训练。

心理、精神支持服务：包括但不限于环境适应、情绪疏导、心理支持、危机干预。

安宁疗护服务：包括但不限于减少临终老年人身体上和精神上的痛苦，给予老年人及其家属心理关怀，协助老年人去世后的事务处理。

休闲娱乐服务：包括但不限于文艺、书画、手工、棋牌、健身、旅游、节日主题活动和特殊纪念活动等服务。

教育服务：包括但不限于邀请相关专业人员举办知识讲座或学习活动。

委托服务：包括但不限于代读、代写书信、代领物品、代缴各种费用等。

环境卫生服务：包括但不限于公共活动区域及老年人居室内的清洁。

洗涤服务：包括但不限于为老年人收集和清洗衣物、被褥、尿布等织物。

维修服务：包括但不限于公共区域及老年人居室内设施设备的维修和保养。

通信服务：包括但不限于为老年人提供通信便利的服务。

安全保护服务：包括但不限于提供安全设施、使用约束物品、改善老年人生活环境、采取预防措施。

购物服务：满足老年人的购物需求，包括为老年人代购物品或陪同购物。

交通服务：满足老年人出行的交通需求，包括使用交通工具接送老年人。

居家生活照料服务：满足老年人在居住环境中得到生活照料的需求，帮助老年人和家庭提高自我照顾的能力。服务范围包括指导家务的管理，协助维持家庭生活，帮助老年人进行日常生活照料等。

五、养老机构服务等级划分

（一）服务等级划分指标

养老机构服务等级划分指标目前国内各地区还不尽一致，根据我国老年人能力评估标准主要包括日常生活活动、精神状态、感知觉与沟通及社会参与四类指标。

（二）服务等级划分

养老机构服务等级划分在国内也参差不齐，各地方标准要求或不同养老机构分级不等。常用基本服务分级为一级护理（自理级）、二级护理（介助级）、三级护理（介护级）及专门护理（特别级）四级。

参考文献

[1] 郭媛媛.我国养老机构的发展状况、问题与对策研究[J].农家参谋，2019（8）：172.

[2] 李岳.我国养老机构存在的问题及改进对策研究[J].劳动保障世界，2018（6）：13-14.

[3] 王延中，龙玉其.我国养老服务体系建设的进展、问题与对策[J].中国浦东干部学院学报，2018（2）：122-129.

[4] 中华人民共和国国家质量监督检验检疫总局 中国国家标准化管理委员会.养老机构服务质量基本规范：GB/T 35796—2017[S].北京：中国标准出版社.2017.

任务三 国外养老机构概述

【知识目标】

◇ 了解国外养老机构发展历程及模式
◇ 了解瑞典、新加坡、日本、美国的养老模式及养老服务理念
◇ 了解"自立支援""PACE 模式""居家扶助型"概念

【能力目标】

◇ 能够在一定程度上提炼国外养老机构发展经验
◇ 能够运用"介护福祉士国家资格制度"及"PACE 模式"相关理论知识

【素质目标】

◇ 能够较好地表达国外养老机构发展概况

【思维导图】

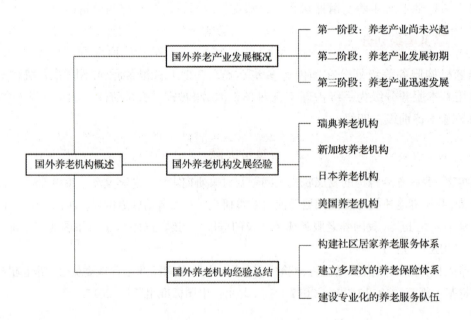

一、国外养老产业发展概况

国外养老产业的发展和人口发展变化密切相关,归结起来可分为以下三个发展阶段。

（一）第一阶段：养老产业尚未兴起

18世纪后期，欧洲工业革命的兴起和不断发展，极大地推动了社会、经济和科技的发展，引发了人类历史上第二次"人口革命"。这次革命使世界人口进入低出生、低死亡、低增长阶段。在此阶段，传统的"三代同堂"养老方式较为普遍，即由家人为老年人提供经济、生活、精神上的照顾。养老产业在这个阶段并未兴起。

（二）第二阶段：养老产业发展初期

第二次世界大战后至20世纪60年代，各国都趋于老龄化，社会福利性质的养老机构开始兴起。第二次世界大战后，新生儿数量明显减少，而人均寿命则上升到66岁，这使得人口老龄化发展越来越快，全球已有72个国家进入老龄社会。20世纪60年代，西方发达国家有关老年人的政策有所变化，法国、英国、联邦德国、意大利、瑞典、荷兰等国采取的做法是将老年人安置在专业化的或由福利机构照顾的场所、收容院等，并以此作为满足老年人住房需求和社会需求的一剂灵丹妙药。

（三）第三阶段：养老产业迅速发展

20世纪70年代至今，社区养老服务业逐渐发展，并形成多种业态的服务和配套服务。20世纪70年代，人口老龄化对西方发达国家的冲击明显增大，它们纷纷建立了社区照顾服务政策。在不同的法定框架和资金来源下，为老年人提供的养老金、住房供给、医疗保健、社区服务等在西方各国独立发展起来。

20世纪70年代中期以来，经济因素成为影响老年人养老保障和社区服务政策倾向的主要因素，西方国家的养老政策出现了以下趋向：一是从机构照顾服务转变为以社会形式、社区为基础的照顾服务；二是降低政府的直接作用并发展商业的、非盈利的和非正规的提供老年服务的部门；三是促进更为灵活的服务和具有更大选择机会的、个性化的照顾服务的发展。

20世纪90年代，西方国家倾向于社区服务的进一步改革，提倡人文主义的养老保险、医疗卫生服务、社区服务和住房供给等服务的整合。人口老龄化使西方国家的养老产业得以新兴并迅速发展，形成了包括老年用品、老年医疗、老年文化、老年休闲、老年公寓等多种业态的服务业和配套产业。

二、国外养老机构发展经验

（一）瑞典养老机构

受平等主义文化的影响，瑞典养老服务体系的演进分为四个阶段：

第一阶段：1918年以前，瑞典以家庭养老服务为主，政府只为贫困老年人提供养老服务。

第二阶段：1918—1949年，以"老年之家"为代表的机构养老服务为主，覆盖全体老年人。

第三阶段：1950—1989 年，居家养老服务成为瑞典最主要的养老服务方式。

第四阶段：1990 年至今，"消费者选择"提升了瑞典居家养老服务的质量，政府成为养老服务的唯一责任主体。

瑞典养老服务体系的发展经验为我国带来重要启示：大力推进城乡养老服务设施与养老服务津贴的全覆盖；以服务质量为导向推动养老服务供给侧的竞争；创造平等的就业环境，为养老服务提供人员保障；充分发挥第三方组织在养老服务中的作用。

瑞典作为福利国家的典范，是世界上较早建立全民养老金体系的国家之一。

1. 瑞典养老政策制度

瑞典早在 20 世纪 50 年代就建立了社会养老制度。经过 70 多年的努力，瑞典的养老制度已日臻完善，各级政府为老年人撑起了四把安度晚年的保护伞：基本养老金、住房补贴、医疗保障和社会服务保障。瑞典的高税收支撑着高福利的社会保障制度，但高福利政策也养活了一些靠福利金生活的懒人。为改变这种状况，瑞典从 20 世纪 90 年代初开始改革社会保障体制，在实行全民统一保障标准的基础上，分阶段引入福利待遇和退休金与工龄长短、工资高低挂钩的原则，大部分人养老金的数额相当于退休前工资的 70%，老年人可享受到接近免费的医疗服务，包括家政服务和生活护理。

2. 瑞典养老机构类型

瑞典养老机构以老年型住宅为主，目的是为老年人统一提供住宅和服务。这种住宅的规模一般为 40~70 户，多数位于各方面都比较方便的地方，同时设有市民常用的公共设施，如食堂、咖啡馆、图书馆、幼儿园、学校等。生活服务点一般设在服务住宅区内，方便老年人使用。瑞典养老机构类型及服务内容参见表 1–3。

表 1–3 瑞典养老机构类型及服务内容

分类	具体服务内容
普通住宅	瑞典 88% 的老年人拥有自己的私宅或租房，居住普通住宅的老年人由社会福利委员会提供看护、帮助和其他服务
年老者专用公寓	年老者专用公寓是设立在普通公寓中的老年人专用住宅单元，室内设备为适应老年人需求而设计，配备管理人员，老年人生活可依靠社会服务机构上门服务
服务住宅和家庭旅馆	内设多套居住单元，每套单元都有厨房、浴室，住宅内有公共食堂，老年人可集体用餐，设医务室和各种报警系统
老年之家	这类住宅典型的单元是一个单人房间，带一个盥洗室。许多还建有公共餐厅、公共休息室、图书馆和健身房。
公立养老院和老年人慢性病房	由地方政府提供，原来的老年人慢性病房以医疗为目的，1979 年后，出现以康复为中心的单人房化的新型慢性病房。

3. 瑞典养老政策保障

（1）基本养老金保障方面。公民年满65岁后都可根据居住年限领取数额不等的基本养老金。

（2）住房补贴保障方面。住房补贴对象为所有低收入退休者，其中很多是孤寡老年人和没有参加过工作的家庭妇女，他们的住房开支主要依赖住房补贴。

（3）医疗保障方面。由省级地方政府提供的医疗保障，使人们在退休后仍能像以前一样享受近乎免费的医疗服务。此外，老年人还可享受三种特别的医疗保健服务：一是请医生、护士居家诊疗；二是长期住院治疗；三是进入疗养院养老。

（4）社会服务保障方面。市级地方政府提供社会服务保障。

4. 瑞典养老经验借鉴

（1）建立完善的社会养老和医疗保险体系。瑞典是高度发达的福利国家，老年人的生活靠的是全民养老保险制度。除此之外，公民还可以参加商业养老保险。一般情况下，退休人员拿到的养老金能够达到退休前工资总额的60%左右，足以维持日常生活。

（2）发挥政府主导作用，发展居家养老服务。瑞典政府实施了一系列方便老年人和有老年人的家庭的措施。例如，在普通住宅区内建造老年公寓、康复中心，免费为老年人改建住房等；为患慢性病需要长期护理的老年人配备家庭护理保健助手，国家发给家庭护理补助费；老年人生活照料由社工组织负责，形成了一套组织严密、分工细致、服务周到的养老服务网络。

（二）新加坡养老机构

新加坡是亚洲人口老龄化速度较快的国家之一。虽然新加坡2000年左右进入老龄化社会，但早在20世纪50年代新加坡政府就开始着手解决老年人养老问题。1955年中央公积金制度的建立，标志着新加坡制度性老年社会保障的开始，此后公积金制度和各项老年救助措施不断完善，为老年人提供了养老、医疗、住房等全方位的保障。面对日益严峻的人口老龄化形势，新加坡政府及时调整政策，以提高生育率的方式逐步改变人口结构。

1. 新加坡养老政策制度

新加坡将老年人照料作为一个系统工程，着眼于调动各方面的积极性共同解决这一难题。在制定政策的思路上，将个人、家庭、社区、国家这四个层面都纳入老年人照料体系的构建当中。要求个人必须负起责任规划自己的晚年生活，家庭要成为提供照料的基础，社区要协助和支持家庭担负起照顾老人的责任。

新加坡养老政策主要以公积金为主，包括普通账户、特别账户和医疗账户三个账户。其中，普通账户和特别账户在户主满55岁后，合并为退休账户。公积金是新加坡公民养老金的主要来源之一。

2. 新加坡养老机构类型

新加坡和许多发达国家一样，正经历着人口迅速老龄化，预计到 2030 年，65 岁以上人口将翻番，超过 100 万，几乎占总人口的 1/4。为此，新加坡政府对养老机构进行了规划，目前由日托中心、康复中心和全天养老院等多种公立或私立机构提供养老服务。

（1）日托中心

日托中心的服务对象为身体健康、具有活动能力的老年人。服务内容有日常生活的支持、营养管理、医疗管理、药物管理，并进行运动、艺术、游戏、音乐、节庆等活动。服务收费因机构性质不同差别很大，政府建立及运营的免费，其他私立日托中心收费较高。

（2）医疗康复中心

医疗康复中心的服务对象为需要一定医疗护理的老年人。服务内容包括为患病或行动不便的老年人提供医疗护理和照料。此外，还有认知症照料中心，提供认知训练、物理治疗和社交活动，以改善老年人健康状况和生活质量。服务费用多按疗程支付，政府提供一定的费用补助。

（3）全天看护养老院

全天看护养老院的服务对象为行动不便、需要密切看护的老年人。服务内容包括提供 7×24 小时的看顾照料，全方位的护理和各种有益身心的活动。服务费用较高，部分公立养老院和医疗保证金认可的私人养老院，可以用政府对住宿服务的补贴来支付费用。

3. 新加坡养老经验借鉴

（1）养老制度设计应符合国情。新加坡的以房养老设计建立在其公营住房较多、人均收入水平较高的基础之上，仅把"倒按揭"作为一种适用于少数人的制度。

（2）以房养老需要政府的必要引导，并合理发挥市场作用。新加坡政府全程参与了"倒按揭"的设计过程，并支持开展保险活动。

（3）以房养老需要立法先行，做到规范指引。我国在开展"倒按揭"时，要立足于法律、法规先行，给社会公众以充分的心理预期。新加坡以房养老的经验表明法律应充分肯定"倒按揭"模式的价值，将以房养老作为养老制度的重要组成，同时不能否认国家建立的养老保险机构才是实现养老的真正主力。

（三）日本养老机构

日本是世界上人口老龄化程度最高的国家，相对于高老龄化的现状，日本也是养老制度较为完善的国家。日本倡导"公助、互助和自助"的养老理念，其养老服务不仅注重提高老年人的生活质量，更注重支持与帮助老年人在养老生活中保持自立，帮助失能或半失能老年人恢复自立，包括身体性自立、心理性自立和社会性自立。

1. 日本养老政策制度

日本自 2000 年开始推行养老保险制度。日本的社会保障体系主要由年金保险、医疗保险、涝灾保险、雇佣保险、护理保险组成，对维持日本经济社会的稳定发展发挥了重要作用。

日本个人医疗费用通过个人缴纳保险与政府共同承担，参保种类由个人所从事职业决定。保险种类包括共济组合、健康保险组合、协会健保、国民健康保险以及专门为65~75岁以及75岁以上老年人设立的独立健康保险等。

日本的护理保险制度。在日本，每个国民从40岁起向国家缴纳一定数量的介护保险（护理保险）金，直到离世。国民从65岁开始都可以申请介护，经国家有关部门、有关人员检查后，符合条件的分成1~5级介护，享受的最高金额不等。不论享受哪一级介护，只需自付规定费用的10%，其余90%由国家承担并支付给介护所。

日本养老保险制度的构成如下：

参保对象：养老保险的参保对象分为两类，65岁以上者称为"第一号参保人"，40~65岁者被称为"第二号参保人"。

保险主体：以市町村及东京都等地方政府组成的联合机构为法定保险主体，负责养老保险的运营、养老预防事业的运转、相关基础设施的建立等。

服务机构：主要是地方公共团体、社会福利团体、医疗机构等。

保险的财务结构：保险金额由政府支出和参保人保险费组成。保险费的构成由第一号、第二号参保人的比例决定。

日本养老机构分为享受保险的养老机构和自费的养老机构后者多数是由营利性机构修建。其享受保险的养老机构总体规模稳定，同时自费养老院与服务型老年住宅的数量不断增加。

2. 日本养老服务模式

日本养老服务模式经历了家庭养老、机构养老、居家养老、社区嵌入式养老。目前，日本正在致力于社区综合照护体系的建设，在社区综合支援中心的协调下，以小规模多功能居家养老为核心，将现有的养老服务（上门照护、日托服务、短期入住等）进行整合，以最大限度地满足老年人不同年龄阶段、不同身体健康状况的不同需求。

社区综合照护体系是居家社区养老与机构养老相互结合，相互补充，按照自助（疾病预防和延长健康寿命等自身的护理）、互助（家人、亲戚、社区的支援）、共助（护理保险、医疗保险服务等的利用）、公助（对生活困难者进行生活保护支付等行政服务）的理念，将社区居民、养老设施、医疗机构、社区团体、志愿者等各种资源一体化，共同服务于整个社区；创立从初步步入老年的老年人到需要看护的老年人的各个阶段的各式服务，尽量延长老年人健康寿命以及家庭生活时间，帮助他们尽可能地"生活在熟悉的地区"。

3. 日本养老服务理念

在日本，具备专业知识与技能的介护专职工作早已确立。日式介护的基本理念是提供"自立支援"，基于高龄者的自主愿望，尽可能地发挥其个人能力，帮助其实现独立自主的高品质生活。介护人员并非要满足老年人的全部需求，而是为他们提供通过自主能力实现个人意愿的支援活动。这有助于老年人获得喜悦感并萌生新的意愿。

另外，介护的目标是预防恶性循环，帮助老年人向高品质生活方式的良性循环转换。为此，介护人员要尊重老年人的主体性，在各个方面寻求让老年人进行自主选择和自主决定的机会，提供力争提高老年人生活质量（Quality of Life，QOL）的援助。

4. 日本养老服务队伍建设

日本将养老照护员分为社会福祉士、介护支援专员、医疗机构社会工作者、介护福祉士和访问介护员五种。前三者主要从事养老照护工作的咨询、评估以及管理等相关工作，后两者主要承担具体的养老照护工作。从事养老照护工作者必须先通过国家资格考试。

取得介护士资格的方式有两种：①高中毕业后进入福祉类高等学校，毕业后通过国家统一考试取得资格，获得国家认证；②在老年福利机构工作3年以上，参加介护士考试，理论和操作考试合格后获得资格证书。

《社会福祉士与介护福祉士法》《关于促进确保介护士等人才的法律》，为专业化人才的培养提供了有力的保障。

（四）美国养老机构

美国养老产业早在1975年就已开始。美国养老体制的成熟在于其需求端和供给端都已形成相对成熟以及规范的模式。在需求端，形成了"三支柱"的退休养老金体系，即社会保障金、企业退休金以及退休储蓄账户，保证老年人获得足够的养老收入来安度晚年。在供给端，养老护理行业形成了包括居家养老、养老社区和专业护理机构在内的三大细分领域。

1. 美国养老政策制度

在美国，法定退休年龄男女均为65岁，没有任何法律规定，成年子女必须赡养其父母，因此由社会、工作单位及个人储蓄所形成了"三支柱"的全方位养老保障体系。

一是社会基本养老保障。老年人从社会保障署领取养老金。1935年美国国会通过社会保障法，由联邦税务部门征收社会保障税，形成资金积累。社会保障税由企业主和雇员分别负担。

二是雇主养老金计划。1976年美国国会通过税务法案中的401K条款，以延迟缴税的方式鼓励雇员在职期间为未来养老做积累。此养老保险制度称为401K计划。员工在职时，由雇员、企业主分别缴一部分钱，形成属于401K计划的养老金。养老金可以进行投资，收益和本金都进入雇员的个人账户。目前雇主养老金计划的重要性在某种程度上已经超过了社会基本养老保障。

三是个人储蓄。即由个人平时存养老钱，政府给予政策上的优惠。其中最有代表性的是 IRA 账户，可以投资定期存款、货币市场基金、共同基金、股票和债券。

2. 美国养老机构服务模式

（1）PACE 模式

美国的养老服务以全方位 PACE 为主，PACE 中心是为达到入住护理院标准的老年人提供全方位的疾病预防、治疗、康复和社会支持服务的非营利性机构。PACE 为老年人提供包括基本医疗、康复、心理咨询、营养咨询、居住环境安全评估、用药管理、社会支持和临终关怀等多种服务项目，大致分为医疗性服务、康复性服务以及社会支持性服务三类。

美国 PACE 的服务主要由 PACE（The program of All-inclusive Care for the Elderly）中心内部医务团队人员提供，医生是服务团队的核心，承担着决策者的角色。团队成员还包括护士、营养师、理疗师、药剂师、社会工作者以及专门负责输送的工作人员。多学科人员组成的服务团队可以为老年人提供全方位的综合照护。

（2）居家扶助型养老模式

非正式照护服务是发达国家解决失能老年人长期照料问题的主要方式。美国政府为满足失能老年人的照护需求并控制照护成本，在全国推广依赖非正式照护服务体系的居家扶助型服务模式。该模式强调失能老年人的个性化照护需求，赋予其自主权，即失能老年人以政府给予的现金津贴为限自由选择护理服务项目以及护工。老年人可以自由决定护工人选，如子女、亲属或邻居、朋友或陌生人。另外，若由老年人子女担任护理服务提供者，子女可获得政府提供的现金津贴，这能对子女照护父母产生激励效果。居家扶助型服务也可以由护理员提供，以解决家庭护理人员供给不足的问题并节省养老院护理设备的开支。

三、国外养老机构经验总结

（一）构建社区居家养老服务体系

一是建设居家养老服务综合体，以"小机构"为起点，开启政府的"大服务"格局。二是促进自我养老向社区居家养老平缓过渡。三是完善多元主体参与的"协同照料"机制，其目标是互动共享地为老年人服务，其前提是共同参与。具体为以项目为依托，以公共服务的提供为牵引，分别建立和完善群众、企业、社会组织等主体的参与机制。四是强化社区居家养老服务标准建设。社区居家养老作为我国养老事业发展的重点方向，需要建立一套完善的服务标准，为居家养老服务提供规范化指导。

（二）建立多层次的养老保险体系

一是建立覆盖全体国民的基本养老保险制度，以缩小贫富差距，使老年人有更多的获得感。二是充分发挥我国的制度优势，完善省级养老金统筹办法，实行统一制度、统一标准、统一管理、统一调剂，尽快实现养老金全国统筹的目标。三是建立统一的养老保险体系。

在制度设计上，我国有基本养老保险、企业补充养老保险和个人储蓄性养老保险等多层次养老保险体系，但基本养老保险并未实现全覆盖，企业补充养老保险发展不平衡，个人储蓄性养老保险还不够。因此，应强制推广基本养老保险和企业补充养老保险，鼓励个人储蓄性养老保险，加快形成以基本养老保险和企业补充养老保险为基础，以商业性养老保险和个人储蓄性养老保险为补充的多层次的养老保险体系。

（三）建设专业化的养老服务队伍

1. 发展多元化的服务主体，提高服务能力

美国PACE的服务人员均受过专门的业务培训，具备扎实的养老专业知识。美国有专门的PACE协会（NPA），每年举办三次专业会议以培训PACE的团队成员，并与医学中心合作，为PACE定向培养人才。我国目前养老护理的社会认可度、职业成就感、养老团队人员稳定性还远远不够。因此，要完善我国养老服务人才培养体系，提高养老服务人员的服务能力，发展多元化为老服务主体。首先，应做好在职养老护理人员的继续教育工作，提高现有养老服务团队的服务能力。其次，要鼓励高校开办养老服务专业课程，培养合格的养老服务人才。最后，相关部门要加大宣传力度，提高社会对养老服务的认可度；采取激励措施，吸引更多人才加入养老服务团队中，如将心理咨询师、营养师、理疗师等多行业的服务人员纳入养老服务人才队伍中，变"单一化服务"为"多元化服务"，提升老年人的生活质量。

2. 构建有关养老护理员培训的法律规范体系

2019年3月，李克强总理在《政府工作报告》中明确提出："扩大长期护理保险制度试点，让老年人拥有幸福的晚年，后来人就有可期的未来。"目前我国尚未出台专门针对养老护理员培训的法律，相关的规章制度、行政法规等又因缺少法律约束力而难以落实。新时代，应通过立法将养老护理员的从业标准、培养模式以及社会保障予以细化，具体包括：将养老护理员的专业技能要求精确化；建立养老护理员资格考试和职称认证制度，规定养老护理员必须持证上岗；提高养老护理员的待遇，鼓励具有相关职业背景的专业人员加入其中；规范养老护理员培训机构，确保养老护理员能够接受正规的、高质量的培训。

参考文献

［1］文婧.日本的养老服务模式及其经验教训［J］.特区经济，2020（1）：86-89.

［2］杜词，王芳，袁莎莎.美国全方位养老服务计划及对我国医养结合的启示［J］.中国初级卫生保健，2019（9）：6-8.

［3］杨薇臻，程钰淇，陈德山.日本介护士培养模式对我国养老护理员培养模式的启示［J］.行政与法，2019（12）：80-84.

［4］荆涛，杨舒，仲维树."居家扶助型"养老模式：美国经验与中国实践［J］.社会建设，2019（6）：25-33.

［5］杨政怡.基于平等主义文化的瑞典养老服务体系的形成及其对中国的启示［J］.社会保障研究，2020（2）：89-96.

［6］赵金库，赵志国.瑞典养老服务的做法及启示［J］.人口与计划生育，2009（2）：23-24.

［7］前瞻研究院，养老产业发展前景与投资战略规划分析报告，2016.

项目二 养老机构服务提供管理

任务一 老年人入住、退住养老机构与评估服务

【知识目标】

◇ 了解老年人入住养老机构的基本要求
◇ 了解老年人能力评估的分类
◇ 理解老年人能力评估的要求及原则
◇ 掌握老年人能力评估的内容及方法
◇ 理解老年人入住、退住养老机构的要求及内容
◇ 掌握老年人养老机构适应期应提供的服务内容

【能力目标】

◇ 运用老年人能力评估分类相关知识，初步解决老年人因躯体功能、精神心理、感知觉与沟通能力等影响生活质量的问题
◇ 运用老年人能力评估实施的要求准则，初步解决由评估人员不专业或评估过程不严谨造成评估结果与老年人情况不符的问题
◇ 运用科学、公正、客观的评估原则，初步解决因对老年人综合能力不明确而影响养老照护需求质量的问题
◇ 通过小组分享学习，情境演练，能正确使用评估工具，准确提供服务，帮助老年人顺利度过适应期

【素质目标】

◇ 反思实施老年人能力评估的实际经历，有意识地自我学习评估知识的重点部分

项目二 养老机构服务提供管理

◇ 小组分享学习经验，以团队协作形式巩固老年人能力评估量表的相关知识和技能
◇ 能够熟练掌握并将所掌握的评估工具充分运用到实际工作中去
◇ 通过情境演练，能够为老年人办理入住、退住手续

【思维导图】

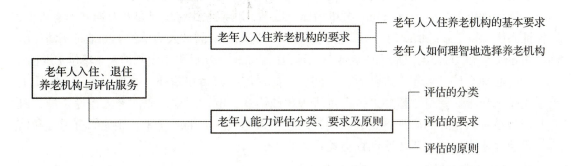

一、老年人入住养老机构的要求

（一）老年人入住养老机构的基本要求

1. 对身体健康状况的要求

（1）基本要求：无传染病及精神疾病。

（2）体检报告：入住前需提供最近两个月内由二级甲等以上医疗机构出具的体检报告，内容包括但不限于胸部X线检查、肝功能、骨密度、血糖、血常规等，以及养老机构认为应该提供的检测项目。

（3）综合评估及合同签订：养老机构根据体检报告，对老年人身体健康等情况进行综合评估后，暂定护理等级，出示《意外风险告知书》并确定试住期。试住期满，养老机构根据试住期间老年人的生活起居以及护理情况等进行评估，出具《试住期评估表》并确定护理等级，经养老机构、入住者、家属或监护人三方达成一致意见后，办理正式入住手续，签订正式服务合同。签订服务合同时，需老年人自行认可或提供愿意承担合同中全部义务的监护人（丙方）认可，有效签订合同。

2. 对年龄的要求

入住者为年满60周岁及以上的老年人。

3. 对经济能力的评估

目前我国老年人的主要经济来源为退休金、家人供给、国家补贴和养老保险等。老年人在入住养老机构之前，需对自己的支付能力进行综合评估，确定自己的消费标准，合理地进行经济预测，以提升入住养老机构后的稳定度。

4. 对家属的要求

老年人家属或监护人需要履行的责任和义务如下：

（1）老年人在入住养老机构时，需要监护人（单位）提供经济担保（担保人应当是具有完全民事行为能力者或法人单位）并出具相应的证明；在办理入住手续时，监护人（单位）应当持有效证件到场和入住者一同与养老机构签订《养老服务合同》。

（2）监护人（单位）应当与养老机构保持联系，联系方式有变时要及时通知养老机构，以保证入住者发生紧急情况时，养老机构可以及时通知。由监护人（单位）的地址不清、电话不明导致养老机构方与其联系中断或时间延迟而造成的一切后果，由监护人（单位）承担。

（3）心理支持。老年人入住养老机构后，同样需要家属在精神、心理、经济、物质上给予支持和配合。要经常探望老人，远程视频或语音、电话问候，以向老人传递亲情，避免其出现被亲人抛弃的心理感受，从而帮助老年人建立新的生活规律，让他们有勇气和信心，迅速地适应新的生活环境和社会关系。

5. 明确养老机构和个人之间的法律责任

（1）老年人入住养老机构前，需了解相关法律责任和义务。如养老机构因安全措施不当，或者管理服务不善等过错，造成老年人身体财产受到损害的，养老机构据实承担赔偿责任；如老年人有过错，则根据过错事实明确老年人和养老机构各自责任，由老年人或者双方共同承担。

（2）老年人入住养老机构期间如患病，养老机构应立即通知委托人或监护人；如联系不上委托人或监护人，本着人道主义原则，养老机构有权紧急处置或及时送医，为老年人提供如挂号、陪同看病、办理入院手续等服务。

（3）养老机构应确保养老机构区域内的各项设施设备安全，对老年人在养老机构区域内的安全承担约定以及法定的责任。

6. 入住养老机构的预期管理和角色转变

入住养老机构前，老年人需要对养老机构有基本的了解，不盲目相信他人的推销，需对自己做一个合理的预判，鼓励自己做好角色转变，以适应一种新的社会环境和人际关系。

（1）角色转变与社会适应。

角色转变与社会适应的矛盾是人退休后的常见问题。退休虽然是一种正常的角色转变，但不同职业群体的人对退休的心理感受是不一样的。职工退休前后的心理感受变化不大，他们退休后摆脱了沉重的体力劳动，有更充裕的时间料理家务、休闲娱乐和结交朋友，并且有退休金和医疗保险，所以情绪较为稳定，社会适应良好。但退休干部的情况往往大不相同，干部在退休前有较高的社会地位和广泛的社会关系，生活的重心是事业，而退休后生活的重心变成了家庭琐事，社会联系骤然减少，使他们感到很不习惯，难以适应。

（2）角色转变的主要形式

老年人入住养老机构后角色转变的主要形式为居家角色转变为集体角色。居家角色是指居住在家中，与家庭成员朝夕相处，相互依存，并享有一定权利和义务的一种角色。集体角色是老年人丧失居家角色而住进养老机构后，过上集体生活的一种角色。转变为集体角色的老年人，性格内向者可能出现自闭、郁郁寡欢等症状，性格外向者可能因与他人生活习惯等不同产生冲突。长期处于上述状态的老年人，可能会患上抑郁症、焦虑症或其他身心疾病。

（二）老年人如何理智地选择养老机构

1. 经济实力

经济实力是选择养老机构的基础。由于各种养老机构服务层次划分明显，收费标准各有差异，硬件设施和管理服务水平也各不相同，老年人要结合自身身体状况，在经济能力能承受的前提下，选择设施与服务都能达到心理预期的养老机构。

2. 硬件方面

老年人选择养老机构时，在硬件方面应注意考察以下内容：

（1）居住房间。

居住房间一般分为单人间、双人间、三人间、合居型床位等。老年人居住房间要舒适、温馨、宽敞、明亮、安静、防滑、通风良好。房间内应根据老年人实际需要，配设各类生活用品、用具，物品摆放整齐有序。床和桌椅高度需适合老年人使用高度，家具圆角化处理，地面防滑，并且在床头及卫生间标配一键求救系统。

（2）公共部分适老化改造。

居室、洗手间、浴室、走廊、楼梯符合无障碍设施规范要求，设置公共空间一键求救系统、晚间步道照明灯、抑菌塑胶扶手等。

（3）公共配套部分。

养老机构应提供老年人进行医疗保健、休闲、娱乐、健身活动的专用场地，有符合老年人身心特征及需要的休闲娱乐与健身活动器材和设施设备，如康复室、健身房、棋牌室、图书室与电脑室等；配备医务室、健康理疗室等；餐厅桌椅布置及餐具适老化。

3. 软件方面

（1）资质。

养老机构应依法办理养老机构设立许可证，如有内设医疗机构，须持有国家批准的医疗机构执业许可证；养老护理员、医生和护士等从业人员应持有相应的职业资格证等基础证件。

（2）收费标准。

入住养老机构的基本费用包括床位费、护理费、伙食费。不同养老机构会根据自身特点收取其他费用，如取暖费、医疗费、安置费、洗衣费、娱乐费、材料费等，还会收取一定金额的保障金（用于紧急就医或子女弃老情况）。根据老年人的自身情况、自理水平、介护介助程度，收费等级也各有差别。

（3）护理制度。

入住养老机构前要了解护理人员的工作制度、操作流程及服务标准，了解工作人员的工作状态和服务态度，观察其是否按照合理的时间间隔，为老年人提供洗澡、理发、剪指（趾）甲、换洗床单被套及衣服等起居照顾服务。

（4）医疗配套。

由于老年人存在多病共存或突发疾病的可能，养老机构需要配备一定的医疗人员，设置医务室，配设专职医生，备足够的医疗设备和物资；或者与就近医院系统合作，在老年人出现问题时可以第一时间就医。

（5）应急机制。

养老机构必须具备完善的应急机制，当老年人出现急性病症或者走失、食物中毒等突发情况时能够妥善处理。很多养老机构已经借助智能化养老设施完成智能化管理，同时与老年人子女建立了实时反馈沟通机制。

（6）营养膳食。

主要考察养老机构是否设有单独的老年人食堂，能兼顾不同老年人的饮食习惯及尊重少数民族饮食习俗，并能够根据老年人喜好以及医疗、保健方面的需要，提供个性化服务，制定科学合理的营养食谱。

（7）心理社交。

主要考察养老机构是否经常或者定期为老年人组织各种娱乐社交活动，如兴趣小组、活动团体、健身运动会、节庆活动等，满足老年人的社交需要，丰富老年人的精神文化生活；相关的管理、服务人员以及心理咨询师能否把握老年人心理动态，提供心理慰藉和危机干预。

4. 经营历史

经营历史方面需考察多项内容，如两年内有无违规、违纪、违法事件发生；有无食物中毒、非正常死亡、走失、疾病传染、护理事故、损害老年人合法权益等重大责任事故发生。

5. 区位条件

选择养老机构时，应优先选择周边环境较好，交通便利，配套医院比较好的，同时不要离家太远，以免子女探望不便。目前很多新建小区规划设置社区养老机构，老人和子女同在一个社区，不仅满足了老人的养老需求，也满足了老年人与子女在一起的心理诉求。

入住养老机构与否，除了考虑经济条件及养老机构条件之外，更关键的是老年人与子女之间的相互理解和体谅，老年人有个好的养老环境，子女也可免去后顾之忧。

二、老年人能力评估分类、要求及原则

（一）评估的分类

老年人入住养老机构前需要进行能力评估，其评估内容较为广泛，主要包括一般医学评估、躯体功能评估、精神及心理评估、感知觉与沟通能力评估、常见老年综合征的评估等。

（1）一般医学评估：即传统意义上的医学诊断，是一种以疾病为中心的诊疗模式。

（2）躯体功能评估：通常是评估老年人的日常生活活动能力（Activity of Daily Living，ADL）。ADL评估包括老年人日常生活活动能力和工具性日常生活能力的评估，平衡与步态、关节活动度和营养状况等的评估。

（3）精神及心理评估：主要是对老年人进行认知功能和情绪状态等的评估。有效筛查认知功能障碍的工具包括画钟试验（Clock Drawing Task，CDT）、简易智能评估量表（Mini-mental State Examination，MMSE）等。情绪状态的评估包括抑郁的评估和焦虑的评估。

（4）感知觉与沟通能力评估：主要包括对老年人进行意识水平、视力、听力、沟通交流能力的评估。

（5）常见老年综合征的评估：主要是利用综合评估的方法，通过多学科团队的协调整合，共同为老年人制订综合的治疗康复和照护计划，尽可能减少残疾的发生和提高老年人的生活质量。

（二）评估的要求

1. 评估实施前

（1）评估员需向老年人及其家属或照护者等陪同人员出示评估员证（工作牌），说明评估的目的。

（2）仔细检查评估所需辅助工具及场所环境，确保评估安全顺利进行。

2. 评估实施时

（1）在进行老年人能力评估时，若老年人佩戴眼镜、助听器，坐轮椅等，不得去除这些生活辅助器具进行评估，要保持平常生活情形，以便能真实评定其身体功能状况。

（2）在保证老年人安全的前提下，尽可能让老年人自主地完成评估项目，如平地行走、画钟试验等测试。在条件有限不能让老年人现场做评估动作，评估员根据经验判断老年人的评估情况与实际有差别时，应在评估表单上注明。

（3）注意观察老年人居住的生活环境、穿着打扮、面容表情、走路姿势（有无使用辅具）、居家装饰、家具摆放等，也可以查看老年人的健康档案、体检报告及服药情况等。

（4）在评估过程中注意用通俗易懂的语言或聊天的方式与老年人进行沟通交流，结合实际尽可能分别与老年人本人及其家属或看护者沟通，了解老年人的基本情况。

3. 评估实施后

（1）老年人能力评估结果应客观真实，并获得老年人本人及其家属或看护者的认可。若老年人及其家属或看护者对评估的结果有异议，评估员应当场与其沟通确认，保证评估结果符合老年人的真实能力水平，必要时申请复评。

（2）老年人能力评估结束后，评估员要请老年人及其家属评价此次评估效果，留下评估意见，由老年人本人或其代理人在评估表上签名确认。

（3）在评估过程中，如果发现老年人的某些异常情况，如身体健康异常、可能受到虐待或忽视等，或者老年人及其家属或看护者提出特殊养老服务需求，如家庭经济困难需要帮助、需要生活辅助器具、适老化生活环境改造等，评估员应积极向相关单位负责人（如养老机构属地的居委会、村委会、民政部门的负责人）汇报，以保证问题得到及时反映和解决。

（三）评估的原则

1. 基本原则

养老机构或第三方评估机构在对老年人进行综合能力评估过程中，应遵循如下五项基

本原则,科学、公正、客观评价老年人的综合能力,了解养老服务的需求。

(1)权益优先与平等自愿原则。

(2)政府指导与社会参与原则。

(3)客观公正与科学规范原则。

(4)以人为本的动态评估原则。

(5)评估、服务资源提供一体化原则。

2. 注意事项

老年人能力评估实施应注意以下事项:

(1)老年人能力评估的实施,按评估时间分为首次评估(准入评估)、即时评估(身体状况发生变化时的评估)和定期评估(跟踪式评估)。

(2)在对老年人进行评估时,应有两名评估员(一名为主评估员或组长,另一名为辅助评估员)对一名老年人同时进行评估,由主评估员主导评估并负责老年人综合能力等级的评定。评估员应具有医学或护理学专业背景,或获得社会工作者资格证书,或获得高级养老护理员资格证书,并经过专业培训获得评估员资格认证。

(3)若在计划评估日内,遇到老年人因精神心理状态不佳、住院治疗、处于疾病康复期等身心状态不稳定的情况时,或者评估过程中老年人出现突发状况,且该状况会直接或间接影响评估结果时,应该中止评估,根据实际情况及老年人意愿,与老年人及其家属进行协商,待老年人情况稳定后再约定时间评估。

任务二 养老机构的主要服务内容

【知识目标】

◇ 掌握养老机构基础生活照料服务主要内容
◇ 理解养老机构专业护理服务范畴

【能力目标】

◇ 了解自立支援的照护理念
◇ 能实际提供生活照料服务
◇ 能策划和组织文娱活动服务

【素质目标】

◇ 掌握各项基础生活照料服务内容的标准及特点

项目二　养老机构服务提供管理

◇ 掌握各项文娱活动服务内容的标准及特点

【思维导图】

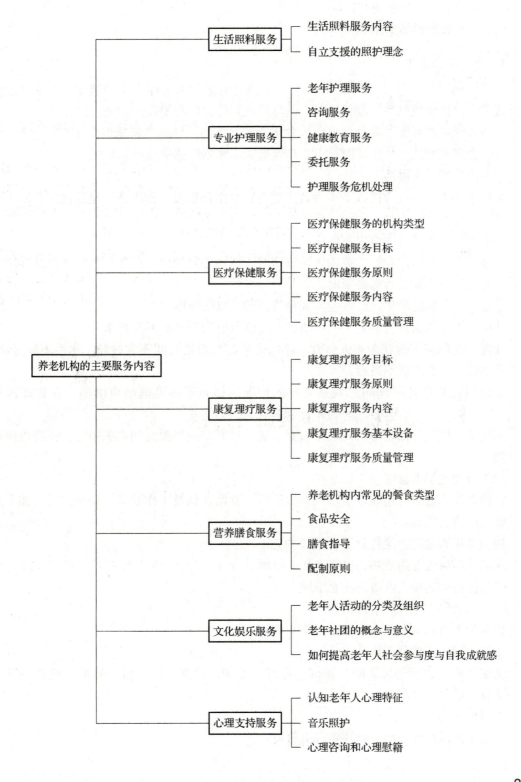

一、生活照料服务

（一）生活照料服务内容

1. 个人清洁卫生

个人清洁卫生服务又称为"身体清洁"。通过对老年人身体表面的清洁，可使其达到消除疲劳、促进血液循环、改善睡眠、提高皮肤新陈代谢和增强抗病能力的目的。

老年人洗浴的种类主要分为淋浴、盆浴和床上擦浴。另外，若老年女性长期卧床，应为其进行会阴部冲洗，防止其因在床上排泄造成泌尿系统感染或产生异味。

（1）协助老年人淋浴。

协助老年人淋浴应遵循以下步骤有序进行：淋浴评估及工作准备、坐稳洗浴、擦干更衣、整理用物。

协助老年人淋浴应注意以下事项：

①老年人身体状况较好，要求单独淋浴时，浴室不要锁门，可在门外把手处悬挂示意标牌，并随时询问其是否需要帮助。

②地面应放置防滑垫，叮嘱老年人穿防滑鞋，以防摔倒。

③应先调节水温再协助老年人淋浴，水温调节应先开冷水再开热水。

④淋浴时间应安排在老年人进食一小时之后，且淋浴时间不宜过长，水温不宜过高，以防产生缺氧、头晕等不适感。

⑤淋浴过程中随时询问、观察老年人情况，如有不适迅速结束淋浴，并告知医护人员。

⑥协助一侧肢体活动障碍的老年人穿、脱衣裤时，应先脱健侧再脱患侧，先穿患侧再穿健侧。

（2）协助老年人盆浴。

协助老年人盆浴应遵循以下步骤有序进行：盆浴评估及工作准备、坐稳洗浴、擦干更衣、整理用物。

协助老年人盆浴应注意以下事项：

①浴盆内应放置防滑垫，以防老年人摔倒。

②其他协助老年人淋浴的注意事项。

（3）为老年人进行床上擦浴。

为老年人进行床上擦浴应遵循以下步骤：

①床上擦浴评估及工作准备。

②顺序擦浴：面部（眼睛、额部、鼻部、面颊、颈部）→手臂→胸部→腹部→背臀部→下肢→足部→会阴部。

③整理用物。

为老年人进行床上擦浴应注意以下事项：

①擦浴过程中动作要轻稳，老年人身体暴露部位应及时遮盖，以防着凉。

②随时更换清水，注意调节水温。

③擦洗过程中，注意观察老年人的反应，如出现寒战、面色苍白等情况，要立即停止擦浴，并为老年人进行保暖，通知医护人员。

④清洗会阴部、足部的毛巾和水盆应分开单独使用。

（4）为老年女性清洗会阴部

为老年女性清洗会阴部应遵循以下步骤：

①养老护理员向老年人解释清洗目的及方法，取得老年人的配合。

②进行清洗前的工作准备。

③摆放体位。按照仰卧位或侧卧位放置便盆，协助老年人取仰卧屈膝位。

④冲洗、擦干。养老护理员戴好橡胶手套，一手持冲洗壶，一手拿毛巾，按照阴部至肛门至腹股沟的顺序，边冲洗边擦洗会阴部。清洗完成后撤去便盆，用毛巾擦干并检查会阴部皮肤状况，更换一次性尿垫，为老年人盖好盖被。

⑤整理用物。

为老年女性清洗会阴部应注意以下事项：

①操作前，养老护理员应洗净双手。

②便盆不可硬塞于老年人臀下，以免挫伤骶尾部皮肤。

③清洗时要缓慢倒水，避免打湿被褥。

④擦拭会阴部的毛巾应专用。

2. 穿着

（1）穿着鞋袜。

老年人穿衣应遵循实用、舒适、整洁、美观四个原则。有些老年人由于年迈体弱，自理程度下降或血液回流功能减弱等，要求养老护理员掌握快捷的穿衣方法，并在协助老年人穿衣裤的同时，为其选择合适的鞋袜，以袜口不过紧的棉质袜子，具有排汗、减震、安全、柔软、轻巧、舒适等特点的鞋为宜。

（2）更换上衣。

①协助老年人更换开襟上衣。养老护理员做好环境、物品准备，经沟通取得老年人配合，老年人做好换衣准备。老年人取仰卧位，养老护理员一手扶其肩膀，一手扶其髋部，帮助其翻身侧卧，并为其脱去或穿上一侧衣袖，随后协助其取平卧位，于身下拉出需要更换或清洁的上衣，用同样的方法为其脱去或穿好另一侧衣袖。更换好上衣后，为老年人扣好纽扣，拉平、整理衣身、衣袖、衣领，盖好被。养老护理员协助老年人穿衣过程中应注意操作轻柔快捷，避免老年人着凉；协助老年人翻身时，应注意安全，必要时安装床挡。

②协助老年人更换套头上衣。养老护理员做好环境、物品准备，经沟通取得老年人配合，老年人做好换衣准备。老年人取坐位，养老护理员将套头上衣由下而上拉至老年人胸部，一手托住其头部，由背后向前脱下衣身；一手扶其肩膀，一手拉近侧袖口脱下衣袖，同法脱另一侧衣袖。穿套头上衣时一手穿过衣袖握住老年人手腕，为其穿好衣袖；一手托

住老年人头部，一手握衣背开口至领口，套入其头部后将衣衫整理平整，帮助其取舒适卧位，盖好盖被。协助老年人坐位穿衣时应注意安全。

（3）更换裤子。

养老护理员做好环境、物品准备，取得老年人配合，做好换裤子准备。老年人取仰卧位，养老护理员为老年人解开腰带、裤扣，协助其左倾拉右侧裤子至臀下，右倾拉左侧裤子至臀下，叮嘱其屈膝后将裤子褪至膝下，帮助其抬腿后褪去裤腿。协助老年人更换清洁裤子时，应一手穿过裤口至腰开口，抓住老年人脚踝并提拉裤管，然后拉住裤腰提至臀部，协助其左倾拉右侧裤腰至臀部，用同样的方法拉左侧裤腰至臀部后系好裤扣、腰带，盖好被。协助老年人穿脱裤子过程中不可硬拽，以免损伤老年人皮肤。

3. 修饰

"仪容"指人的外观、外貌，"仪表"即人的外表。仪容仪表包括人的容貌、服饰和姿态等。修饰老年人仪容仪表的基本原则是美观、整洁、卫生、得体，具体内容包括：

（1）保持老年人面部清洁，为老年男性剃须。

（2）保持老年人头发清洁整齐。

（3）定期为老年人修剪指（趾）甲。

（4）按时为老年人进行口腔清洁。

（5）保证老年人身体无异味。

（6）保证老年人穿着得体。

4. 口腔清洁

老年人口腔清洁分为自理、半自理（漱口、刷牙）清洁法与无法自理（棉棒擦拭或漱口）清洁法。如果老年人佩戴义齿，还应为其进行义齿清洁、佩戴。

协助老年人清洁口腔时应注意以下事项：

（1）每次漱口水不可过多，防止老年人呛咳或误吸。

（2）协助卧床老年人漱口时，在其口角垫好毛巾，避免打湿被服。

（3）协助老年人刷牙时应采用竖刷法清洁牙齿外侧面，上牙自上而下、下牙自下而上刷洗内侧面，螺旋刷洗咬合面，轻摩牙龈后漱口，过程中动作应轻柔，避免牙龈损伤。

（4）用棉棒协助老年人清洁口腔应遵循由内而外的原则，擦拭外侧面、内侧面、咬合面，轻按牙龈，然后按照两颊、上颚、舌面、舌下的顺序擦拭。操作过程中棉棒不可反复使用，且蘸水后应轻压挤水，防止老年人呛咳；避免过于靠近咽部，以防老年人产生恶心等不适感。

5. 饮食照料

（1）进食体位的选择。

根据老年人的自理程度及病情，采取适宜的进食体位，可增进其食欲和进食量，同时避免由不良体位引发的呛咳、误吸、噎食、窒息等意外。若老年人可完全自理或上肢功能较好，应尽量采用坐位进食；若老年人病情危重或卧床，应尽量采用半卧位，头偏一侧进食。

（2）饮食结构的选择。

老年人膳食应注意多样化，多食杂粮、豆类、鱼类、蛋类、奶类、海产品类、蔬菜和水果等，科学、合理饮食，保持营养素的平衡。

老年人饮食种类分为普通饮食、软质饮食、半流质饮食和流质饮食四种。可根据病情选择适合老年人食用的高热量饮食、高蛋白饮食、低蛋白饮食、高纤维素饮食、低纤维素饮食、低盐饮食、低脂肪饮食、低胆固醇饮食、无盐（低钠）饮食等，在满足老年人基本膳食需求的基础上，通过增加或减少某种营养素，促进老年人健康。

（3）进食方式的选择。

根据老年人身体状况可采用自理进食、协助进食、喂食或鼻饲管喂食等进食方式。鼻饲饮食主要分为混合奶、匀浆混合奶和要素饮食。

（4）进食意外的救助。

如老年人在进食过程中出现噎食、误吸等情况，养老护理员应当及时识别、就地抢救、分秒必争，根据实际情况采用拍背法、腹部手拳冲击法及时帮助老年人排出异物。

6. 排泄护理

排泄是机体将新陈代谢的产物与机体不需要或过剩的物质排到体外的生理活动过程。老年人自理能力下降、机体功能减弱或疾病等均可导致排泄功能障碍。养老护理员应根据老年人身体状况协助其采取适宜的排泄体位、方法，以减轻老年人排泄时的不便和痛苦。老年人排便异常通常表现为便秘、粪便嵌顿、腹泻、排便失禁、肠胀气等。排尿异常分为尿失禁和尿潴留。排泄异常的护理通常需要先了解病因，以便进行针对性护理。可通过膳食调整、适量补水、增加活动量等方法促进排泄，严重时可采用缓泻法、灌肠法或口服补盐液等方法协助排泄。

排泄护理要求包括帮助卧床老年人使用便盆及便壶排泄，为老年人更换尿垫和纸尿裤，采集老年人二便标本，使用开塞露辅助老年人排便，协助老年人呕吐时变换体位等。

7. 压疮预防

卧床老年人最易出现的皮肤问题就是压疮，但绝大多数压疮是可以预防的。养老护理员在工作中做到勤为老年人翻身，保持其皮肤清洁，勤为其更换内衣及被褥，避免局部长时间受压，严格交接皮肤情况，认真执行护理措施，就可以很大程度地减少压疮的发生。目前市场上用于预防压疮的产品有压疮垫、楔形垫、软枕和透明膜等。

预防压疮应着重观察卧床老年人的如下情况：

（1）重点查看骨突出和受压部位的皮肤情况，如有无潮湿、水泡、破溃、感染、压红。

（2）了解老年人皮肤情况，如弹性、温度、颜色等。

（3）了解老年人躯体活动能力，如有无肢体活动障碍等。

（4）了解老年人全身状态，如发热、消瘦或肥胖、昏迷或躁动、大小便失禁、水肿等。

养老护理员应根据以上观察要点评估老年人发生压疮的危险因素，对有压疮风险或已发生压疮的老年人定时变换体位，每两小时一次；对受压皮肤解除压力数分钟后压红不消者，缩短翻身时间；对长期卧床的老年人采用充气床垫；对骨突出皮肤减压时，可使用透明贴膜保护；日常应为老年人做好外阴部清洁，肛周涂保护油剂。

（二）自立支援的照护理念

自立支援是鼓励老年人在可动范围内，挖掘潜在机能，利用现有的能力完成日常起居，同时，照护人员结合老年人身体机理、老年心理学等多方面、全方位专业知识和技能对老年人进行贴心细致的照护，针对退化机能或将要退化的机能进行有计划的训练，让老年人能够继续完成日常生活。

二、专业护理服务

（一）老年护理服务

1. 老年护理服务内容

老年护理服务指通过护理干预，为老年人提供连续、综合的健康及医疗照护的活动，同时为临终老年人提供安宁服务。根据《养老机构基本规范》（GB/T 29353—2012），老年护理服务应包括基础护理、健康管理、健康教育、心理护理、治疗护理、感染控制等。各地方标准在操作过程中，对服务内容进行了细化，具体包括：

（1）基础护理：包括老年人生命体征监测及照护、清洁护理、饮食护理及排泄护理等。

（2）专科护理：包括老年专科疾病护理及技术操作。

（3）心理护理：包括老年人心理卫生教育、心理问题评估、心理护理干预措施。

（4）康复指导：包括传授老年期自我护理技术、老年病并发症康复预防和康复治疗技术指导。

（5）健康教育：包括传播老年期健康知识、矫正不良健康行为。

（6）健康咨询：包括老年病的预防、康复，老年期的营养、精神卫生和社会活动等的咨询服务。

（7）院内感染控制：包括采取预防性措施、监测及控制传染病的爆发流行。

（8）护理技术操作：包括基础护理技术操作、老年专科护理技术操作、急救技术操作。

（9）临终护理：包括解除临终期老年人的疼痛和困难，提高临终期老年人的生活质量，做好临终期的心理护理、死亡教育及其亲属的心理（精神）支持，消除临终恐惧。

2. 老年护理服务人员要求

提供老年护理服务的人员均应持证上岗，掌握相应的知识和技能并定期参加继续教育。

（1）提供老年护理服务的人员应由执业护士或取得职业资格证的养老护理员担任（养老护理员只能在执业护士指导下担任老年护理服务中的基础护理工作或在执业护士指导下协助进行医学性护理服务工作）。

（2）提供心理护理服务的人员应由具有专业资质的社会工作者、心理治疗师、医护人员或高级养老护理员担任。

（3）提供安宁服务的人员应由医师、护士、社会工作者、养老护理员或受过培训的义工担任。

（4）养老服务人员应尊重老人当地的风俗习惯、宗教信仰及生活习惯，为老年人提供优质、细致、热情、周到的服务，并保护老年人及其家庭的隐私。

3. 老年护理服务的总体目标

老年护理服务应满足养老机构的老年人健康和医疗照护需求，运用专业知识和技术帮助老年人维护和促进健康、减轻痛苦、提高生活质量。

老年护理服务应根据养老服务机构的性质、入住老年人的整体评估结果，对老年人实行分类管理；根据老年人健康问题，开展护理服务，采取护理措施，实现护理目标。

（1）基础护理。基础护理包括老年人个人清洁卫生、修饰、饮食护理、排泄护理等服务。

（2）健康管理和健康教育服务。健康管理是对个人及人群的各种健康危险因素进行全面监测、分析、评估、预测以及为个人和人群提供健康咨询与指导，并对健康危险因素进行干预的全过程。健康管理的程序分为三步，即个人健康信息管理、健康及疾病风险性评估、个人健康干预。

养老机构老年人健康管理的要求如下：

①每年对老年人进行一次较全面的健康体检。养老护理员配合机构内或机构外的医疗卫生服务机构对老年人进行体检，以及健康生活方式和健康状况评估。

②告知体检结果，帮助老年人分析存在的健康问题和健康危险因素，调动老年人维持自身健康的主观能动性，自觉采取有利于健康的行为和生活方式。

③协助医护人员开展老年人的健康管理相关工作，按要求做好相应的信息记录。

④在医护人员的指导下，针对老人的具体情况进行健康干预。

⑤有条件地对老年人的健康信息建立档案，并按要求对健康档案进行管理。

⑥老年人健康管理中，要特别注意预防各类意外事件的发生。

老年人健康教育的主要内容包括老年人运动、饮食指导，老年常见病发病危险因素及预防知识介绍，老年人重要器官衰老与退行性变化及防护，老年人常见意外损伤与自护，老年人常见慢性病的自我管理，老年人心理健康维护等。

健康教育的管理需要从以下几点着手：

①专人管理。

②做好计划、实施和效果的评价管理。健康教育应有总体计划与阶段目标，有具体实施的过程和实施后效果的测评记录。

③提高养老护理员的健康教育能力。

④提供健康咨询服务。

（3）心理/精神支持服务。养老机构要为老年人提供宽松而愉快的休养环境，对老年人不仅要从生理上给予关心和照顾，更要从心理上给予关爱和呵护。

心理健康是衡量老年人健康水平的一个重要指标。老年人由于生理机能逐渐衰退，记忆力、思维敏捷性下降，解决问题的能力减弱，社会角色变化，感觉器官功能减退，体力不支及疾病、经济收入减少等因素的影响，常常表现为忧心忡忡、孤独不安、猜疑、失落等。因此，要及时对老年人的心理健康状况做出正确的评估，了解老年人是否存在不同程度的心理不健康情况，甚至心理疾病，以便能及时采取相应护理措施，使老年人摆脱不良心理的影响。

心理/精神支持服务是通过语言、文字等媒介，使老年人的认识、情感和态度有所变化，增强适应性，保持和增进身心健康的过程，包括老年人心理卫生教育、老年人心理问题评估、老年人心理护理干预。

（4）老年人疾病护理服务。养老机构需要做好对老年人常见病、多发病、慢性非传染性疾病的护理，以维持或改善老年人的身心状态，减轻病痛。

（5）协助医疗护理服务。协助医疗护理指在医生和护士的指导下完成简单的医疗照顾服务。服务范围包括病情观察、督导用药、协助活动、协助使用助行器具、协助标本的收集送检、协助进行并发症的预防、协助院内感染的预防工作及陪同就医。

（6）老年人康复指导服务。康复指导是根据康复医生制订的康复计划，在康复师指导下开展肢体康复活动和日常生活活动训练。也可根据老年人身体情况开展各类体育锻炼或参与各类休闲娱乐活动。

（7）临终护理服务。临终护理并非是一种治愈疗法，而是一种专注于在患者离世前的几个星期甚至几个月的时间内，减轻其疾病的症状、延缓疾病发展的医疗护理。临终护理由以治疗为主向以照料为主转变，对于已处于疾病晚期、失去治疗意义、生命即将结束的老人，护理的主要目的不再是通过治疗使其免于死亡，而是使其在有限的时间内提高生存质量，保持生命的尊严。

4. 护理服务质量要求

（1）四无：无压疮，无坠床，无烫伤，无跌伤。

（2）五关心：关心老年人的饮食、卫生、安全、睡眠、排泄。

（3）六洁：口腔、皮肤、手足（指、趾甲）、头发、会阴、床单清洁。

（4）七知道：知道每位老年人的姓名、个人生活照料的重点、个人爱好、所患疾病情况、家庭情况、使用药品治疗情况、精神心理情况。

（5）老年人居室保持清洁、空气新鲜、无异味，基础护理合格率≥90%，落实护理措施100%，技术操作合格率≥95%，Ⅱ度压疮发生率0，老年人和家属满意率≥96%，常规物品消毒合格率100%，记录合格率≥95%，严重护理缺陷0。

（6）生活照料服务由考核合格的养老护理员完成。

（7）依据《现代护理技术操作规范》提供老年护理操作服务，由注册护士完成。

（8）护士应检查指导护理员工作，每周检查并记录。

（9）应根据需求配备必要的护理设备，对老年人进行评估，根据评估结果对老年人实施分类管理，按需服务。

（10）护士对老年人异常生命体征、病情变化、特殊心理变化、重要的社会家庭变化、服务范围调整应根据老年人特点，进行客观如实记录。记录时间应具体到分钟。

（二）咨询服务

1. 服务对象

（1）有医疗、护理、康复、教育、服务信息等方面需求的老年人。

（2）有申请入住需要，需了解服务功能、入住收费等信息的老年人及家属。

2. 服务规范

（1）制定现场咨询和来电、网络咨询服务流程。

（2）遵照流程提供咨询服务。提供咨询服务时，解答问题需准确、真实、专业。

（3）了解与评估老年人对咨询的需求，对提供的咨询服务予以记录。

（4）提供入住咨询服务时需将机构的功能定位、服务范围、各项费用、入住条件等解答清晰，并了解申请入住老年人的情况，有针对性地进行重点解答，必要时可提供本机构简介等公开资料。

（5）对于咨询中有申请入住需求的老年人应予以登记，登记内容为老年人及其家属的基本信息、老年人现阶段身体状况、老年人及其家属的联系方式，并妥善保存登记表。

（6）对于在住老年人专业性的咨询需求应予以记录，可由医务部、护理部或有计划地聘请专家或专业人员为老年人开展讲座或组织集体解答等满足咨询需求。

3. 质量要求

（1）咨询服务人员可为医生、护士、养老护理员、社工、康复师、聘请的专业人员。

（2）所有提供服务的人员均应具备上岗资格，具备本专业知识。

（3）提供安静与安全的咨询环境与场地，提供必要的信息材料。

（4）提供准确的服务信息，服务态度热情，解答问题耐心细致。

（5）了解老年人的基本情况与需求，咨询服务人员应了解与掌握本机构服务功能及收费等情况。

（6）服务完成率100%，满意率≥95%。

（三）健康教育服务

1. 不能自理老年人的教育服务

（1）教育服务内容。

教育服务内容包括开展安全知识、健康知识、时事政策等知识讲座和专项卫生宣教等。

（2）教育服务要求。

①有安全的设备和场地。

②按照老年人需要制订服务计划并实施。

③满足老年人学习新知识、掌握新技能、预防疾病等的需要。

（3）教育服务规范。

①按照老年人的需要制订教育服务计划。

②确定教员，根据教育内容编写教案。

③准备必要的设施设备和场地，活动开始前对设施设备和场地进行安全检查以保证活动安全。

④必要时请社工部协助实施。

⑤活动结束后对教育效果进行评价。

2. 自理老年人的教育服务

（1）教育服务内容。

①开展各类讲座、传授文娱技能等。

②健康卫生宣传教育。有针对性地对患有慢性病的老年人，开展季节变换常见病预防、老年人常见病预防、心理保健小常识等方面的宣传和教育活动。

③节能宣传教育。宣传节水节电等各种节约能源知识和节能奖励机制，倡导节约意识，杜绝浪费现象等。

（2）教育服务要求。

教育服务应尽量满足老年人学习新知识、新技能和增进社会交往的需求，使老年人获得安全、健康、时事等方面的知识，提高精神生活质量。

（3）教育服务规范。

①按照老年人的需要制订教育服务计划。

②确定教员和教育内容，编写教案。

③准备必要的设施设备和场地，活动开始前进行安全检查，保证活动安全。

④必要时请社工部协助实施。

⑤活动结束后对教育效果进行评价。

（四）委托服务

1. 服务范围

（1）入住本机构并签订《财产托管协议》（老年人的财产仅限于现金或存单保存、管理及费用交纳）。

（2）"三无"服务对象由机构方单方管理其财物。

2. 服务规范

（1）成立老年人财产共管会，制定财产委托服务流程。

（2）代管大额财物时，托管额度、使用规则等项目应经公证部门公证。

（3）提出财产委托服务需求的老年人，需签订《财产托管协议》，经过财产种类、自理能力、智力评估，符合托管条件并经老年人家属同意，上级领导审核批准后接受委托。

（4）财产委托由专人负责，在《财产托管登记表》上记录托管内容，在《财产支出记录》上详细记录使用情况，账目明确，由部门负责人定期核查。

（5）财产共管会工作人员负责发放"三无"老年人的领用金，每季度由财务支取规定数额的"三无"老年人零用金发放到老年人手中，或交由老年人所住区的负责人代为保存，交接双方签字。零用金支取应有签字，定时核对，定时向老人及其担保人反馈支出数额及使用情况。

（6）为老年人提供费用交纳及领取工资等服务后，保管好票据，及时、准确记录。

（7）老年人在退住或离世后，委托协议终止，余款交付其担保人，或按照老年人财产公证意愿办理。

（8）代理缴纳费用后，保存单据，并核对、记录。

3. 服务质量要求

（1）应满足老年人对财产的委托管理需求。

（2）委托管理人员可为社工人员、财产共管会工作人员、居住区负责人或护士长。

（3）所有提供服务的人员应有职业资质，具备职业道德，了解老年人情况，并具备安全防护的相关知识。

（4）保护老年人的隐私，不与他人谈论老年人私人信息。

（5）保留提供服务的记录和购物票据，做到账物相符，记录及时、准确、完整、真实、清晰，并核实、签名。

（6）服务完成率100%，满意率100%。

（五）护理服务危机处理

1. 护理差错及事故应急预案

（1）护理差错。

①一般差错。

a. 违反护理工作的操作规程，质量未达到标准要求，增加老年人痛苦，但尚未造成不良后果。

b. 护理记录不准确，未影响诊断治疗。

c. 不认真执行查对制度，打错针、发错药，未发生任何反应（一般性药物），无不良后果。

d. 标本留取不及时或留取方法不正确，但尚未影响诊断治疗。

e. 监护失误，静脉注射外渗外漏。

f. 检查前准备未达要求，但尚未影响诊断。

g. 病危老年人无护理计划。

h. 执行医嘱不及时，但未影响治疗。

i. 无菌技术操作不熟练，造成老年人轻度感染。

②严重差错。

a. 执行查对制度不认真，打错针、发错药，给老年人增加痛苦。

b. 护理措施未落实，发生非难免Ⅱ度压疮。

c. 实施热敷时造成二度烫伤，面积不超过体表0.2%。

d. 执行医嘱不及时，影响治疗但未造成严重不良后果。

e. 监护失误、引流不畅，未及时发现，影响治疗。

f. 监护失误，静脉注射外渗外漏，面积达3 cm×3 cm以上，局部坏死。

g. 术前未做准备或术前准备不合格而推迟手术，尚未造成严重后果。

h. 违反无菌技术操作，造成老年人严重感染。

i. 记录有遗漏或不正确，影响诊断治疗。

j. 遗失检查标本，影响诊断治疗。

k. 护理不当导致老年人坠床、窒息、昏倒，造成不良后果。

l.交接班不认真而延误诊治、护理,造成不良后果。

(2)护理事故。

①依据《医疗事故处理条例》,护理事故分为四级。

一级事故:造成老年人死亡、重度残疾的。

二级事故:造成老年人中度残疾、器官组织损伤导致严重功能障碍的。

三级事故:造成老年人轻度残疾、器官组织损伤导致一般功能障碍的。

四级事故:造成老年人明显人身损害的其他后果的。

②预防措施。

a. 安全防护和安全检查。

b. 按操作规程操作。

c. 加大检查考核力度。

d. 增强责任心。

e. 发生事故应采取有效措施,及时补救,将危险降到最低限度。

2. 防范及应急预案

养老机构应按照安全管理的要求,全面评估入住养老机构的老年人可能存在的风险及事故发生类型,完善各类防范及应急预案,包括但不限于老年人跌倒、坠床、烫伤、自伤和他伤、噎食、走失、误吸、压疮、误服药物以及自杀的防范及应急预案。

三、医疗保健服务

(一)医疗保健服务机构的类型

养老机构医疗保健服务的机构包括养老机构内设医疗机构和外部医疗机构两种类型。

1. 养老机构内设医疗机构

养老机构内设医疗机构包括医务室、综合门诊部、护理院、护理中心、康复中心、医院(一、二级综合医院,老年病医院,康复医院,中医医院等)。其科室设置、人员配备、设施设备配备、药品配备应根据医疗机构的类型,相应地符合《医疗机构基本标准(试行)》《康复医院基本标准(2012年版)》《护理院基本标准(2011版)》《护理中心基本标准(试行)》《康复医疗中心基本标准(试行)》《安宁疗护中心基本标准(试行)》《养老机构医务室基本标准(试行)》《养老机构护理站基本标准(试行)》等各类医疗机构基本标准的要求。

2. 外部医疗机构

不具备自建医疗机构条件,但有医疗服务需求的养老机构,可与符合要求的外部医疗机构签订服务合作协议,委托外部医疗机构提供健康咨询、门诊就医、医疗巡诊、双向转诊等医疗服务。外部医疗机构包括社区卫生服务中心、综合门诊部以及不同级别或类型的医院（一、二、三级综合医院，老年病医院，康复医院，中医医院等）。

（二）医疗保健服务目标

医疗保健服务的目标是以现代健康概念（生理、心理和社会适应能力）和新的医学模式（生理—心理—社会）以及中医治未病为指导，通过采用现代医学和现代管理学的理论、技术、方法和手段，对老年人群体整体健康状况及影响健康的危险因素进行全面检测、评估、有效干预与连续跟踪，提高老年人自我健康管理意识，促进老年人心理及身体健康，提高老年人生活质量，延长寿命。

（三）医疗保健服务原则

医疗保健服务原则是在依法行医、合法经营、规范服务的基础上，根据老年人的健康状况，制订医疗保健计划、开展医疗保健工作、对医疗保健措施所取得的效果进行评价；不断学习、探索、总结医养结合模式中科学、专业、适宜的医疗保健服务。

（四）医疗保健服务内容

医疗保健服务是为满足老年人基本医疗需求，向老年人提供健康体检、疾病风险评估、预防保健、医疗救治等方面的服务。

1. 老年医疗保健服务

（1）健康体检：包括入住体检和定期体检。根据老年人的生理、心理特点和健康状况，通过健康体检、健康评估，全面了解老年人的身体健康状况，并建立健康档案。

（2）预防保健：包括健康管理、心理干预、营养干预、运动干预、中医保健等内容。

（3）医疗救治：包括诊断和治疗老年人常见病、多发病、慢性非传染性疾病，院前急救等。

（4）临终医疗：提供临终医疗服务，减少临终老年人的痛苦。

2. 协助医疗护理服务

（1）健康访视。

（2）用药管理。

（3）协助肢体活动。

（4）协助使用辅助器具。

（5）收集送检标本。

（6）体位转移。

（7）预防意外伤害和并发症。

（8）遗体料理和终末处理。

（9）预防机构内感染。

3. 陪同就医服务

（1）协助相关第三方陪同老年人到指定的医疗机构就医。

（2）无第三方时，按谁协助谁负责的原则，由机构派专人协助老年人就医。

(五)医疗保健服务质量管理

(1)养老机构内设医疗机构应符合《医疗机构管理条例》《执业医师法》《传染病防治法》《医养结合机构服务指南(试行)》及《养老机构服务质量基本规范》(GB/T 35796—2017)等文件要求。

(2)老年医疗保健服务应由内设医疗机构和委托医疗机构提供,并符合卫生行政主管部门有关诊疗科目及范围的规定。

(3)养老机构应参照医疗机构设置要求配备足够的、符合要求的医务人员、设施和设备,为实现质量目标提供必要的条件保证。

(4)医疗保健服务一般应由医护人员承担,其中老年医疗保健服务应由执业医师和康复医师承担;协助医疗护理服务应执业护士或者康复技师承担,养老护理员应在医护人员的指导下承担;陪同就医服务可由社工、护理员或者义工承担。

(5)养老机构应当建立符合医疗保健服务质量管理要求的质量目标,将医疗保健服务有关安全保证、质量可控的所有要求,系统地贯彻到服务全过程,确保老年人得到良好的医疗保健服务。

(6)应有提供医疗保健服务的流程或程序,医疗行为应参照临床医疗诊疗常规,有关于人员职责和提供医疗保健服务的制度。

(7)应制订老年医疗保健服务计划,制订服务计划时,原则上应征求老年人及第三方意见,若双方意见不一致,以老年人意见为主,避免发生误会。

(8)如通过评估为老年人提供医疗保健服务,服务前应得到老年人或相关第三方确认,并定期与老年人或相关第三方进行沟通。

(9)药品的安全使用、验收、储存等管理工作应由执业药师或执业医师负责,并符合《医院药品管理办法》的相关规定。

(10)毒麻药品、贵重仪器专人管理、定期检查;内用药和外用药分类放置,标签清晰、账卡物相符,定时清点登记。

(11)服务质量应达到以下要求:

①每年至少为老年人体检一次,并有记录。

②老年人入住后24小时内为其建立健康档案,定期记录,档案合格率≥95%。

③定期巡视,及时解决老年人健康问题,问题落实率≥95%。

④用药处方合格率≥95%。

⑤及时完成机构内老年人慢性病、常见病的管理,院前急救及转诊工作。

⑥协助老年人服药应做到"三查""八对""一注意"。三查:操作前查、操作中查、操作后查;八对:核对房间号、床号、姓名、药品、剂量、时间、浓度和用法;一注意:注意用药前过敏史、配伍禁忌和用药后反应。

⑦机构内感染的预防工作应符合《消毒技术规范》和《医院消毒卫生标准》(GB 15982—2012)的规定。

⑧提供陪同就医服务时应根据老年人病情制定应急措施;陪同就医服务不当导致的意

外发生率为0。

⑨医疗用品"四定"管理：定人保管、定时核对消毒、定点放置、定量供应。

⑩老年人健康档案原则上保留30年，处方保留15年。

四、康复理疗服务

（一）康复理疗服务目标

康复理疗服务是为慢性病、老年病以及疾病治疗后恢复期老年人提供医学康复服务，促进功能恢复或改善，或为有身体功能（包括精神功能）障碍的老人提供以功能锻炼为主，以基础医疗措施为辅的基本康复诊断评定、康复医疗和残疾预防等康复理疗服务，协助患病老年人尽早恢复自理能力、回归家庭和社会。

（二）康复理疗服务原则

康复理疗服务的原则是制定并落实管理规章制度，执行国家颁布或者认可的技术规范和操作规程，明确工作人员岗位职责，严格落实消防、安全保卫、应急疏散、防跌倒、防坠床、防自残（自杀）、防走失、防伤人和医院感染防控等措施，保障康复理疗服务安全、有效地开展。

（三）康复理疗服务内容

（1）以功能促进及残疾评定为目的的功能评测项目。

（2）脑损伤（如脑卒中、脑外伤等）、脊柱脊髓损伤、周围神经损伤等神经系统疾患的康复医疗；骨折-脱位、截肢、髋-膝关节置换术后、运动损伤等骨-关节系统疾患或损伤的康复医疗；慢性疼痛的康复医疗；老年康复医疗；肿瘤康复医疗；中医康复治疗（包括针灸、推拿、拔罐、中药熏洗治疗等）以及一些明显功能障碍（如下肢深静脉血栓形成、压疮、肌挛缩、关节挛缩、异位骨化、神经源性膀胱和肠道等）稳定期或后遗症期的康复处理等专业中的一种或多种康复医疗服务。

（3）物理治疗、作业治疗、言语治疗和康复辅具运用。

（4）日间综合性康复医疗服务和家庭康复医疗指导。

（5）满足所开展康复医疗服务需要的医学影像、医学检验、药事、营养和消毒供应等保障服务。

（四）康复理疗服务设备

（1）基本设备：参照一级综合医院基本设备。

（2）专科设备：根据所开展康复医疗服务的专业设置，配备满足业务开展需要的专科设备。

①康复评定：根据所提供的康复功能评定服务，配备相应的运动功能评定、平衡功能评定、认知言语评定和作业评定等设备。

②运动治疗：至少配备训练用垫、肋木、姿势矫正镜、平行杠、楔形板、轮椅、训练用棍、沙袋和哑铃、墙拉力器、肌力训练设备、前臂旋转训练器、滑轮吊环、电动起立床、功率车、治疗床（含网架）、训练用阶梯、训练用球、踏步器、助行器、平衡训练设备、运动控制能力训练设备、功能性电刺激设备等。

③物理因子治疗：至少配备电疗、光疗、超声波治疗、传导热治疗、冷疗、功能性牵引治疗等设备。

④作业治疗：至少配备日常生活活动作业、手功能作业训练、模拟职业作业等设备。

⑤中医康复治疗：至少配备针灸、火罐、中药药浴、中药熏蒸等设备。

（五）康复理疗服务质量管理

（1）按照国家发布或认可的诊疗技术规范和操作规程等有关要求，健全并遵守各项技术规范、服务标准和流程。

（2）建立并实施服务质量管理体系，严格实施内部质量管理与控制，并接受卫生行政部门或者质控部门开展的质量管理与控制。

（3）制定各项规章制度、人员岗位职责。

（4）建立良好的沟通机制，保障老年人与第三方的知情同意权，维护其合法权益，并积极开展康复科普、康复教育。

（5）建立老年人信息登记、文书管理制度，将相关信息记入老年人健康档案，保证信息的真实性、完整性、及时性。

（6）严格按照有关规定与要求，规范使用和管理康复理疗设备、耗材、消毒药械和用品。

五、营养膳食服务

营养膳食服务是指满足老年人日常饮食需求的服务，在大部分情况下食物能够提供对身体有益的营养物质和其他合成物质，通过合理平衡的膳食和身体锻炼可以改善老年人的健康状况，减少主要慢性疾病的发病风险。

（一）养老机构内常见的餐食类型

1. 普食

为没有特殊要求的普通老年人准备的饮食，注重鱼肉、瘦肉等低脂肉类及豆制品等含有优质蛋白的食品的摄入。同时，控制盐的摄入量，食物以细、软、碎为宜。

2. 软食

为咀嚼能力、消化能力较弱以及有轻度吞咽能力障碍的老年人准备的饮食，注重食物细软、不黏、易消化，食物颗粒小于 1.5 cm×1.5 cm，以米、面、叶菜、薯类和茄果类为主。

3. 半流食

为咀嚼能力差、消化不良、有中度吞咽能力障碍及手术后恢复期的老年人准备的半流体食物，注重在流质的食物内仍含有细软的、能够用舌头压碎或直接下咽的有形状的固态食物，食物颗粒小于 0.6 cm×0.6 cm，如粥、面条、鸡蛋羹、麦片、藕粉等。

4. 流食

为丧失咀嚼或吞咽能力以及患急、危、重症的老年人准备的呈液体状食物，注重食物完全粉碎，无须咀嚼、易吞咽，如果汁、汤类、牛奶、豆浆等。

5. 治疗饮食

治疗饮食指在基本饮食的基础上，根据病情的需要，适当调整总热能和某些营养元素而达到治疗目的的一种饮食。此类饮食一般针对个案或少量特殊老年人，如糖尿病饮食、忌碘饮食、低嘌呤饮食等。

6. 特殊饮食

特殊饮食指在基本饮食的基础上，根据老年人的生活习惯、民俗习惯、宗教信仰等进行调整的饮食。此类饮食要求在避免触及老年人忌口食物的同时，保障老年人能够摄入足量且均衡的营养素。

（二）食品安全

食品是否安全，直接关乎着老年人的生命安全，也是提供营养膳食服务最基本的前提与保障，其主要应从以下方面进行监管。

1. 人员

（1）提供营养膳食服务的人员必须经体检取得健康合格证且定期进行体检。

（2）提供营养膳食服务的人员在工作期间应戴口罩和工作帽并保持个人清洁，如参与直接接触食材的工作应戴一次性手套。

（3）营养师等专业人员应持有与其岗位相适应的专业资格证书或经过相关专业培训合格。

2. 用品、用具

（1）餐具、饮具及盛放入口食物的容器应使用无毒、清洁、不易损坏的材料，如木制、搪瓷、不锈钢、聚乙烯等，使用前应清洗、消毒。

（2）炊具、用具每次使用后应清洗干净并置于通风处晾干。

（3）设施设备应符合食品药品监督管理部门的相关规定和要求。

（4）洗涤剂、消毒剂应保证对人体安全、无害。

3. 食品

食材本身的安全是保障食品安全最核心的一环，其应当从食材的采购、储存、处理和烹饪各环节进行把控。

（1）采购。

①注意货源的质量，供应的食材必须符合国家有关卫生标准和规定的相关要求，并且供货商应能够提供食品卫生许可证和检验（检疫）合格证等相关证件或证明。

②注意货源的稳定性，如供货商能否定期、足量地供应食材，所供应的食材品种能否

最大限度地满足机构的需求,是否会出现晚点、断货等现象。

③选择最优供货商,通过对食材质量、价格、品种,货源的稳定性,供货商的配送能力以及售后服务等方面进行综合考察后,选择多家供货商同时进行试供货,试供货结束后进行供货商的确定。

④对已选定的供货商所供应的食材定期进行评估,如出现食材质量下降、数量不足或其他违反合同的情况应立即与供货商进行沟通并挑选其他合适的供货商作为备选,沟通后仍不达标则终止与其合作,更换为备选供货商,以保障货源高质且充足。

(2)储存。

①大部分蔬菜、水果、鲜货、水产、肉类等新鲜或不易储存的食材一般要求供货商当天送货,当日剩余的食材置于冷库的固定位置进行储存,生鲜和蔬果分开存放,储存时间最多不超过2天,防止出现食材变质等问题。

②干杂、调料、粮油等易储存、需求大且具有必要性的食材一般可储存不超过一周的用量,并在用完前进行备货,储存时应置于库房的固定地点。

③冷库应保持避光、干燥,温度保持在0~10℃,存放时应标明存放的日期,使用时优先使用先存放的食材,管理员定期进行检查,如发现食材过期、变质及时处理。

(3)处理。

①检查:检查是指在进行食材加工前需先检查食材质量与数量,不得使用过期、变质的食材,拒绝接受数量缺额的食材。

②清洗、去皮:果蔬类食材按需求用凉水进行清洗,夏季由于蔬菜的菜虫较多,应注意使用淡盐水浸泡,有效地让菜虫脱离菜叶,豆角类食材应剪掉角尖并抽掉老筋丝,菌类食材应用清水浸泡备用。

③加工:食材需加工至老年人适口大小,各类食材加工时应先去皮或去壳,然后再按需求进行切割、腌制或精加工;处理时应保证食材块小、片薄、条短、丝细,顺序上应先加工急用的食材,其次是小块的食材,最后是大块的食材。

(4)烹饪。

①为保证老年人可以正常进餐,且餐食容易消化吸收,应使其口感以软、酥、烂为主,烹调方法以蒸、煮、炖、焖、烩为主。

②由于老年人各种慢性病较多,为避免餐食对其所患慢性病有不良影响,烹调过程中应做到少油、少盐、少糖且少用辛辣刺激性的食材,并根据在住老年人身体情况适当制作高钙、低嘌呤等特殊饮食,以满足特殊人群的饮食需求。

③烹饪时应注意将菜品烧熟煮透,烹饪时温度应在90℃以上,进餐时不宜过烫,打餐时应保持在60℃左右。

④机构应配备专用的器皿和冷藏柜对菜品进行留样保存,并配专人进行管理,保持器皿和冷藏柜的清洁,定期消毒。

4. 出现食物中毒时的应对和处理

在养老机构内大量(30人及以上)员工或老年人出现恶心、呕吐、腹痛、腹泻或胃肠道疾病时即可确定为集体食物中毒事件。出现食物中毒事件时应第一时间向上级领导和院内医疗机构汇报,由医疗机构开展治疗,病情严重者及时送往上级医院诊治。然后立即将近期留样的菜品,患者的呕吐物、粪便进行送检化验分析原因,并配合上级卫生防疫部门和食品药品监督管理部门做好调查取证工作。

(三)膳食指导

1. 加强营养摄入,均衡饮食

老年人进餐时应该注意摄入多种不同类的食物,以保持营养均衡。

对身体虚弱和体重有明显下降的老年人可采用少食多餐的方法;对进食量少的老年人应减少汤、粥类食物的进食量,少吃汤泡饭,同时可以增加高热量高蛋白食物的摄入,以保证能量摄入充足;对咀嚼功能或吞咽功能障碍的老年人,可选择增加软食或半流食的摄入,进餐期间注意细嚼慢咽、不要说话,避免出现噎食或误吸。

2. 维持正常体重

老年人的体重应稳定维持在正常水平,以 BMI(Body Mass Index)在 $18.5 \text{ kg/m}^2 \sim 25 \text{ kg/m}^2$ 为宜。体重过重会对骨骼和脏器造成沉重的负担,且患心脑血管类疾病的风险大大增加。

3. 加强室外活动

适当的室外活动能够起到锻炼身体、延缓机体衰老及延缓骨质疏松的作用,而且能加快体内能量的消耗,产生饥饿感,从而增强食欲。一般建议老年人每天进行 1~2 次室外活动,每次 0.5~1 小时为宜,如体力较差可进行多次短时间的活动,活动内容建议选择老年健身操、太极拳等较为舒缓的有氧运动。

4. 鼓励集中就餐

养老机构应鼓励老年人集中就餐。长期的集中就餐,一是可以加强老年人之间的交流,增进老年人之间的感情,从而减少他们在生活中的矛盾;二是可以更方便地对老年人进行看护,如突发噎食等紧急情况时能更快更有效地采取措施;三是可以活跃就餐时的氛围,增加老年人的食欲和进食量,从而保证其营养摄入充足。

(四)配制原则

1. 平衡膳食,科学搭配

老年人每日消耗热量:60~70 岁为 1 700~2 000 kcal,70 岁以上为 1 500~1 800 kcal,且 60 岁以上老年人每增加 10 岁,消耗的能量就会减少约 10%。能量补充应不超过最高消耗限量,并根据早中晚的活动量均衡分配到三餐中,主食宜粗不宜细,蛋白质宜精,脂肪宜少,维生素和无机盐应充足。为老年人制定食谱时可按照以下比例进行配置:粮食 25%、薯类 5%、蛋类 3%、鱼肉类 5%、豆类及豆制品 15%、蔬菜 25%、水果 10%、海藻 2%、鲜奶及奶制品 10%。

2. 制订膳食计划

养老机构应配有专门的营养师为老年人进行膳食指导和营养配餐,根据不同老年人的身体情况和需求制订一周膳食计划,并定期进行更换;每周应提前公示下一周的菜单,需要更换时应提前通知。

3. 食物供应多样化

食物供应要尽量多样化,保证四大类食物组成,即粮油类、奶类、蔬菜水果类和鱼肉蛋及豆制品类。为确保营养较为全面,每天应摄入最少不低于12种食物。

4. 少食多餐制

提倡老年人少食多餐,除正常的三餐外,根据不同老年人的营养需求分别提供每天1~2次乳制品、水果、小点心或少量正常餐以补充其缺少的营养物质。

5. 充分尊重个体饮食习惯

养老机构的菜谱应尊重老年人宗教信仰、民族习惯,结合老年人生理特点、身体状况,由专业的营养师制定,以此达到既满足营养需求又符合个体饮食习惯的目的。

知识链接

七种膳食的食疗作用

1. 南瓜饭:南瓜中的果胶可使糖类吸收缓慢,适合糖尿病患者食用;南瓜中的甘露醇有通便作用,有利于预防结肠癌发生。

2. 黑木耳饭:先将大米煮熟,然后加入黑木耳煮成饭或粥,对心脑血管疾病预防有促进作用。

3. 芋头饭:芋头质地细软,易于消化,适合胃肠道疾病患者及老年人食用。

4. 淮山药饭:保护动脉血管,防止动脉硬化;使皮下脂肪减少,避免肥胖。

5. 红薯饭:预防便秘,减少肠癌发生;降低血液中胆固醇,预防冠心病;调节人体酸碱平衡。

6. 燕麦饭:把大米或糯米与燕麦一起煮成粥或饭,可降血脂,防治心脑血管疾病、糖尿病、便秘。

7. 绿豆饭:清热祛暑、明目降压,能防治中暑引起的发热、口渴、烦躁、小便不畅等。

六、文化娱乐服务

(一)老年人活动的分类及组织

1. 老年人活动的含义

活动是为了达到某种目的而采取的行动。老年人活动是活动的一个分支,指的是以老年人生活为内容形成的活动体系。其目的是帮助老年人顺利实现全方位的社会适应,获得身心健康。老年人活动的内容以文艺体育为主,辅之以社会公益、技能学习、合作交流等；老年人活动的形式以娱乐为主，户外与室内相结合，即时性与延伸性相结合；老年人活动的功能兼具文化、经济价值，是地区文化现象与经济内容的载体之一；老年人活动的实质是促进老年人顺利完成新环境下的社会适应，实现第二人生价值的社会协调活动。

2. 老年人活动的性质

老年人活动是一项有目的、有计划、有步骤地组织以老年人为主体参与的社会协调活动。老年人活动的四个重要概念：

（1）目的性。

（2）计划性。

（3）参与性。

（4）安全性。

3. 老年人活动的特点

（1）多样化。

（2）层次性。

（3）广泛性。

（4）多元性。

4. 影响老年人参与活动的因素

（1）机体老化和疾病的影响。

（2）运动认知的影响。

（3）社区和家庭的支持程度。

5. 老年人活动的原则

（1）正确选择活动种类和场地。

（2）循序渐进。

（3）持之以恒。

（4）加强自我保护。

6. 老年人活动的作用

（1）促进身体健康。

（2）促进生成积极情绪。

（3）促进自我实现。

（4）建立社会支持网络。

7. 老年人活动策划的含义

策划是指为了达成某种特定的目标，在调查、分析有关材料的基础上，遵循一定的程序，借助一定的科学方法和艺术，对未来某项工作或事件进行系统、全面的构思，制订合理可行方案的一种创造性的社会活动过程。它以问题的沟通为起点，以解决问题的实施方案为终点。

活动策划是活动策划人员在对现状和条件的调研之后，设计活动主题，策划活动的时间地点，组织市场调研，制订活动预算方案、宣传方案、实施方案等，最后实施活动开展的现场管理的全过程。

老年人活动策划是对老年人活动组织行为的一种预先策划，是对老年人活动过程和资源等一系列外部事件进行精心设计和安排的过程。它包括对老年人活动目标的设定、内容的分析、活动过程的安排和调整、活动评估等。

8. 老年人活动策划的核心理念

（1）和谐理念。"和谐"主要指活动策划的各环节之间协调、活动内容与主题协调、活动内容与参与人员协调，以及活动组织过程中各环节之间协调等。

（2）人本理念。"人本"就是以人为本，包括以下三方面的内涵：一是关注活动参与者的意愿和诉求，应充分听取和了解委托机构和老年人的意见和想法；二是活动能够吸引、方便更多人参与其中；三是活动要符合人们的审美需求。

9. 老年人活动策划的原则

老年人活动策划因其专业、烦琐、涉及面广的特性，难度较大。因此，要顺利进行活动策划并取得成功，就必须遵循相应的原则。

（1）科学原则：老年人活动策划的第一个原则就是运用科学理论，依靠科学方法。

（2）系统原则：坚持系统原则，就是要把策划作为一个整体来看，在整体与部分之间的相互依赖、相互制约的关系中进行系统综合分析，强调老年人活动的整体性、全局性、效益性，对系统中各个部分的策略做统筹安排，确定最优目标。

（3）可行原则：要从实际情况出发（如老年人的年龄、性别、体能、智能等方面的特点），使活动切实可行，活动内容和形式具有前瞻性和吸引力，同时不脱离实际，具有可操作性。

（4）协调原则：协调原则是和谐理念的具体表现。策划人员需要关注活动主题与主办机构意愿相协调，活动的形式和内容相协调，活动内容与举办地点相协调，活动组织人员之间相协调，活动目标与活动对象相协调。

（5）资源原则：尽量利用本身或社会现有可提供的设备及资源，同时发掘新的资源，量力而为，有效地利用资源；应考虑到老年人的兴趣和需求，并且特别考虑特殊活动对象的情况。

（6）参与原则：老年人希望活动中能有参与的机会。另外，活动相关利益群体代表应全程参与活动的策划决策，以便策划者能充分听取相关代表的意见和建议。

10. 老年人活动策划的程序

老年人活动策划是一项系统性工作，是遵循老年人活动规律，按照一定的科学合理的流程进行的策划。老年人活动策划的程序是指在策划过程中必须遵循的相对规范的过程及步骤。

（1）老年人活动策划程序的基本思路。

老年人活动策划程序的基本思路包括五个"W"，这五个"W"分别代表五个相互关联的问题，涵盖老年人活动策划程序中的概念和主体内容形成的诸环节。具体含义如下：

Why：为什么举办这个活动。需要说明活动的目的、意义、宗旨和方向。

Who：谁是活动的受益者。需要说明活动参与者、赞助人、组织者、发起者、承办者、媒体、管理部门等。

When：活动什么时候举行。需要说明活动的具体时间、当时的季节性因素、活动与传统节日、双休日的时间协调和交通拥堵情况。

Where：活动在哪里举行。需要说明活动场所，是室内还是室外，是机构内还是机构外，是市区还是近郊，是海滨还是山区，是大城市还是小城镇。

What：活动主要内容是什么。需要说明活动分为哪几个部分，每个部分的关键环节是什么，每个部分的亮点何在。

（2）老年人活动策划的基本流程。

老年人活动策划的基本流程大致可以分为以下六个阶段。

①明确活动策划问题：策划者需要与委托方或上级领导进行沟通，明确活动策划的目标、意义、宗旨和方向，条理清晰地列出策划的范围、内容及过程中的重点内容。

②调查和分析：策划者要充分考虑老年人的需求和偏好，寻找具有新颖性、特殊性的活动主题，还要了解活动中各利益相关者（如举办方、当地社区、赞助者、媒体、合作者、参与者和观光者等）参与的动机和目的。

③活动具体设计：活动具体设计是将活动设想具体化，按照实际操作的需要进行细节策划和设计的过程。策划者需要从实际的运作角度，对活动的场地、时间、流程、内容、配套服务等进行详尽考虑。

④策划书撰写：策划书是策划方案的成果表现形式，是策划思想的实质性载体。因此，作为老年人活动策划人，需要在策划方案确定之后，撰写一份完整详尽的策划书，并将其提供给活动组织者或其他有需要的部门。

⑤活动审查及审批：某些活动在具体实施前还需要到相关管理部门备案，并需要相关管理部门的审核和批准。

⑥活动评估：活动结束后，策划者以及活动组织方都需要对此次活动的策划及实施进行评估和反思，从而不断提升策划能力和水平。

11. 老年人活动策划的注意事项

（1）要明确策划方案写给谁。

（2）要明确策划这次活动要解决什么问题，为什么要策划这次活动，活动的目的是什么。

（3）策划方案中要明确活动的三个阶段（铺垫期、执行期、降温期）。

（4）活动要有鲜明的记忆点。

（5）注意细节。

12. 撰写策划书

（1）标题。标题通常由两部分组成：基本部分（活动性质和类型）和限定部分（人员、时间、地点、规模等）。例如，2020年××社区老年人广场舞大赛，基本部分是广场舞、大赛，限定部分是2020年、××社区、老年人。

（2）封面。封面应注明以下三点：

①活动的全称，点明所策划的是什么活动，是总体方案还是分项方案，是策划方案还是实施方案。

②策划人姓名、隶属单位、职位。

③策划书完成日期。

（3）序文。序文要求高度概括策划书的全貌，能引起阅读者的兴趣；阐述此项策划的背景、目的、主要构思、主体层次等；内容简明扼要，一目了然，不超过500字。

（4）活动背景及目的。这部分要求说明此活动的特性、可行性及目的。表述要求层次清晰，文笔生动。

（5）活动时间。活动时间除了应点名活动开始的时间外，还应点名活动分段的时间、结束的时间。

（6）活动地点。主要应点名活动的报道地点和主要活动的举办地点。如果有分项活动，还应点名分项活动或分会场的地点。

（7）活动主题。活动主题就是举办本次活动的中心思想。活动的主题必须十分鲜明，并能够用简明扼要的语言表达出来。

（8）组织单位。主办单位、承办单位、协办单位统称组织单位。应该先列主办单位再列承办单位，然后再列协办单位。有些活动为了显示主管部门对活动的重视，还可列名特别支持单位、赞助单位、冠名单位等。

（9）组织领导。重大活动一般都要成立组委会，设正、副主任。一般是由主办单位的领导担任组委会主任，承（协）办单位的领导担任组委会副主任。组委会组织结构一般采用直线制或直线职能制管理形式，可在策划书中用画管理网络图的方法表示出来。

（10）组织结构及任务分工。组织结构及分工指老年人活动策划实施的工作组织的结构及人员组成与分工。

（11）主体活动策划。主体活动策划指老年人活动策划及操作流程等。

（12）活动具体组织办法。应根据委托单位的意愿和策划者的思考，将活动的组织方式、组织程序、涉及事项尽量列明，让人一目了然。

（13）活动所需物品及场地。这部分要求明确何时何地需要何种环境布置及物品的细致安排。

（14）活动的宣传口号与媒体支持。在媒体支持方面，一是协办媒体，主要是在活动预定辐射区域内影响较大或与委托单位关系密切的媒体。二是指定媒体，主要是那些对活动感兴趣，能够拿出比较好的版面或时段来对活动进行宣传的媒体。三是一般合作媒体，是指主办单位、承办单位仅仅想借助他们的阵地进行宣传的媒体。

（15）策划进度表。包括整个活动从策划到实施的全部过程的时间，活动何时要做什么，都在进度表上标示出来，时间安排上要留有余地，具有可操作性。

（16）安全事项。安全事项要提出明确的安全建议。

（17）资金预算及来源。这部分要说明资金来源及保障；明确各项经济收支，把各项费用控制在最小规模上，以获得最大的效益。

（18）风险分析。要对可能遭遇的经济风险、政策风险、自然风险、安全风险、不可抗力风险等进行预先考虑，要有明确的规避风险的意识。

（19）效益预测。对策划蓝图做前瞻性预测，促进投资者和策划委托方对策划书做付诸实施的决策。

（20）其他事项。例如，策划者需要强调的建议。

（21）落款。策划人的姓名和文本形成的时间。

（22）附件。附件主要点明随策划方案一起发出的有关文件，包括预测策划前景的相关资料及相关的批文、批示，支持策划的权威性、可行性的系列材料。附件应注明序号，以便核对。

13. 老年人活动的分类

（1）根据活动适合的人群分类。

①高龄老年人活动：这类活动一般是针对80周岁以上、年老体迈的老年人，主要以活动量较少的游戏、言语性交谈、静养、文化创作等形式开展，也包括带领有功能障碍的老年人进行功能补偿的康复运动。

②中龄老年人活动：这类活动一般是针对70~80周岁、活动能力尚可、无肢体功能障碍的老年人，活动量比高龄老年人的活动量稍大，活动范围也更广，大多为户外或室内的安全系数高的综合性活动，如爬山、旅游等。

③低龄老年人活动：这类活动主要是针对70周岁以下的老年人开展，这类老年人体力、精力仍然很充沛，除一些需要强体力的活动外一般活动都可以参加。

④病患老年人活动：这类活动旨在最大限度地降低并发症，提高老年人生活自理能力，改善生活质量。

（2）根据活动性质分类。

①学习型活动：老年人有组织地学习和自习，如上老年大学和各类老年辅导班。

②社会工作型活动：参加社会性义务活动，如义务植树、义务执勤；义务教育活动；政治活动；社会活动，如工会活动、学术团体活动等。

③参与大众媒介型活动：阅读书报杂志，看电视电影，听广播。

④社会交流型活动：户内户外与人交往和交谈。

⑤传媒体育型活动：看文艺演出、参加体育健身活动、欣赏音乐会、游玩、跳舞、散步等。

⑥娱乐型活动：下棋、打扑克。

⑦创作型活动：利用闲暇时间进行科学发明创造、理论创作、理论研究。

（3）根据活动主体参与能动性发挥程度分类。

①积极被动型活动：如观看比赛、表演等。

②消极被动型活动：如睡懒觉等。

③积极能动型活动：如参加比赛、表演、俱乐部，学习等。

（4）根据活动功能分类。

①治疗型活动：这类活动主要以小组活动形式出现，旨在对认知和行为上存在的问题进行矫正、治疗。

治疗型小组的焦点：用小组具有的解决问题的力量，来帮助老年人改变不良的或功能失调的行为状态。治疗型小组不有意避免痛苦的或令人不愉快的情绪，而是直面问题，并引导成员找出解决问题的方法。

成员资格：通常是有精神健康问题的老年人。真正的治疗型小组不会认为个体的精神健康问题可以复原。举例来说，抑郁症可以成功治疗，但是老年人要明白，成功要靠定时服药和避免那些会加剧病情的情景。老年人如果接受这样一种观点，即小组治疗不是一个治愈疾病的方法而是处理精神健康问题的途径，那么他们可能从治疗性小组中获益更大。小组成员应该自愿加入小组而不是被家人、医生或者精神健康专业人员强迫。

治疗型小组的活动：建立个人目标和小组目标是治疗型小组早期阶段的主要活动，一般为缅怀往事、人生回顾、现实辨识等。回顾总结本周的事情是治疗型小组常常采用的方法。可以让每个成员回顾上次小组聚会后自己经历了什么，或者把眼下让人忧心的事情带到小组中，让大家一起关注，这有助于小组形成各次活动间的延续性，并使组员把注意力集中到本次活动上。小组治疗还常常给每个成员指定家庭作业，让他们有机会把小组中学到的东西用到小组之外与个人目标相吻合的生活中。

小组带领者的角色：在治疗型小组中，带领者的角色是专家和导致改变的媒介，比在支持型小组和社交小组中的角色更具有指导性和干预性。带领者要不断评估各成员的功能发挥状况和应对技巧，必要的时候向成员提供自己洞察到的东西和具体的建议。随着小组工作的推进，可能需要将成员转介给小组之外的其他支持型服务机构。所以，带领治疗型小组的过程是一个动态的过程。

②发展型活动：这类活动主要是参与者通过参加活动来习得一定的处理问题的能力，使参与者自身获得成长，从而更好地适应周围的环境。例如，通过游戏比赛中合理穿插今昔对比的内容，将今日的城市风貌、现代的电脑游戏、数码产品等内容加以介绍，使怀旧不仅成为交流互动的平台，也成为老年人重新认识自我、肯定自我，了解新生活，重整生命经验的舞台。

③支持型活动：尽管所有类型的活动都是向老年人提供某种社会支持，但是这类活动主要以小组活动形式出现，专门用来帮助老年人应对与年迈联系在一起的艰难的生活转变，如丧偶、患慢性病、变更住所或者是令人困扰的家庭关系。

支持型小组要求个人充分披露自己的生活并靠小组来取得治疗效果。

成员资格：支持型小组最常见的纽带是成员共同经历的生活事件。成员的情绪要稳定，能够听得进别人的话并投入小组活动。不愿谈论自己的感受或者不愿在亲密圈子以外处理个人危机的老年人可能不适合参加支持型小组。

要鼓励成员在小组中讲出自己的故事。比如，化解悲伤需要老年人宣泄内心深处的痛苦、愤怒或失落，同时找到方法应对这些感受。

（5）根据活动内容分类。

根据活动内容，老年人活动可以分为体育、文娱、艺术、旅游、会议、展销、节庆活动、公益、宗教、社交等活动，如养老机构经常开展的生日庆祝会、"老年人之星"评选、老电影回放、珍贵记忆展览等活动，结合重大节日或宗教习俗开展的中秋赏月活动、重阳登高活动等。

（6）根据活动的专业性分类。

①专业活动：主要以社会工作者、康复治疗师等为带领者，运用专业方法和专业技能进行团体治疗性、发展性的活动，起到治疗、社会支持、娱乐、促进社会交往等作用。

②业余活动：组织者可以是任何一位老年人或者社团、单位。活动人员本着共同的兴趣、爱好积极策划、组织、参与活动，主要体现娱乐性、自我满足感、再创造原则。

（7）根据活动的形式分类。

①老年学习类活动：健身活动、文艺活动、保健知识活动。

②老年竞技类活动：棋牌类活动、知识竞赛类活动、体育类活动、文艺类活动。

③老年观赏类活动：现场类观赏活动、非现场类观赏活动。

④老年展示类活动：物品展示类活动、成果展示类活动。

⑤老年茶话会活动：征求调查类茶话会、回顾总结类茶话会、学习交流类茶话会。

⑥老年外出类活动：短途活动、长途活动。

14. 老年人活动要素组成

老年人活动的组成要素有时间、地点、规模、类型、主题、宗旨、目的、名称、协办单位、赞助单位、主体内容、配套活动、邀请名单、参加者、形象定位、活动模式、宣传计划、新闻发布会、海报、通知、道具、开幕式、组织机构和人员分工、实施计划（财务计划、安全计划、接待计划）、现场布置、紧急事件处理、新闻传播和报道、闭幕式和效果评价，可根据实际情况适当删减部分非必要要素。

15. 做好老年人活动的危机管理

（1）老年人活动危机的概念。

老年人活动危机指老年人活动举行过程中发生的火灾、暴风雨、设备故障、参与者突发性疾病以及意外情况等。

（2）老年人活动危机的防范原则。

①选择场地：包括考察建筑物、室内场地、户外场地、院区和健康安全性。

②健全规章制度：通常包括场地风险和活动风险两大类风险的相关防范和应急管理制度。场地风险指那些直接与设施有关的风险。活动风险指活动管理方与参与者对活动的规章制度和政策的理解不同产生的问题等。

③评估老年人身心状况是否适合参与所进行的活动。

（3）财务与人身安全防范程序。

考察场地第一步就应开始着手制订安全计划；第二步确保管理方和参与者购买相应保险，以在发生事故后能得到相应的理赔；第三步建立一个全面综合的登记系统，监控活动所有参与者的出入情况；第四步制订计划确保参与者的人身安全。

（二）老年社团的概念与意义

1. 老年社团的概念

社团是指具有某些共同特征、爱好的人相聚而成的互益组织。中国的社团一般具有非营利性和民间化两种基本组织特征。

老年社团是指依法设立的以老年工作为主要内容，以满足老年人需求为主要活动目的，或以老年人为参与主体的、非政府性的社会组织，如老年协会、老科技工作者协会、老教授协会、中国老龄事业发展基金会及中国老龄协会等。

2. 社团的分类与性质

（1）社团可依其性质分为政治性、经济性、科技、军事、外交、文化体育、健康卫生及宗教团体等；依其成员间的联系纽带分为生理、社会、精神物质以及由个体所属组织的功能等方面因素结成的四类团体；亦可依其民间性程度分为官办、民办、半官办三类。

（2）社团的结成基于两方面的社会需要：一是基于社团成员的需要，执行为成员谋取利益的服务职能；二是基于政府职能的需要，履行服从国家和社会利益的管理职能。

《中华人民共和国老年人权益保障法》第七条规定："国家机关、社会团体、企业事业单位和其他组织应当按照各自职责，做好老年人权益保障工作。基层群众性自治组织和依法设立的老年人组织应当反映老年人的要求，维护老年人合法权益，为老年人服务。"

3. 组建老年社团的步骤

（1）宣传动员。为创建老年社团成立调研小组，该小组在一定区域内专门就老年人的情况展开调研。了解老年人的生活情况与爱好，同时给他们讲述成立老年社团的目的与意义，并鼓励他们积极加入。

（2）发现、动员骨干。在调研的过程中，要把在某一领域专业突出的老年人列为重点调研对象，并在他们之中发现骨干，动员他们组建老年社团。

（3）召开骨干成员会议。召集骨干开会，讨论成立老年社团的具体事宜。在充分了解老年人的情况后，拟定相关的条例条约，起草章程。整个会议要达到人人参与讨论的效果，讨论结果必须能够代表大部分老年人的利益。

（4）召开社团成立大会。在召开社团成立大会之前，张贴海报并争取通知到服务区域内的每一个老年人，邀请他们参加大会，同时为社团的成立编排文艺晚会。

（5）后期跟踪、宣传。老年社团成立后，应按照有效的反馈意见，及时改进；为老年社团做好后期服务，逐步扩大社团在老年人中的影响力，吸引更多的老年人加入，吸引更多的社会关注，使社团能真正让老年人"老有所养、老有所乐、老有所为"。

（三）如何提高老年人社会参与度与自我成就感

积极老龄化是目前应对人口老龄化的科学的政策框架。老年人的社会参与对积极老龄化的建设具有重要意义。2002年联合国第二届世界老龄大会正式提出将"积极老龄化"作为应对21世纪人口老龄化的"政策框架"，此后"独立、参与、照料、自我实现、尊严"逐渐成为世界公认的老年工作基本原则。

1. 老年人社会参与

老年人社会参与是指老年人重新进入社会，实现与其他个体、群体或者各种正式和非正式组织的联系，具体包括政治活动参与、经济活动参与、文化活动参与以及社区活动参与。

2. 老年人文化活动参与内容

从目前老年人的文化活动参与数据来看，老年人文化活动参考内容主要集中在老年大学、康体健身、看书读报、电视广播、遛弯几个项目。据不完全统计，30%的老年人参加过老年大学组织的各类社团及兴趣班的活动，20%左右的老年人会经常参加一些健身运动，10%左右的老年人会选择到图书馆看书读报。

3. 影响老年人文化活动参与的因素

影响老年人文化活动参与的因素，主要有身体健康状况、空闲时间占据和个人兴趣。

（1）对身体健康的重视。身体健康是老年人寻求各方面保护感的基础，也是心理上的一种积极的暗示和支持。因此，身体健康便成为老年人的一个重要目标。

（2）社会参与观念的淡漠及家庭事务的重视。老年人的社会参与度还处在一个比较低的阶段。尽管一部分老年人才退休之后依然继续在工作岗位上发挥余热，但仍有一部分老年人没有展示出应有的积极作用。这和特定社会条件的限制导致当前老年人口受教育程度普遍较低有一定关联，但主要还是因为老年人缺乏客观的自我评价。

老年人社会参与程度低，既有社会的因素，也有社会影响下的个人观念的影响。但是，老年人作为社会群体中的重要组成部分，其角色意义和功能是无法代替的。

4. 积极老龄化

积极老龄化是目前应对人口老龄化的科学的政策框架，老年人的社会参与正是积极老龄化的核心和精髓。提高老年人的社会参与程度，既需要从宏观层面上，即各类社会政策的制定和相关机制的确立，重视对老年人力资源的开发，加大对老年人社会参与的政策倾斜和支持，发掘社会资源，倡导社会对老年人价值的认同，完善社区基础设施建设，创建更为人性化的社区环境，又需要从微观着眼，发掘和倡导老年人参与社会的意识和热情，提高老年人主动参与社会的意识，积极创造具有社会意义和得到社会承认的新角色，不断提高自我的社会意识和公共意识。

5. 自我成就感

成就感是一种实现自我价值的体验、积极向上的动力。美国心理学家对884名65岁以上的老年人调查研究发现，有成就感的人更容易长寿。

老年人的自我成就感来自两大方面：一方面是老有所为，用掌握的知识、技能继续为社会创造财富，也让自己晚年生活过得更充实。另一方面是在休闲生活中获得成就感。一是通过读书看报、上网等途径学习，使自己拥有广博的知识，为家人和同龄伙伴提供帮助；二是有一技之长，棋琴书画或养花烹饪，听到他人的赞美会给自己带来快乐；三是多交朋友多聊天，人际交往能使老年人获得更多归属感和认同感。

七、心理支持服务

（一）认知老年人心理特征

1. 老年人的认知功能变化

步入老年之后，视、听觉敏锐度逐渐下降，学习速度明显变缓，注意力分配不足，记忆易出现干扰或抑制。这些都会影响老年人的日常生活，造成老年人的心理困扰，使老年人出现挫折感或失败感，并且有可能导致抑郁、焦虑、愤怒等负性情绪的出现。另外，老年人认知功能的下降不是全面的，可以采取适宜的应对措施来补偿或维护已有的功能。

2. 老年人的智力变化

人在衰老过程中智力减退不是全面性的，老年人在实际生活中解决各种复杂问题的能力仍处于很高的水平，老年人的智力还具有很大的可塑性，因此坚持用脑和活动锻炼有利于老年人保持原有的智力水平和社会功能。开发和利用高技能老年人资源，不仅能增加社会收入，减轻社会负担和国家财政压力，缓解我国人才资源结构性短缺，更能提升老年人的心理健康水平。

3. 老年人的情感特点

情绪与情感是人对客观事物的态度体验，有积极与消极之分。老年人积极的情绪与情感包括愉快感、自尊感等，而常出现的消极情绪与情感包括紧张害怕、孤独寂寞感、无用失落感以及抑郁等。因此，面对现实，安排好晚年生活，保持美好与充实的情感生活是提高老年人生活质量的重要方面。从客观的角度来说，情感慰藉与心理支持对于老年人来说十分重要。老年人在社会环境中受尊重、被理解、被接纳、被支持的情感体验和满意程度，是其心理支持程度的重要体现。当然，更为重要的是老年人自身的心理调适能力。

4. 老年人的动机和需求

根据马斯洛的需要层次理论，人有五个层次的需要，而老年期各种层次的需要又有其独特的内涵。老年人的安全需要表现为对养老保障、患病就医、社会治安以及合法权益受侵害等问题的极大关注。另外，老年人希望从家庭和社会获得更多精神上的关怀。尽管老年人的社会角色与社会地位有所改变，但他们对尊重的需要并未减退，希望社会能承认他们的价值。为使自己的价值在生活中得到充分体现，老年人还有一定程度的自我实现的需要。有研究表明，日常生活技能高的老年人有更强的自我价值感、自信心和自尊心，心理健康程度及生活质量也相对较高。

5. 老年人小心谨慎

老年人在做一件事情时，往往比较重视完成任务的准确性，即比较注意避免犯错误，而对完成任务所花时间的长短并不是很在意。老年人表现在行动上的另一种小心谨慎就是做事稳扎稳打，不轻易冒风险。心理实验证实：老年人宁肯拿较低的工资，也不愿冒较大的风险去选择一份有机会得到更高工资的工作。

6. 老年人"固执"

进入老年期后，人的活动能力和生理机能就开始逐渐衰退。许多在年轻时意气风发、活泼向上的人，进入老年期后就变得低沉、缓慢和淡漠。此外，老年人由于经历、经验丰富，性格特点更为突出，而且有自己独特的为人处世的方式。那些不了解老年人身心特点和个性特点的人就会感到老年人越来越冥顽不化和固执己见。对于个性较为固执的老年人，可以尝试"低球技术"的心理技巧和策略。

7. 老年人爱"唠叨"

俗话说：树老根多，人老话多。人上了年纪，说话就开始重复，早就过去的一件小事也会唠叨不停，对自己的想法和观点更是深信不疑，绝不屈从别人。

8. 老年人的"怀旧情绪"

对过去的时光和美好时代的怀念之情，感染着全球的老年人们。这种现象也可以理解为多数老年人对不断变化、急剧动荡的当今时代感觉到无法适应，从而企图逃避现实的一种方式。许多老年人还会觉得与同辈的人相处更舒服，与那些曾经共度人生，特别是幼年一起长大的同伴相处，会让他们觉得更为亲切，因为他们之间有更多的共同语言、共同回忆。

9. 老年人的"返老还童"

有的老年人，虽然已年届花甲，生理机能日渐衰退，体力也大不如前，从外表看来已经是一个典型的老年人形象了，但他们的内心和言行举止表现得却像一个不谙世事的小孩。这些老年人与那些承认自己已经衰老的老年人不同，他们的脾气和性格随着年龄的增加反而越来越幼稚，时常表现出与实际的生理年龄不相称的语言和行为，如在自己的亲戚、朋友面前显得不拘小节，蛮不讲理。其实，老年人"小孩化"并不是什么坏现象，这种现象的出现不仅有其科学道理，而且对老年人身心健康是极其有利的。此外，心理学家发现，儿童智力玩具也同样适用于老年人，因为老年人在玩玩具时，可以通过开动脑筋，积极思考使大脑得到有效的运用，防止因疏于用脑而加速老化。

10. 老年人的依赖心理

许多老年人并不希望自己成为子女的负担，他们渴望自己在家庭中的角色和地位不会受到过大的挑战，依然希望自己在家庭中能发挥以前那种一家之主的作用，最起码应该受到家人的重视和注意。他们希望自己无论在经济上、情感上，还是在生活上，都是一个独立的自我。由于生理和社会上的一些客观因素，老年人在独立性与依赖性两者之间的斗争中，会不自觉地向依赖性方面转化。老年人通常有三种典型的依赖：

（1）经济上的依赖。老年人不再是家庭中的主要收入者，需依赖退休金与社会救济金或者社会福利、家庭赠予，从而产生了经济依赖性。

（2）生理上的依赖。生理上的依赖产生于老年人的身体功能逐渐衰退，且不再允许他做必要的活动时，如散步、逛街购物、走亲访友等。

（3）社交上的依赖。社交上的依赖产生于老年人失去在他生活中具有重要意义的人。这种情况使得老年人降低了对社会的认识，削弱了个人的力量，并且限制了老年人的社会活动范围。

（二）音乐照护

1. 音乐照护的概念

音乐照护是利用音乐达到治疗的目标，包括重建、维持及促进心理和生理的健康。

2. 音乐照护的护理技术

（1）音乐的选择。

对于抑郁症老年人来说，由于每个人症状、病因、性格、爱好、情感、处境不同，因此，心理护理人员在运用音乐照护技术时要注意选择不同的音乐。

音乐照护治疗抑郁症选择歌曲的标准：首先，乐曲中的低音要厚实深沉、内容丰富，中、高音的音色要有透明感，具有感染力。其次，音乐中的三要素即响度、音频、音色要有和谐感。

（2）音乐照护方式。

①单纯的音乐照护：是单纯通过听音乐或参与音乐活动达到治疗疾病的目的。它是音乐治疗师根据老年人所患疾病的不同而开出的不同的音乐处方，就像药方一样，让老年人接触不同的音乐，使其身体机能产生不同的变化。

②音乐电疗法：是将音乐疗法与其他电疗法有机结合在一起的疗法。常用的有音乐电流的电击疗法、电针疗法以及音乐磁场疗法等。它是结合传统的电疗、针刺疗法、磁疗等方式发展起来的，并集合了这些方式的优点，疗效更加显著。

③音乐治疗疗程：音乐治疗一般每日1次，每次20分钟，7~14次为1个疗程，间隔7天再进行下1个疗程。每个患者均给予2个疗程，在每个疗程内应辅以集体性心理保健及音乐艺术讲座，特殊病例应另加个别心理治疗。

④注意事项："三不宜"，即不宜空腹时听进行曲，这种曲调有极强的节奏感和前入感，会进一步使人感到饥饿；不宜吃饭时听打击乐，这种节奏明快、铿锵有力的曲调，会引起心跳加快，情绪不稳，影响食欲和消化；不宜睡觉前听交响乐，此类音乐气势恢宏，跌宕起伏，令人激动难以入眠。

知识链接

音乐与抑郁情绪

在忧愁时，听西贝柳斯的《悲伤圆舞曲》、莫扎特的《b小调第十四交响曲》；待忧愁心情渐渐消除时，再听格什温的《蓝色狂想曲》，我国民乐《光明行》《步步高》《喜洋洋》《情深意长》等。

在心情不好、情绪不定时，听贝多芬的奏鸣曲、肖邦和施特劳斯的圆舞曲。

治疗失眠症，听门德尔松的《仲夏夜之梦》、德彪西的钢琴协奏曲《梦》。

驱走瞌睡，听贝多芬的A大调第六交响曲《田园》第四乐章、拉威尔的管弦乐《波莱罗舞曲》、普罗科菲耶夫的交响童话《彼德与狼》、圣桑的《动物狂欢节》。

全身感到疲惫不堪、无精打采时，听贝多芬的第六交响曲，我国民乐《春晓》《彩云追月》《流水》等。

缓解焦虑紧张、心情烦闷的症状，听门德尔松的第二交响曲《苏格兰小调》及我国民乐《姑苏行》《月儿高》等很有好处。

在感到食欲不振时，莫扎特的《嬉游曲》、泰勒曼的《餐桌音乐》及我国民乐《欢乐舞曲》《花好月圆》等可以助进餐。

神经衰弱时，听李斯特的《匈牙利狂想曲》、比才的《卡门》。

（三）心理咨询和心理慰藉

心理咨询又称"心理辅导"，与心理治疗极为相似。一般来说，心理医生使用心理治疗的名称，意味着医治求治者的心理疾病，较适用于已发生心理问题的患者；而心理咨询师或其他辅导者，较适于使用心理辅导或心理咨询的名称，其主要工作是辅导或咨询，包括预防心理疾病及促进成长，辅导正常人的日常心理问题。虽然两者称呼不同，治疗者的背景、工作的方法与任务略有差异，但其治疗或辅导的原理大同小异。对老年人来说，二者都是心理工作人员运用心理学的知识、理论、方法与技术，对老年求助者（来访者）进行帮助的过程，以消除或缓解老年求助者的心理问题或障碍，促进其人格向健康、协调的方向发展。心理咨询与治疗要解决的问题仅是心理问题，或是由心理问题引发的行为问题，而不是老年人生活中的其他问题。非心理因素引起的精神症状，如脑器质性精神障碍、发作中的精神分裂症等，不适合做心理治疗。因此，心理工作人员在进行心理咨询与治疗前，要先评估老年求助者的整体状况。

1. 老年人心理测试

老年人常用的心理测试主要包括如下两种：

（1）人格测试：常用的评估工具有以下几种。

①艾森克人格问卷。

艾森克人格问卷（Eysenck Personality Questionnaire，EPQ）是英国伦敦大学心理系和精神病研究所艾森克（H.J.Eysenck）教授编制的。艾森克教授搜集了大量有关人格的非认知方面的特征，通过因素分析归纳出三个互相成正交的维度，从而提出决定人格的三个基本因素：内外向性（E）、神经质（N）、精神质（P）。人们在这三方面的不同倾向和不同表现程度，构成了不同的人格特征。

内外向性，分数高表示人格外向，表现为好交际、渴望刺激和冒险，情感易于冲动。分数低表示人格内向，表现为好静、富于内省，除了亲密的朋友之外，对一般人缄默冷淡，不喜欢刺激，喜欢有秩序的生活方式，情绪比较稳定。

神经质，反映的是正常行为，与病症无关。分数高表示可能焦虑、担心，常常郁郁不乐、忧心忡忡，有强烈的情绪反应，以至于出现不够理智的行为。分数低表示情绪反应缓慢且轻微，很容易恢复平静，通常稳重、性情温和，善于自我控制。

精神质，并非暗指精神病，它在所有人身上都存在，只是程度不同。但如果个体表现出明显程度，则容易发展成行为异常。分数高表示可能孤独，不关心他人，难以适应外部环境，不近人情，感觉迟钝，与别人不友好，喜欢寻衅搅扰，做奇特的事情，并且不顾危险。分数低表示能与人相处，能较好地适应环境，态度温和，不粗暴，善解人意。

完整的艾森克人格问卷除了上述三个因素外，还包括掩饰性（L）因素。掩饰性测定被试者的掩饰、假托或自身隐蔽，或者测定其社会性朴实幼稚的水平。

②卡特尔人格因素问卷。

卡特尔人格因素问卷（16 Personality Factor Questionnaire，16PF）是美国心理学家卡特尔（R.B.Cattell）根据人格特质学说，采用因素分析方法编制而成。卡特尔人格因素问卷有187个条目,包含15个人格因素和1个一般智力因素,适用于成年人并有小学以上文化程度者。

卡特尔人格因素问卷主要目的是确定和测量正常人的基本人格特征,所包含的16种人格因素各自独立,它们之间的相关度极小,每一种因素的测量都能使被试者对其某一方面的人格特征有清晰而独特的认识,同时可进一步评估某些次级人格因素,从而全面评价其整个人格。16种人格因素分别是:因素A(乐群性)、因素B(聪慧性)、因素C(稳定性)、因素E(恃强性)、因素F(兴奋性)、因素G(有恒性)、因素H(敢为性)、因素I(敏感性)、因素L(怀疑性)、因素M(幻想性)、因素N(世故性)、因素O(忧虑性)、因素Q1(实验性)、因素Q2(独立性)、因素Q3(自律性)、因素Q4(紧张性)。

③明尼苏达多相人格测验。

明尼苏达多相人格测验(Minnesota Multiphasis Personality Inventory,MMPI)是由美国明尼苏达大学的心理学家哈瑟韦(S.R.Hathaway)和精神科医生麦金力(J.C.Mckinley)于20世纪40年代编制而成的,可以用于测试正常人的人格类型,也可以用于区分正常人和精神疾病患者。明尼苏达多相人格测验由效度量表、临床量表、内容量表和附加量表构成,该测验包括566个题项(其中有16个重复,实际题量为550个),适用于成年人初中以上文化水平及没有影响测验结果的生理缺陷的人群。

(2)情绪情感评估:常用的评估工具有以下几种。

①90项症状自评量表。

90项症状自评量表(Symptom Check List90,SCL-90)由L.R. Derogatis于1975年编制,是进行心理健康状况鉴别及团体心理卫生普查时实用、简便而有价值的量表。该量表共有90个项目,包括感觉、情绪、情感、思维、人际关系等10个方面的内容,可以评定一段特定的时间,通常是一周以来的心理健康状况。该量表分为五级评分(0~4级):0表示无,1表示轻度,2表示中度,3表示重度,4表示严重。该量表包括躯体性、强迫症状、人际关系敏感、抑郁、焦虑、敌对、恐怖、偏执、精神病性9个症状因子。

②抑郁自评量表。

抑郁自评量表(Self-rating Depression Scale,SDS)是由W.K.Zung于1965年编制而成,是美国教育卫生福利部推荐用于精神药理学研究的量表之一,能全面、准确、迅速地反映被试者抑郁状态的有关症状及其严重程度和变化。该量表为短程自评量表,操作方便,容易掌握,不受年龄、性别、经济状况等因素影响,应用范围颇广,适用于各种职业、文化阶层及年龄段的正常人或各类抑郁症患者,包括青少年患者、老年患者和神经症患者,也特别适用于综合医院以尽早发现抑郁症患者。

③焦虑自评量表。

焦虑自评量表(Self-rating Anxiety Scale,SAS)由W.K.Zung于1971年编制,从量表构成形式到具体评定方法,都与抑郁自评量表十分相似,用于评定焦虑患者的主观感受。焦虑自评量表是一种分析患者主观症状的相当简便的临床工具,它能够较为准确地反映有焦虑倾向的精神病患和普通人的主观感受。焦虑自评量表适用于具有焦虑症状的成年人。近年来,焦虑自评量表已作为咨询门诊中了解焦虑症状的一种自评工具,同时,它与抑郁自评量表一样，具有较广泛的适用性。

2. 老年心理咨询与治疗的原则

（1）保密原则：该原则要求咨询人员要妥善保管老年来访者的心理测验等资料，除非征得其同意，不在任何场合、向任何人谈论其隐私。当然，也有例外情况，如老年人在咨询的过程中谈及自杀或表露出对别人的憎恨，有犯罪倾向时，要及时通知相关人员，一起做好老年人的心理疏导和行为矫正工作。

（2）理解与支持原则：咨询人员对老年来访者的语言、行为和情绪等要充分理解，不能以自己的标准或道德眼光评判对错，要帮助来访者分析原因并寻找出路。因为每个人的观念、行为等都与他所处的环境和所经历的事件有关，所以，咨询人员不能用自己的想法来规范来访者的行为与观念。咨询人员要做的是对来访者进行无条件的积极关注，帮助来访者解决心理问题。

（3）相互信任原则：在老年来访者进行咨询的过程中，咨询人员应从尊重信任的立场出发，努力和来访者建立良好的信任关系，以确保咨询工作的顺利进行。但需要注意的是，与来访者的关系不能过分亲密，否则会造成来访者对咨询人员的依赖心理，影响咨询的后续进展。

（4）整体看问题原则：与老年来访者交流沟通过程中，咨询人员对其心理问题要做到全面考察；对其问题进行分析时，要考虑其心理、生理和社会因素的相互制约和影响。尤其是有些人老年人会因疾病缠身，而且多是慢性病，退休在家人际交往发生改变，或家中孩子长大离开自己等产生心理问题，故咨询人员在对其进行心理辅导时需全面考虑问题。

3. 老年心理咨询与治疗的方法和技术

（1）常用方法。

①共情：共情也叫同理心、移情、同感，即咨询人员能感受老年来访者的内心世界，设身处地体会他们的处境和心情，将心比心。共情包括共情的态度和共情的能力两个方面，其核心是理解。共情的态度，是指咨询人员愿意把自己的信念、价值观和经验参照体系放在一边，站在对方的立场，深入对方的内心，从对方的角度去体察、感受和思考问题的一种心理倾向，达到近乎"感同身受"的理解境界。其关键是站在对方的立场上，去除咨询人员本人的偏见和主观判断。共情的能力，是指咨询人员深入对方的内心世界，把握其体验、经历、行为以及它们之间的关系，并运用有关技巧将自己准确的理解传递给对方的能力。共情的能力包括两个方面，一是要确有所感，二是要让对方明白。

②倾听：老年人爱说爱念叨，所以对老年人进行心理护理，倾听技术的运用尤为重要。良好的倾听能引导老年来访者讲述自己的故事、发泄自己的情绪，因而心理护理人员的倾听本身就具有一定治疗作用。心理护理人员要认真、有兴趣、设身处地地倾听，并适当地表示理解，不要带偏见和条框，更不能因为老年来访者讲了多次而表现出不耐烦、厌恶、气愤等。倾听老年人讲话，要用耳朵更要用心。心理护理人员不仅要听懂老年来访者通过言语、表情、动作所表达出来的内容，还要听出其在交谈中没有表达出来的意思，甚

至去挖掘其没有意识到的内容。因此，心理护理人员应重点倾听三个方面内容：一是老年人的经历；二是老年人的情绪；三是老年人的行为。

③解释：指心理护理人员运用某种心理理论对老年来访者的思想、情感和行为的原因实质进行描述的过程。解释为老年来访者提供一种新的认识其问题和自身的方式，使他们借助护理人员提供的帮助从一个新角度去了解和认识自己及周围事物，并借助新的观念和思想深入了解自身的行为、思想和情感，产生领悟，提高认识，促进变化。

解释需要注意根据老年人的文化水平、人格特点等进行，而且必须在掌握了足够的信息，把握住了来访者的心理问题后进行，不应该强加给来访者。

④自我表露：自我表露又称自我开放，是心理护理人员在和老年来访者交流时，表达出自己的情感、思想、经验等，与老年人分享。这个过程可拉近护理人员与老年来访者的距离，建立协调信任关系，从而获得老年来访者更多的信息。自我表露一般有两种形式：一种是心理护理人员直接把自己对老年来访者的感受告诉他本人，如"我很高兴和您聊天，您这么信任我""您这么健谈，我很开心"；另一种是心理护理人员将自己过去有关的经历和情绪体验告诉老年来访者，如"您说的这种情况，其实我也遇到过，当时……"。自我表露技术的应用需建立在一定的辅导关系上，而且要适度。如果心理护理人员过多地自我开放，不仅会占用老年来访者的大量时间，而且会让他们觉得心理护理人员自身心理也不太健康，从而降低对心理护理人员的信任感。

（2）常用技术。

①行为治疗。行为治疗的核心思想是人的问题行为、症状是由错误认知与学习所导致的，主张将心理治疗或心理咨询的着眼点放在来访者当前的行为问题上，以促使问题行为的改变、消失或新的行为的获得。行为治疗的具体技术包括放松疗法、系统脱敏法、暴露疗法、厌恶疗法、阳性强化法等。

②认知疗法。认知疗法包括合理情绪行为疗法和 Beck 认知治疗。

③支持性心理疗法。

④人际关系疗法。

⑤艺术疗法。

4. 课堂练习

（1）准备工作。

①环境准备：要求教室清洁卫生，宽敞明亮，配有活动桌椅，设备能正常使用。

②材料准备：准备一些与本项目内容相关的项目情境资料、学生预习使用的相关资料，资料来源可以是教材，也可以是网上资料。

③人员准备：根据项目情境，将全班学生分为几个小组，选出小组长，负责领导团队完成项目任务。

（2）在教师指导下，师生共同完成案例分析。

【案例一】

2015年春节长假刚结束没几天，南京秦淮警方就接到了不少老年人发生意外的警情，甚至还有两位老年人选择了轻生。民警了解到，这些老年人大多是空巢老人，随着假期结束，儿女们各奔东西，他们的意外就是在这个阶段发生的。

"才走两天，没想到我妈就想不开了……"2月27日，南京大光路派出所接到一位市民报警。原来这位市民的母亲88岁了，春节期间，一家人回来过年时她还乐呵呵的，但当天上午她再回母亲家中时，却发现她已上吊自杀了。

无独有偶，就在此事发生前三天，南京洪武路派出所也接到了类似的警情。同样是80多岁的老人，选择了跳楼轻生。民警发现，2月24日上午，老人就曾试图自杀，被邻居拦下。之后，邻居通知了老人的子女。事后得知老人平时独居，春节时儿女回来住了几天后相继离开了。

春节后，为什么这么多空巢老人发生意外？"其实并不奇怪，主要原因是不少老年人患上了先焦虑、后抑郁的'分离综合征'。"有专家分析认为，现在很多年轻人在外读书、工作，父母成了"留守老人"，好不容易等到过年一家人团聚，这时候的老年人往往会因为孩子"过几天又走了"而产生很强的焦虑心理。当孩子真的离开时，家里一下子又变得冷冷清清，这种巨大落差会导致老年人产生抑郁心理。因此，专家建议：子女过完节离家后，多给老人打电话，随时关注老人的情绪变化，通过交流来缓解"分离综合征"。

实训任务：
1. 判断在上述情境中，老年人出现了怎样的心理问题。
2. 分析判断老年人产生这些心理问题的根源。
3. 帮助老年人解决这些心理问题。

【案例二】

汪某，男，76岁，退休党员干部，高中文化程度，于2016年8月住进上海市某社会福利院。他结婚已有50年，一直与老伴两人居住在一起，两人感情十分深厚，5个子女都不与二老同住。老伴在5个月前由于胃癌手术失败，在短短十几天的时间内没有留下一句话就撒手人寰，子女便请了一个保姆来照顾他，但他觉得保姆对自己态度不好，很不耐烦，所以没多久就辞退了她。子女一来怕他一人在家无人照顾，二来怕他在家中睹物思人，心情过度伤悲，所以将他送到福利院。汪某刚来的时候与另一个新来的老年人同住一间房，这个老年人耳朵不好，没办法交流，反应有些迟钝，总是把汪某的东西放到自己那里，而且凌晨一点左右就起床，吵得汪某没办法正常睡觉，又在陌生的环境没人诉说，所以刚进福利院的日子对他而言是很难熬的。好在没多久他就换了房间，和另两个老年人共住一间，相处下来关系还比较和谐。虽说表面上相安无事，但实际生活中还是有许多隐藏的矛盾与不适应。这两个老年人每天晚上七点就要睡了，早上三点半左右就要起床，下楼锻炼身体，而汪某则习惯每天晚上要看会儿电视，到九点左右才能睡着，但现在只能靠服用安眠药才能正常入睡。而且另两个老年人的兴趣也和他不尽相同，平时看的电视节目无法很好地协调。他喜欢绍兴戏，但另两个老年人喜欢京剧，他往往会为了避免关系紧张而谦让别人，想看却不能看，总觉得心里不太开心。

汪某虽然腿脚不便，却很喜欢出去走走，老伴在世的时候经常会和她到处逛逛，但现在院方不放心，怕他外出时出事，所以不允许他随便单独出去，一定要有家人陪着并请好假才能出去，为此他觉得十分不自由，很不习惯。渐渐地，汪某的情绪低落了，沉默不语，时不时地对护理人员大发脾气，也不与他们合作。

实训任务：

1. 分析判断汪某出现的心理问题。
2. 阐述对汪某进行心理护理时需要遵循的原则。
3. 作为护理人员，请你对汪某进行合理的心理护理服务。

参考文献

［1］高宇栋.城市老年居民社区参与研究［D］.上海：复旦大学，2010.

［2］陈涛.老年社会学［M］.北京：中国社会出版社，2009.

［3］窦金波.帕森斯的"结构—功能主义"之探析［J］.济宁学院学报，2010（8）：43-48.

［4］刘颂.积极老龄化框架下老年社会参与的难点及对策［J］.南京人口管理干部学院学报，2006（10）：5-9.

任务三 养老机构社会工作介入

【知识目标】

◇ 了解养老机构中的社会工作概念和内容
◇ 理解社会工作介入养老机构的作用和角色
◇ 掌握社会工作介入养老机构的途径、方法和步骤

【能力目标】

◇ 运用养老机构社会工作流程，初步解决老年人在养老机构中遇到的问题
◇ 通过所学知识，判断老年人在养老机构中经常出现的几大问题

【素质目标】

◇ 反思与老年沟通的实际经历，有意识地自我学习沟通知识的重点部分
◇ 与小组分享学习经验，以案例分析形式巩固养老机构中社会工作流程
◇ 通过案例分析，在实践中运用所学知识

项目二　养老机构服务提供管理

【思维导图】

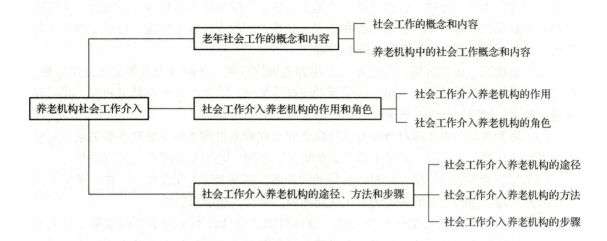

一、老年社会工作的概念和内容

（一）社会工作的概念和内容

1. 社会工作的概念

发达国家的专业社会工作产生于社会需求和社会服务实践。19世纪末到20世纪初，社会工作实务以慈善组织运动与睦邻友好运动为代表，主要有两种服务模式：一种是强调科学理性的专业化的个案服务模式，另一种是注重融合与公平的能力导向的社区发展模式。社会工作的典型特征是关心社会环境中个人的幸福和社会的健康，以弱势群体为焦点，将个人幸福与社会健康两个目标整合在一起。由于我国的特殊国情，社会工作被赋予多重含义，包括普通意义上的社会工作、民政社会工作和专业社会工作。

2. 社会工作的内容

社会工作以专业的价值观为基础，运用专业技巧和方法，以实现为有需要的个体、家庭、群体和社区整合社会资源、协调社会关系、预防和解决社会问题的目标，是现代社会发展中一种重要的社会保护机制。社会工作实践是社会工作者向服务对象传递服务的过程，也是实现社会工作价值的过程，包括社会政策实施、社会服务提供和服务效果达成。

（二）养老机构中的社会工作概念和内容

1. 养老机构中的社会工作概念

养老机构中的社会工作，是针对养老机构中老年人的问题与需要而产生的一种专业服务，利用专业理念、方法和技巧，以利他主义为指导，协助老年人解决生理、精神、情感等方面的问题，使老年人更好地适应养老机构生活，提高生活质量，实现再社会化。

2. 养老机构中的社会工作内容

（1）进行入住前评估。收集老年人的基本信息，了解老年人的日常生活能力、生理机能和心理状况，了解老年人生活习惯和心态，如是否排斥入住养老机构、与子女的关系是否融洽、对入住养老机构是否有恐惧心理等。

（2）协助适应入住环境。为老年人介绍养老机构环境、房间各类设备设施使用方法，向老年人介绍呼叫器的使用、康复娱乐活动安排等情况，给老年人介绍邻里相识，并制订养老机构适应期照护计划，使老年人尽快适应养老机构的生活。

（3）协调各类关系。通过专业方法协助老年人在养老机构生活中处理各类关系，主要包括老年人与老年人之间、老年人与养老机构员工之间、老年人与家属之间的关系。

（4）拓宽老年人社交圈。通过各类活动的开展，提高老年人交友技巧，扩大老年人的生活圈子，建立新的社交圈，使老年人彼此熟识、结交，缓解孤独感。

（5）开展活动。根据老年人的心理、身体机能，设计开展丰富多彩的娱乐、手工制作、各类竞赛等室内外活动，使老年人既能学习新知识，又能达到娱乐身心的目的。

（6）进行心理干预和支持。对出现心理问题的老年人，利用社会工作的理论和技巧，通过语言或者文字的交流，了解其思想动态，分析出现问题的原因，寻求解决问题的策略和方法，通过情绪疏导、心理咨询和危机干预方法，对其进行心理支持。

（7）开展个案和小组工作。通过对老年人的了解和熟悉，对有需要的老年人开展一对一的个案工作或小组活动，协助老年人解决面对的各种困难和问题、适应晚年生活，使其提高自我融入的能力。

（8）开展对社会工作人员的培训。为养老机构内的工作人员进行培训，使其接受社会工作理念，尝试用社会工作的技巧和方法与老年人沟通、交流，提升服务品质。

（9）整合资源。充分利用养老机构内的资源与社会资源，并适时进行整合。社会资源主要包括老年人家属、朋友、邻里、志愿者以及政府单位、公益组织等。

（10）总结经验提供社会政策支持。及时总结一线社会工作经验，使之上升为理论，为政府制定社会政策提供借鉴和依据，使社会工作的技巧与方法能够影响福利机构，使政府的公共政策和福利政策更加有利于老年人。

二、社会工作介入养老机构的作用和角色

（一）社会工作介入养老机构的作用

随着养老机构发展的逐渐成熟，入住老年人的需求也越来越复杂化和个性化，这必然要求更专业的人来做专业的工作。社会工作者的专业性在于秉持的社会工作理念、采取的专业方法、整体有效的服务方案可以为老年人提供长期有效、个性化需求服务。

社会工作在养老机构中应强调"以人为本"的核心服务理念，从"人本照护"角度为老年人提供全人、全程、全员的服务。其核心作用主要为以下几个方面：

（1）帮助老年人适应生活环境变化。

（2）帮助老年人适应社会关系变化，协助老年人尽快建立新的社会关系。

（3）帮助老年人重新建立自信，提高生活质量。

（4）通过多学科跨专业合作的模式，整合链接机构内外各类资源，为老年人提供全人整合照护服务。

（5）能够通过专业技能促进老年人、照护者、服务提供者及其组织之间的合作关系。

（二）社会工作介入养老机构的角色

社会工作介入养老机构，是满足老年人服务需求、提高养老机构服务质量的重要举措。2017年3月，民政部等六部门联合发布《关于开展养老院服务质量建设专项行动的通知》，要求提高养老院管理及服务人员素质能力，支持养老院引入医生、护士、社会工作者等专业人员。该通知附件《养老院服务质量大检查指南》中，明确要求养老院配备社会工作者，开展社会工作专业服务，为老年人提供心理疏导、矛盾调处、危机干预等服务。

社会工作者在养老服务机构工作的不同阶段扮演不同的角色，需要根据老年人的需求升级而不断调整，综合发挥心理疏导、评估策划、沟通协调、危机干预等作用，协调养老服务机构其他工作者，共同构建支持性环境，辅助入住养老机构的老年人实现积极的社会改变。

1. 心理疏导者

社会工作者对老年人的心理干预贯穿整个过程，从接待咨询之时就开始了。入住养老机构之前，老年人及其家属一般都会去实地感受养老机构的环境，了解机构的政策、服务内容、服务价格等信息，进行入住前的计划安排和协调。社会工作者通常是入住老年人首先接触的人员之一，所以社会工作者的及时介入可以初步打消老年人对养老机构的抵触情绪，缓解老年人对机构生活的排斥感。

入住养老机构的第一周至第一个月是老年人能否适应并最终长期居住的关键。社会工作者要对刚入住的老年人进行及时干预，通过咨询、调节和倡导等手段，帮助老年人及其家属重新认识他们的角色和关系，帮助其协调、解决因入住养老机构产生的障碍或冲突，疏导老年人不安的心理状态，帮助他们完成从之前的居住环境到机构环境的转变，也为社会工作者后续的工作打下良好的基础。

2. 评估策划者

老年人入住养老机构之初会面临诸多问题，比较突出的有：适应机构环境问题、与医护人员相处问题、与其他老年人相处问题、心理问题、与家属的关系问题等。社会工作者需要针对这些可能发生的问题，与老年人及其家属确认老年人的基本信息，识别老年人的社会及情感需求，通过专业测量工具对老年人的服务需求进行评估，了解老年人入住养老机构的原因，重点了解老年人是自愿还是非自愿入住养老机构，通过支持性环境的构建降低或者避免"转移损伤"的发生。

基于全面客观专业的评估，社会工作者协同养老机构的医疗人员以及其他专业照顾者，为老年人设计符合其客观情况和服务需求的个性化、综合性的照顾方案，确保老年人的多样化、个性化服务需求得到满足。此外，社会工作者也参与老年人离院计划的制定，保障老年人转院或者离院时所需要的医疗、照料等服务得到妥善安排。

3. 角色塑造者

老年人进入养老机构生活后，他们原有的社会支持网络被打破，社会工作者需要帮助他们重塑角色，构建一个新的社会网络。社会工作者基于前期的了解和评估，可以帮助老年人最大程度地保持自我以及独立、自决的能力，鼓励和辅助老年人做他们感兴趣的事情，激发他们的潜能，鼓励他们面对新环境的问题。在这个过程中，社会工作者一方面要帮助老年人实现自立自决，另一方面需要提供适当有效的保护，在两者之间寻求平衡，这样才能促进老年人实现自助，以积极的心态面对新环境带来的挑战，学会相应的处理技巧和方法，增强自信心，不断稳固新的社会网络。

4. 沟通协调者

社会工作者与其他专业工作者协作，为老年人搭建起家庭与养老机构两个良性环境之后，面临着常规性挑战，即老年人的各种心理矛盾和行为问题，包括老年人之间、老年人与机构工作者之间的各种冲突和矛盾，若不及时开展有效的干预，可能会使情况恶化甚至失控，酿成巨大风险。

社会工作者需要将风险关口前移，通过平时的工作多了解老年人的动态，通过心理干预、精神慰藉等方法干预老年人的情绪，对可能出现的矛盾进行快速有效的反应，对于已经发生的问题通过及时的危机干预予以化解，防止老年人出现心理障碍或者自残等恶性事件，这也正是社会工作价值最有效的体现。

社会工作者在解决老年人入住养老机构后面临的诸多问题方面，能够扮演多元角色，对提高养老机构服务质量发挥积极有效的作用。

三、社会工作介入养老机构的途径、方法和步骤

（一）社会工作介入养老机构的途径

养老机构是由机构职员系统、在住老年人系统、老年人家庭系统、社区系统等构成的综合性系统。社会工作者需要采取多系统多元介入模式，协调各系统之间的运作，充分调动整合各系统的资源。

社会工作介入养老机构的途径主要有三种：一是政府购买服务项目，政府通过购买社会工作的服务让社会工作介入养老机构开展专业社会工作服务；二是社会中个人、群体或组织的支持，让社会工作者为有需要的机构老年人开展专业社会工作服务；三是某些养老机构设定社会工作岗位，让社会工作者承担规定的工作职责。

（二）社会工作介入养老机构的方法

1. 个案工作的介入

个案工作的工作方法以"人本中心"为原则，营造良好的专业氛围，采用非指导性原则进行平等合作，保持老年人心理上的独立性和完整性。个案工作将重点放在老年人潜能

开发上，注重其发现问题和解决问题的能力，可以应对老年人的焦虑问题、抑郁问题、孤独感等，积极引导他们实现自我。社会工作者在个案工作介入时应该保持一致性，从老年人的角度去看待问题，协助他们表达在一般情况下不愿或者无法表达的感受。以人为本是个案工作方法的基本遵循，强调在服务过程中要客观接纳老年人的生命经历，秉承同理心并保持价值中立，设身处地理解老年人的处境和想法，以更有效地回应多样化、个性化需求。

2. 小组工作的介入

小组工作的工作方法是通过有意图性的小组经验，提高个人的社会运作能力，帮助老年人解决陪伴、注意力转移、情感归属等问题。以养老机构老年人为对象的小组工作，就是通过精心设计的主题小组，协助老年人获得相关的知识、技能以及解决问题的方法，增强他们的自信心，让他们以更好的状态面对生活。

较为普遍的老年人小组有治疗小组、社交小组、康乐小组、互助小组等形式。社会工作者运用专业方法，介入机构养老服务，通过针对性的个案服务和多元化的小组活动，可以改变老年人的精神状态，改善老年人之间的关系，全方位地满足老年人的个性化、多元化需求，弥补机构服务内容和服务质量的短板，提高入住老年人对机构服务的满意度。

（三）社会工作介入养老机构的步骤

1. 接案

社会工作者与老年人进行初步接触，沟通了解老年人的需求，初步评估老年人的问题、需要和将要进行的工作任务，与老年人建立信任关系，并做好老年人问题记录。

2. 预估

社会工作者对所收集的资料和问题进行认定，分析老年人的生活经历及行为特征，了解老年人的故事等，初步确定需要界定的策略。

3. 计划

社会工作者与老年人共同寻找问题解决的方法，制订计划。

4. 介入

社会工作者运用专业知识、方法和技巧，协助老年人按照计划采取行动，通过有目的有计划的直接介入、间接介入和综合介入的方法为老年人解决问题提供服务支持。

5. 评估

社会工作者服务结束后，可通过满意度调查、电话咨询等方式，评估整个介入过程是否有效，是否让老年人满意，是否帮助老年人解决了问题，评估工作方法是否得当，评估社会工作者在解决问题的过程中角色扮演是否得当。

6. 结案

社会工作者对服务的结果进行回顾和总结，巩固已经取得的成果，对未达到期望目标的结果进行下一步计划。

【案例一】

王奶奶今年86岁，教授，喜欢话剧、绘画、英语，兴趣广泛。王奶奶三个子女均在国外，生活较为富足，经常给王奶奶寄钱，但是不太关心王奶奶的精神生活。因王奶奶年龄较大且独居，故选择了一家高档养老机构。但居住一段时间后王奶奶觉得无聊、没有精神寄托，进而心情烦躁，经常与子女吵架。社会工作者发现该养老机构中有很多高知、高素质老年人，并且开设了丰富多彩的老年大学活动，可是王奶奶参与度不高。

实训任务：

1. 分析王奶奶面临最大的问题是什么。
2. 针对王奶奶的需求，按照社会工作流程，为其设计一份专属服务方案。

参考文献

[1] 常广财. 社工在养老机构持续照顾中的角色作用［J］. 中国社会工作，2013（31）：19-21.

[2] 刘经虎. 试论社工介入养老机构服务的角色变化［J］. 中国社会工作，2018.（20）：54-55.

[3] 栾文敬，李响. 社会工作介入机构养老服务的角色分析［J］. 社会工作，2014（5）：110-117.

[4] 林典. 社工如何介入养老机构服务［J］. 中国社会导刊，2008（33）：37.

[5] 彭华民. 中国社会工作学科：百年论争、百年成长与自主性研究［J］. 社会科学，2017（7）：66-73.

[6] 王思斌. 走向我国社会工作的高质量进阶式发展［J］. 社会工作与管理，2019（5）：5-11.

[7] 王思斌. 社会工作要积极承担参与社会服务和社会治理的责任［J］. 中国社会工作，2019（13）：46.

[8] 王思斌. 顺应经济社会发展大势积极发展社会工作［J］. 中国社会工作，2015（10）：62.

[9] 王思斌. 社会服务的结构与社会工作的责任［J］. 东岳论丛，2014（1）：5-11.

[10] 吴凡. 心理抚慰社工先行——养老机构中老年心理关爱服务的创新研究［C］// 第四届全国老年心理关爱研讨会论文集，2011.

任务四 养老机构服务管理

【知识目标】

◇ 了解养老机构服务战略、服务理念、服务流程的概念

◇ 理解服务战略及服务理念对服务流程制定的重要性
◇ 掌握养老机构服务流程的内容及服务流程制定的过程

【能力目标】

◇ 运用服务理念，初步解决养老机构服务管理中的问题
◇ 运用服务流程的基本知识，初步解决养老机构服务流程中的问题

【素质目标】

◇ 通过实际案例，与小组交流讨论、分享经验，将服务理念融入日常服务与管理中
◇ 与小组分享学习经验，以团队讨论的形式巩固养老机构服务管理的知识

【思维导图】

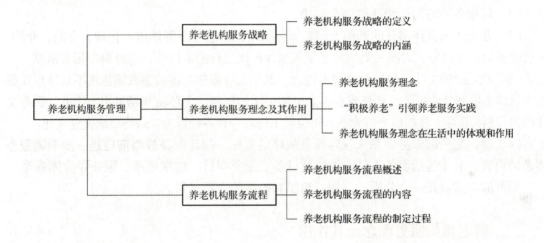

一、养老机构服务战略

（一）养老机构服务战略的定义

养老机构服务战略，是指养老机构在一定发展阶段，以服务老年人为核心，以老年人满意为宗旨，使服务资源与变化的环境相匹配，实现机构长远发展的动态体系。

（二）养老机构服务战略的内涵

1. 养老机构服务战略的内容

养老机构服务战略是一个系统工程，需要完善以下内容：

（1）明确养老机构的服务理念。基于养老机构战略定位、愿景确立的服务理念是养老机构在制定各项规章制度及全体员工在具体工作和实际解决问题的过程中遵循的准则。

（2）明确养老机构老年人群体的服务需求。依据老年人自身条件不同引起的需求差异，明确养老机构的目标老年人，分析老年人需求，包括现实需求和潜在需求，对提供老年人满意度至关重要。

（3）做好养老机构的服务设计，明确服务项目。服务设计要以老年人的需求为依据，体现服务理念和竞争优势，考虑到服务开发、管理、运营及营销，并具有适宜性、高效性、可行性和满意性等特点。

（4）养老机构服务实施。服务实施是对服务设计的一种实现，需要明确的服务计划与执行要求。

（5）养老机构服务管理。养老机构服务管理分为围绕服务实现的人员管理、过程管理和结果管理，包括体现服务质量的指标、数据和老年人满意度等。

2. 养老机构服务战略的要求

养老机构要做好服务战略，应该做到以下几点：

（1）将服务战略与营销战略结合起来。

（2）在老年人群体细分的基础上制定服务战略：对老年人群体进行自理、介助、介护、失智介护的基本区分，对同一类型的老年人群体再次进行需求评估，以此制定服务战略。

（3）建立服务文化，倡导全员服务理念。老年人对服务的体验感或满意度不仅体现在服务人员的态度和专业度上，还体现在养老机构生活的任何一个环境和场景里。因此，服务文化的倡导至关重要，要将服务理念融入每位员工的内心和各种行为，最终形成企业文化。

（4）制定完善的服务体系来保障服务战略的实施。制定服务战略前应进一步明确服务体系的内容，具体包括服务人员、设施及设备、服务项目、技术规范、服务评价体系等。

服务战略实质是一个分析、计划、组织和控制的管理过程。

二、养老机构服务理念及其作用

（一）养老机构服务理念

1. 传统养老服务理念

传统养老服务，就是以家庭为主体，为60岁及以上的老年人提供物质供养、生活照料和精神慰藉。虽然目前初步形成了以居家养老为基础、社区服务为依托、机构养老为补充的社会养老服务模式，但其呈现点状发展状态，缺乏足够的互动与合作，仍难以满足社会养老的多样化需求。

2. 国外养老服务理念

人口老龄化是社会经济发展和科学技术进步的必然。早在1965年，法国成为第一个老年型国家，之后是瑞典。20世纪后，欧美一些发达国家相继步入老龄化行列。由于有经济实力的支撑和西方居家形态诸多方面的因素，这些国家养老政策的共同之处是依赖"社会养老"功能。在社会保障体制中，老年人被赋予了独立生活的经济能力；在服务体系以及居住环境等方面，针对老年人的生理情况，采用不同层次、不同类别的设计。在美国,养老机构注重把老年人的意愿和尊严放在第一位;在满足日常生活需要的同时,还能满足精神文娱方面的需求,提倡人本照护的理念。在日本,养老服务主要强调"自立支援",把"由我来服务你"转变为"请让我来帮助你",以支援为主,实现老年人本身的价值;通过帮助老年人自立,增强其生活的主观能动性。

(二)"积极养老"引领养老服务实践

1. 突出系统思维,整体谋划推进

高质量的养老服务本身是一个系统,要把握内在联系,遵循发展规律,强调顶层设计,统筹协调各方。

2. 突出整合服务,强化协同创新

要发挥好市场和政府的双重作用,引导社会资本进入养老服务业,繁荣养老市场。这个过程要突出整合思维,实现养老资源的多重整合,力争做到八个"一体化"。

> **知识链接**
>
> **八个"一体化"**
>
> 一是设置医院内"医养一体化病区",或建立有养老照护功能的综合医院,实现医院与养老的一体化。
>
> 二是推广"医养融合机构"进社区,建设有养老照护功能的城市新社区,实现家庭、社区、机构养老一体化。
>
> 三是理顺社会保险管理制度,建立临终关怀的专项保险,实现社会保障制度一体化。
>
> 四是以美丽乡村、特色小镇建设为载体,扩大养老服务资源供给,实现城乡养老资源一体化。
>
> 五是发挥中西医各自优势,开展中西医保健康复一体化服务。
>
> 六是加强养老专业建设,养老人才的定点、定向培养,实现养老人才培养与养老机构建设一体化。
>
> 七是优化商业资源配置,将交通、文化、体育资源规划与社区服务广泛对接,实现社会资源提供与养老服务一体化。
>
> 八是加大医务社工的队伍建设和培养力度,实现医务社工专业支持与养老服务一体化。

3. 突出重点领域,着力补齐短板

目前我国确立的养老政策是以居家为基础、社区为依托、机构为补充、医养相结合的养老服务体系。但在全国范围内,养老机构发展速度和数量还很不均衡。在这样的社会背景下,需要发展机构养老服务,做到就近可及。

4. 突出文化引领，营造良好氛围

孝老、尊老、爱老是中华民族的传统美德，也是儒家文化"仁爱"的重要内涵。重视人伦道德、讲究家庭和睦是中华传统文化的精华，也是民族凝聚力、亲和力的体现。要深入挖掘"孝"文化宝藏，举办孝老讲堂、志愿服务等主题活动，用好春节、中秋、重阳节等传统节日，弘扬中华民族孝老爱亲的社会风尚，营造爱老、助老良好氛围。

（三）养老机构服务理念在生活中的体现和作用

1. 培养健康心态，重塑自尊自信

老年人随着年龄的增长，机体各组织器官生理功能逐渐衰退，导致机体调节能力不足，身体健康状况逐步下降，心理状态也随着身体变化而出现波动。养老机构服务理念正是针对老年人出现的一系列心理健康问题而提出的。

2. 丰富晚年生活，激发生活热情

老年人的生活满足感与其健康状态成正比，丰富老年人的晚年生活是解决老龄化问题的关键所在。应根据老年人的生理需求、兴趣爱好，配置智能化服务系统，使老年人在管理和服务上形成联动，激发老年人的生活热情。

3. 减轻家庭负担，促进社会发展

养老机构服务理念建立的是以服务老年人为纽带的一系列服务设施方案雏形，具有花费少、便捷的特点，减轻了医院的压力，也减轻了子女照料的负担，尤其减轻了老年人的身心压力，使其能够在养老服务人员的协助下轻松接受服务。

三、养老机构服务流程

（一）养老机构服务流程概述

1. 流程定义

流程是指事物进行中的次序或顺序的布置和安排。一般来讲，完善的流程具备四个要素：顺序合理、内容全面、方法恰当、标准正确。

2. 养老机构服务流程定义

养老机构服务流程是指与养老服务提供和消费有关的程序、操作方针、组织机制、人员处置、对老年人参与的规定、对老年人的指导、活动的流程等，简言之，就是与服务提供和消费有关的程序、任务、日程、结构、活动和日常工作。

3. 养老机构服务流程的构成要素

（1）服务对象：一般是老年人。

（2）价值：养老机构服务流程的直接价值是提高了服务水平，使服务对象满意；间接价值则是实现了社会效益。

（3）输入：是运作服务流程所必需的资源，不仅包括传统的人、财、物，而且包括信息、关系、计划等。

（4）活动：是服务流程运作的环节。

（5）活动之间的相互作用：指环节之间的关系，把服务流程从头到尾串联起来。

（6）输出：是服务流程运作的结果，它应该承载流程的价值。

（二）养老机构服务流程的内容

养老机构属于服务型企业，服务流程贯穿于企业的各项管理与服务中，具体可分为三类。

1. 管理流程

管理流程主要包括安全管理、风险管理、质量管理、成本管理、效益管理等。

2. 业务流程

业务流程主要包括入住流程、评估流程、服务计划制定流程、服务实施流程、服务评价与改进流程以及转区和退住流程等。业务流程贯穿于养老机构各项业务之间的衔接与协调。

3. 专业流程

专业流程主要包括医疗服务流程、康复服务流程、中医服务流程、生活照料服务流程、文娱活动服务流程、精神抚慰服务流程等。

（三）养老机构服务流程的制定过程

养老机构需要借鉴并运用现代企业中流程管理的先进方法，制定高效的服务流程，并持续优化，不断提升的服务水平。养老机构服务流程的制定过程如下。

1. 明确服务目标

在服务的实施，服务需要的条件以及老年人自身配合等方面与老年人达成一致。

2. 评估服务需要的资源

资源的评估与准备是实施服务的首要条件，包括人、环境、设施设备、物料、服务规程、服务标准等内容。

3. 拟定服务流程并进行演练

根据养老机构现有条件拟定服务流程并进行演练，通过演练验证流程的合理性，发现问题及时调整。

4. 对服务结果进行评价

对服务结果的评价包括服务前、服务中和服务后评价，养老机构尤其重视全过程的评价。

5. 服务流程的标准化

通过预演对服务准备、服务执行及服务评价中存在的问题进行补充完善，以此实现服务流程的标准化。

> **知识链接**
>
> **制定服务流程可采用的分析方法**
>
> 1. 头脑风暴法：通过规范的讨论程序、规则或借助一些软件工具，保证讨论的有效性。与会者可以针对议题随意提出意见和建议。头脑风暴法有助于及时发现养老机构服务流程中存在的问题，提出启发性的改造设想。在与会讨论时，应营造良好的讨论氛围，调动大家的思维，畅所欲言，自由讨论，同时应力保与会人员中对养老机构服务业务、管理等有相关工作经验的人员。
>
> 2. 约束理论法：通过逐个识别养老机构在目标实现过程中所遇到的制约因素，即约束，帮助养老机构确定改进方向和策略，从而更有效地实现提高服务水平的目标。该理论认为任何系统都存在一个或多个约束，系统中产出率最低的环节决定整个系统的产出水平，即"木桶原理"。根据约束理论法，服务流程的效率取决于效率最差的环节，要提高流程质量、实现服务流程优化必须首先改善这些环节。
>
> 3. 鱼骨图法：是因果分析的工具，在新流程设计、流程变革中经常使用。养老管理者需要对现有流程存在的问题及其原因进行分析，运用鱼骨图可以找出每个服务流程问题产生的根本原因。养老机构关键服务流程往往存在多种问题，可以通过鱼骨图的形式将原因描述出来，准确分析关键服务流程中存在的根本问题，为流程优化提供依据。

参考文献

［1］卢霞，周良才. 老年服务与管理概论［M］. 北京：北京大学出版社，2014.
［2］任波，周良才. 社会福利机构经营与管理［M］. 北京：北京大学出版社，2014.

任务五 全人整合照护模式

【知识目标】

◇ 了解全人整合照护模式的类型
◇ 理解全人整合照护的概念和内涵
◇ 掌握开展全人整合照护模式的方法和要求

【能力目标】

◇ 运用全人整合照护的理念，进行个案综合评估

项目二 养老机构服务提供管理

◇ 运用全人整合照护的理念，制订个案照护计划
◇ 运用开展全人整合照护模式的方法和要求，组织一次跨专业协作工作会议

【素质目标】

◇ 能理解以人为本全人整合照护的内涵，有意识地自学国内外全人整合照护模式的发展
◇ 与小组分享学习经验，掌握以跨学科团队协作的形式解决个案照护需求的相关知识和技能

【思维导图】

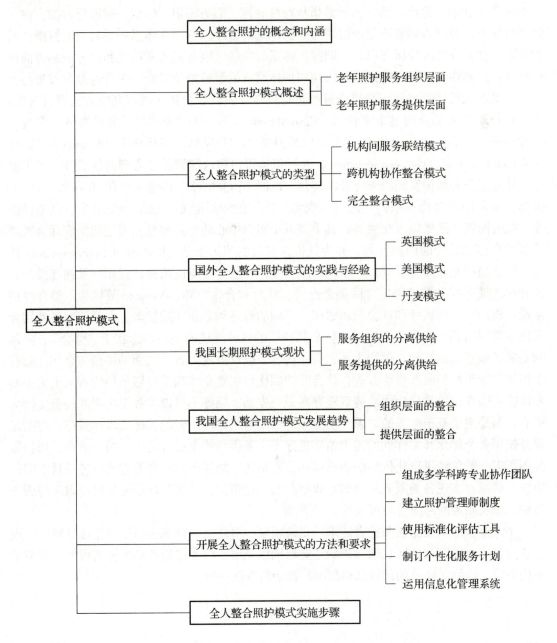

一、全人整合照护的概念和内涵

全人整合照护是"全人照护"与"整合照护"的统称。全人照护（Person-centered Care，PCC）是在现代医学背景下产生的新型照护理念，是指以人为本，提供满足生理、心理、社会及精神多方面需求的照护。全人照护不仅强调以个人为中心，也强调以家庭为单位、社区为范畴的整合性、协调性和持续性。整合照护（Integrated Care），世界卫生组织（WHO）将其定义为，把服务的投入、分配、管理、组织与诊断、治疗、照护、康复以及健康促进相联系，以提升高风险人群的服务可及性、质量、效率和消费者满意度。Kodner等（2002）提出，整合照护是指从行政管理、服务输出、组织、财源等方面，在一致性目标下，通过协调管理促进健康与照护体系的合作。一是在体系层面对卫生健康体系的预防性和治疗性医疗服务以及长期照护体系的照料性服务从规章制度和财务机制方面进行整合；二是在组织层面对医疗和长期照护体系下的服务单位以合约、合并等方式进行整合；三是在人员层面基于组织整合框架进行跨专业团队联合执业或以其他方式进行合作；四是在被照护者层面通过个案管理（Case Management）及时为其提供各种服务，实现连续性照护。Sloper（2004）指出，整合照护遵循"3C"原则，即重构（collocation）、协作（collaboration）与合作（cooperation），通过机构重组将法律服务、心理健康服务、卫生服务、社会服务和照护管理服务等加以整合，以便于信息共享、沟通与合作。Nies等（2016）提出，整合照护是指一系列经过良好规划与组织的照护服务，包括预防卫生、急慢性医疗、社会照料、送餐以及交通等，其秉持以个案为中心的照护理念，通过照护管理为被照护者量身打造适合的照护计划，并为其提供有效的照护服务。Kodner和Spreeuwenberg认为，整合照护是在资金、管理、组织、服务提供、治疗等不同层面，运用一系列连贯的方法和模式使医疗和照顾部门之间创造连接、联合和合作。Mur-Veeman等认为，整合照护是通过横跨广泛的医疗和社会照顾组织、不同的专业和非正式照护者，向个体服务使用者提供连贯和协调的服务。上述对"整合照护"的各种阐述的核心理念在于"整合"，强调的是照护服务组织结构、供给主体、服务内容、提供方式等各个层面的协调与合作。相较于传统的老年照护服务供给方式，整合照护的优势主要是体现了以服务使用者需求为中心和以提高服务供给效果为中心的双重导向。一方面，服务不再以服务提供者或经费支持为中心，而是主要基于服务的需求，使服务的供给与服务使用者的具体需求相适应，将满足服务使用者个体化和多样性的需求始终贯穿于服务供给的全过程之中。另一方面，照护服务不再以分散化和隔离化供给的形态存在，而是通过加强不同服务管理与服务项目之间的协作与联系，实现各类服务之间的有效整合与无缝衔接，从而提高服务的供给效率与服务质量，以及服务的回应性与可及性。

全人整合照护根据被照护者需求的复杂程度，对现有的资源进行不同程度的整合，现已成为各发达国家和地区长期照护的主要原则以及照护服务供给改革的核心议题，其所带来的系统、连续和高效的优势已得到国际社会的普遍认可。

知识链接

医养结合的概念和内涵

医养结合的含义："医"是指为老年人提供从健康管理、预防保健到治疗，再到康复护理与临终关怀的医疗护理一体化服务，包括部分临床医疗和转诊的绿色通道服务；"养"包括生活照护服务、心理服务、文化服务等。医养结合不仅仅是单一的医疗机构和养老机构的共存，也不是无选择的医养康护功能的整合，它以评估为导向，围绕老年人服务需求，聚焦重点对象和服务项目，统筹配置资源，为有需要的老年人提供生活照料、健康管理、医疗护理以及突发疾病的应急处置，是以医疗服务为支撑的新型社会养老服务体系。

2015年11月，卫生计生委等9部门发布《关于推进医疗卫生与养老服务相结合的指导意见》的通知，提出到2017年医养结合政策体系、标准规范和管理制度要初步建立，同时为医养结合做出了总体布局：医养结合不但包括传统的生活照料服务，更突出的是包括医疗康复保健服务，是集医疗、健康咨询、健康检查、疾病诊疗和护理、大病康复以及临终关怀为一体的养老服务模式。

二、全人整合照护模式概述

全人整合照护模式，是"全人照护"与"整合照护"模式的统称。

全人照护模式诞生于20世纪90年代初，由香港大学陈丽云教授将西方的心理辅导形式与我国的传统医学、养生学与哲学思想相结合后提出，强调从躯体、心理、社会适应和精神状态四个层面促进老年人达到全人健康的状态。"全人照护"模式在我国成人慢性疾病的护理中取得了良好效果。

整合照护模式自20世纪80年代以来，由一些发达国家率先提出，并基于这一理念对其老年照护服务供给的结构和操作进行了改革，形成了各具特色的老年照护服务供给的整合模式，是近年来国际上逐渐流行并获得广泛应用的一种新型照护模式。作为一种老年照护服务的供给形态，整合照护可以在整合的程度上由弱到强分为三个层级：连结（linkage）、合作（coordination）与完全整合（full integration）。各层级之间的差异主要在于整合照护中各要素之间的整合程度。具体而言，连结是指服务供给的各部分或部门之间通过拟定契约和加强沟通的方式来促进照护的转介与协作，以满足服务需求者的需要。但同时，各部分或部门仍在各自的辖域、准则标准、服务责任、运作规则内行使其功能。合作比连结更具整合性，其重点是创建一个机制以管理各类照护服务，从而减少服务供给上的混乱，以及不同部门和系统之间的碎片化和不连续性。完全整合作为一种最深层次的服务整合，需要基于同一个系统将多元体系中的供给责任与服务资源进行全面整合，并进行直接控制与管理，其实质上是一种完全融合的服务供给状态。就老年照护供给的要素而言，主要涉及组织和提供两个层面的活动。其中，组织层面主要涉及服务供给的决策环节，包括服务的行政与组织部门，以及有关服务供给的制度与管理等要素；提供层面主要涉及服务的实际递送环节，包括各类服务的实际提供者（如养老机构、医疗服务机构、康复护理机构、各类专业服务人员等），以及服务的提供内容（如机构照料服务、医疗卫生服务、护理康复服务、日间服务、居家服务等）。

根据整合程度的强弱，老年照护服务的供给在组织和提供层面可以形成不同的整合模式。老年照护服务供给的整合模式如图 2-1 所示。

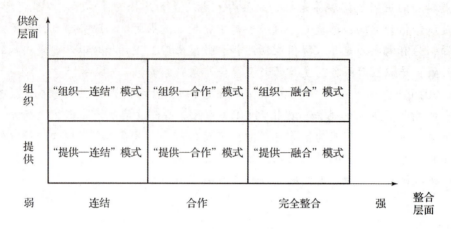

图 2-1　老年照护服务供给的整合模式

（一）老年照护服务组织层面

首先，在连结程度下会形成一种"组织—连结"模式。相关政府部门在老年照护服务供给议题上能够达成较为顺畅的沟通，各类照护服务法规与政策之间能够实现较好的协调。

其次，在合作程度下会形成一种"组织—合作"模式。通过建立一种协调性机制或合作性框架，政府各个部门能够对照护服务供给进行联合决策与合作管理。

最后，在完全整合程度下会形成一种"组织—融合"模式。相关政府部门会依据各自所涉及的照护服务供给功能进行重组与合并，形成一个统一的老年照护服务供给决策部门，各类照护服务的法规与政策也会进行统一制定和统一执行。

（二）老年照护服务提供层面

首先，在连结程度上会形成一种"提供—连结"模式。各类照护服务的提供机构以及各类专业服务人员会通过承诺或协议的方式，在服务的提供环节上相互配合和相互补充。服务使用者也会根据服务提供上的连结获得多样化和连续性的照护服务。

其次，在合作程度下会形成一种"提供—合作"模式。通过建立一种实体性或虚拟性的合作机制，将各类照护服务的提供机构和各类专业服务人员在功能上连结起来，形成一个服务提供网络。服务使用者会依据其具体的需求在这一网络中获得由不同专业机构和人员所提供的各类服务。

最后，在完全整合程度下会形成一种"提供—融合"模式。即构建一种汇集各类照护服务内容以及拥有跨专业服务团队的服务提供综合体。在这一综合体内各类照护服务会形成一种综合性的和无缝隙的服务提供方式，满足服务使用者不同种类和不同阶段的服务需求。

对于整合模式的选择，一方面，在当今老年照护服务的供给实践中，由于供给决策与服务递送环节相对独立运行，所以在供给的组织层面和提供层面上整合模式选择并不一定具有一贯性。可以依据具体需要在不同供给层面或环节选择不同的整合模式。另一方面，同一供给层面的不同模式仅是一种整合理念或方式的呈现，模式间的划分更多反映的是整合程度上的递进以及整合方式上的区分，并不代表存在模式上的孰优孰劣或是存在一个最佳的整合模式。因此，在模式选择上，应从需要性与适宜性的角度出发，根据实际条件选择相应的整合模式。

三、全人整合照护模式的类型

根据资源整合的不同程度，可将全人整合照护模式分为三种类型。

（一）机构间服务联结模式

机构间服务联结该模式下的多元照护资源隶属于不同部门，但不同专业人员通过跨专业培训与合作，能够在照护过程中敏锐地察觉被照护者各项服务需求，从而将服务和资讯进行外部的联结和转介。此层级的整合，各专业人员必须熟练掌握各部门的服务资源及其对被照护者的适用性、服务的给付和管理单位，但无须跨机构的合作以及照护权责和成本的转移。

（二）跨机构协作整合模式

跨机构协作整合模式联结不同的体系，包括急慢性医疗体系、康复体系、营养体系以及长期照护体系，并需要配置照护管理师或协调员以进行不同体系间的联结与协调，包括被照护者不同服务的协调、不同体系给付范围的协调、各机构间被照护者资讯的共享与应用。机构运作具有灵活性和独立性，但在整合过程中应注意理顺各机构的职责和保持服务的连续性。

（三）完全整合模式

完全整合模式是针对状况复杂的照护个体建立的，是最高层次的整合。该模式通过建立新的组织，将原本属于不同体系的照护资源，如财源、组织、资讯等加以整合。

四、国外全人整合照护模式的实践与经验

对于多病共存、失能老年人的复杂照护服务需求，唯有通过整合照护模式将分立的医

疗系统和长期照护系统相联结,并兼顾照护品质和避免资源浪费,通过照护管理为其提供适宜、连续的服务,才有利于被照护者早期疾病预防和延缓失能,并缩短被照护者在医院的住院时长。

(一)英国模式

自20世纪70年代起,英国政府开始将照护服务的整合作为一项重要政策目标。一是在服务组织上形成了"组织—合作"模式。1974年,英国政府对国民保健服务体系(NHS)进行了调整,建立区域医疗部门负责规划、提供和协调服务,并集中相关专业人员以负责基础照护、社区保健服务和医院服务的提供。二是在服务提供上形成了"提供—融合"模式。为促成服务提供上的有效整合,2002年英国成立照护信托机构(Care Trusts),将医疗保健服务和社会照顾服务合为一体,采用联合型的服务提供模式,使服务使用者不需要在不同服务系统间奔走。

(二)美国模式

为满足日益增长的老年照护服务的需求,以及提高老年照护服务的供给效益,美国于1986年在全国范围内实施了全方位老年照护服务项目(PACE)。一是在服务组织上形成了"组织—连结"模式。PACE是一项立足于社区,专门针对老年人医疗保健和社会照顾的综合性服务供给模式。PACE在管理方面,总体上由老年管理部门、健康服务部门和州政府共同负责。费用由"医疗照护制度"(Medicare)和"医疗援助制度"(Medicaid)进行支付。1997年美国平衡预算法案将PACE正式确立为在医疗保险支付范围内的永久性服务项目,并规定各州可为达到医疗救助标准的老年人提供PACE服务。服务细则由医疗保险和医疗救助中心以及州政府管理部门制定与履行。二是在服务提供上形成了"提供—融合"模式。PACE具体由PACE中心进行运作。通常PACE中心主要由一个日间照护中心和医疗诊所组成,所提供的服务包括日间照护(如餐饮服务、营养咨询、社会工作和个人照顾)、医疗护理、家庭医疗与个人照顾、社会服务、专科治疗、临时看护、住院治疗等,即由一个单一的机构就各类老年照护服务进行全方位和一体化提供。每一个PACE中心都组建了包含医生、护理师、诊所护士、治疗师、家庭医疗护士、社会工作者、护工、司机等在内的跨专业工作团队。PACE中心的服务对象经认定进入中心后,跨专业工作团队会对其进行综合评估,制订个体化的照护方案,提供相应的照护服务,并依据其需求变化进行定期评估和方案调整。

(三)丹麦模式

20世纪80年代初,丹麦开始大力推进老年照护服务的资源整合,逐步对医疗和社会照顾服务的供给进行改革。一是在服务组织上形成了"组织—融合"模式。为解决服务的分散化,20世纪80年代开始,丹麦正式对老年照护服务供给的组织结构进行重组,将包括医疗、保健、护理、生活照料在内的各类服务都整合在同一个组织框架下,即在市级层面对照护服务进行统一管理。二是在服务提供上形成了"提供—合作"模式。为增强医疗服务与社会照顾服务的连续性,丹麦一些地区还开展了良好合作实践（Good Cooperation Practice）项目，即通过市与郡之间签订协议，促进医院与市政府在老年人住院和出院时进行合作。为有效达成协议，一些医院与市政府建立了"市民册"，通过记录市民的照护信息，促进照护人员、服务使用者、市政府工作人员、医院工作人员之间的沟通与联系。此外，照护服务使用者的相关信息能够在医院与社会照顾部门之间进行电子化传递与信息化交流，为医疗与社会照顾服务的有效衔接创造了条件。

五、我国长期照护模式现状

为应对人口老龄化的冲击，面对不断提升社会养老服务的需求，我国目前已初步形成包括养老照顾服务与医疗护理服务在内的老年照护服务体系。但在老年照护服务的供给上，却存在组织与提供层面的"分离供给"问题。

（一）服务组织的分离供给

就组织结构而言，目前我国老年照护服务供给的政策决策与管理运行涉及民政、卫健、人社、国土、金融等多个政府职能部门。一方面，就供给职责的划分而言，由于各政府部门的职能分工不同，各部门对老年照护服务供给的决策认识以及运行激励存在差异；另一方面，就供给政策的制定与执行而言，多部门管理直接造成了老年照护政策的碎片化以及政策的不协调问题。

（二）服务提供的分离供给

伴随着我国养老服务业的快速发展，老年照护服务的提供主体日益多元。虽然老年照护服务的多元提供格局已经形成，但偏重于照顾服务和综合服务的养老机构占绝大多数，而提供专业化照护、康复护理和临终关怀服务的养老机构相对较少。同时，我国老年照护服务在服务内容上还存在服务类型间"大分离"和服务类型内"小分离"并存的问题。一方面就老年人的照护服务需求而言，最重要的两项是养老照顾服务与医疗护理服务，并且两项服务在很大程度上具有"伴生性"与"相继性"。而在我国现有老年照护服务体系中，养老照顾服务系统与医疗护理服务系统各自运行，两类服务提供机构又分开设置。老年人医疗、康复、护理、照顾等服务往往无法在同一养老机构内得到一体化解决，不得不在医疗机构与照顾机构之间进行转换。另一方面，就老年照护服务的具体提供而言，我国虽然已经初步形成以居家为基础、社区为依托、机构为支撑的社会养老服务体系，但这种服务划分不仅仅反映的是照顾场所的不同，其背后体现的是老年人基于自理程度对服务的一种连续性的选择。而目前我国这三种照顾服务在提供上却相对独立，服务提供者之间缺少相互联系，各类服务之间又缺乏转介机制。这就造成在服务提供上缺乏连续性，老年人在服务选择上存在随意性。

六、我国全人整合照护模式发展趋势

（一）组织层面的整合

基于当前我国老年照护服务的行政架构与管理体制，现阶段在老年照护服务供给的组织层面，应构建"决策—合作"整合模式。一是完善老年照护服务供给决策的沟通与协调机制，强化相关政府部门间的横向联系与整合。应强化老龄工作委员会的统筹职能，形成民政部门牵头，相关职能和业务部门配合的老年照护服务供给的工作协调机制。进一步明确民政、卫健、人社、国土、金融等相关部门在老年照护服务整合供给中的责任与职能，实现老年照护服务供给的共同决策。创新政府部门间的协同管理机制，利用网络手段尽快建立全国和区域统一的老年照护服务信息管理系统，实现各部门相关养老信息的整合与资源的共享，为老年照护服务供给中的行政操作性环节，如申请、审批、监督等工作的统一管理创造便利。二是加强老年照护服务供给政策之间的协调。应在相关政府部门决策整合的基础上，统筹做好各类老年照护服务的政策制定与政策执行工作。通过政策细化、政策衔接、部门协商的方式，推动老年照护服务在市场准入、机构建设、资金投入、政策优惠、管理标准等方面实现政策上的相互协调与顺利实施，从而打破政策碎片化与部门利益化的供给弊端。

（二）提供层面的整合

针对当前社会养老服务的多样化需求，区域间社会经济发展的差异性，以及养老服务市场成熟度较低的现状，我国老年照护服务在提供层面的整合应采取多种手段，构建一种集"提供—连结""提供—合作"和"提供—融合"为一体的多样化的整合模式。

一是重点加强"医养护一体化"养老机构的建设，实现老年照护服务提供要素的相互融合。提升养老机构服务功能的多元化，实现单一机构多种类、多层级、一站式服务是未来我国老年照护服务提供层面整合的重点。一方面要鼓励将一些大型的或设备条件较好的单一服务类型（照顾型或医疗型）的公办和民办机构转变为"医养护一体化"养老机构，积极发挥其综合性服务提供的优势，以及行业示范效应和市场带动作用。另一方面要大力鼓励和支持社会力量与民间资本直接投资、承办和经营"医养护一体化"养老机构。

二是积极促进不同类型养老机构之间的协作，实现各类养老照护服务的无缝衔接。一方面鼓励养老照顾机构与医疗服务机构基于各自优势功能开展多种形式的协作；另一方面加强区域内居家照顾、社区照顾、机构照顾提供者之间的联系，建立不间断的社会养老服务体系。

三是加快建立老年照护管理制度。鉴于目前我国老年人在老年照护服务选择上的随意性以及照护服务资源分散化的特征，需要尽快建立老年人照护管理制度，满足老年人长期、多重照护需求以及对各类养老服务资源进行优化配置。一方面要依托社区设立专门的老年照护管理机构，组建跨学科、跨专业的老年照护管理者团队，对有照护需求的老年人进行个体化管理。另一方面要建立科学合理的老年照护评估制度，对老年人的照护需求做好综合评定与跟踪管理。另外，还要严格规范老年照护管理流程，对照护使用者选择、需求评估、照护计划制定、服务提供、服务监督等各照护管理环节进行规范化和标准化管理。

四是通过"互联网+"促进老年照护服务资源的整合。一方面要基于信息化和大数据的理念与技术，构建老年照护供需信息数据库。在保障信息安全的前提下，将基本信息、经济与健康状况等照护服务需求者信息，以及各类照护服务提供者信息进行收集与汇总，并进行动态管理，为政府部门老年照护服务的供给决策以及老年人照护管理提供数据支持。另一方面要积极利用现有的互联网资源，大力开发老年照护服务网络应用技术。根据照护服务的不同类型研发包括手机、电脑、终端机等多样化的移动端和固定端软件技术和硬件设备，将区域内乃至区域间的医疗、护理、照顾、家政、物业、文娱等各类照护服务相关信息和资源通过互联网技术进行整合，实现老年照护服务资源的集约化管理，发挥互联网技术对照护供给的倍增效应。

知识链接

我国的医养结合模式

"医养结合"是把保障老年人健康养老的基本需求放在首位，对有需求的失能、部分失能老年人做好护理、康复服务，满足老年人的健康养老服务需求。

医养结合模式主要包括：

（1）联动模式。联动模式是指养老机构与周边的医疗卫生机构签订多种形式的合作协议，本着互利互惠原则，明确双方责任。医疗卫生机构为入住养老机构的老年人提供健康管理、预约就诊、急诊急救、中医养生保健等服务，确保入住老年人能够得到及时有效的医疗救治。养老机构内设的具备条件的医疗设施可作为医院（含中医医院）收治老年人的后期康复护理场所，实现资源合理利用，有效衔接；或由医疗机构定期派医护人员到养老机构巡诊，为老年人提供医疗服务。

（2）嵌入模式。嵌入模式是指单一养老机构或医疗机构通过内部资源的补充与优化，完善自身服务及功能，提供医养结合、各有侧重的服务的模式，主要分为医疗机构内设养老机构和养老机构内设医疗机构两种类型。嵌入模式是当前我国医养结合的主要实现形式，其服务内容更具有医养结合的特征。

（3）医院直营模式。医院直营模式主要指医疗机构直接举办或经营养老机构。

（4）两院一体模式。两院一体模式即医疗机构和养老机构同地、同时建设，同时运营。

（5）支撑辐射模式。支撑辐射模式指由基层政府进行整合，社区养老服务中心和社区卫生服务机构开展合作，共同为居家老年人提供生活照料、医疗保健等服务。

七、开展全人整合照护模式的方法和要求

全人整合照护模式的应用在我国还处于探索发展阶段,而发达国家相对成熟。为保障全人整合照护模式的有效、高效运行,首先应成立全人整合照护管理组,组成多学科评估及服务团队,通过跨专业协作工作,以人为本,全面整合多方资源,以多层面开展各项服务活动。全人整合照护模式的成功和可持续应基于以下六个方面的要素。

(一)组成多学科跨专业协作团队

多学科跨专业协作团队成员主要包括医师、主责护士、照护专员、康复师(包括物理治疗师、职业治疗师)、营养师、药师、心理咨询师或心理医生、社工、律师等,各自的主要职能如下:

(1)医生:主要职能:①评估老年人医疗需求,解决老年人医疗问题;②提供基础慢病、常见病医疗保障,需要时提供转介住院或其他专业医疗服务。

(2)主责护士的主要职能:①制订并统筹老年人的个人照护计划;②监察老年人的身体状况及需要;③评估老年人医疗、护理及起居照顾的需要;④转介合适的部门做评估;⑤监察药物的服用情况及是否出现副作用;⑥管道护理;⑦预防及处理压疮;⑧定期联系家人交流有关老年人状况。

(3)照护专员的主要职能:①协助专业人员评估,为准确评估老年人需求提供信息;②执行照护计划,提供生活照料,并做好相关记录;③观察及发现老年人的个性化需要,及时告知主责护士。

(4)物理治疗师的主要职能:①评估老年人活动能力;②进行肌肉、关节功能训练;③为老年人进行适配评估及指导购买合适的助行器材;④痛症的物理疗法处理;⑤减重训练;⑤防失禁处理。

(5)职业治疗师的主要职能:①评估老年人认知功能和自理能力;②进行日常自理能力训练;③吞咽功能训练。

(6)营养师的主要职能:①评估老年人营养状况;②制订老年人营养配餐方案;③指导餐饮人员营养配餐;④营养培训(员工、老年人和家属)。

(7)药师的主要职能:①与医师共同进行药物治疗方案设计、实施与监护;②为医护人员提供准确、完整的用药信息及安全、正确使用药物;③提供用药咨询及合理用药教育。

(8)社工的主要职能:①安排、实施心理、社交及灵性方面评估,并提供服务;建立老年人、家属与养老机构员工、养老机构间和谐关系促进机制;②负责家属沟通会、家人支持养老服务;③组织老年人各项活动;④负责个案管理及个案转介;⑥负责外部资源的整合;⑦负责志愿者招募、培训组织及评价。

(9)律师的主要职能是为老年人及养老机构工作人员提供法律咨询及援助。

（二）建立照护管理师制度

照护管理师也称为协调员，在我国，将该岗位作为一个独立岗位设置的养老机构还较少。建立照护管理师制度无疑是推行全人整合照护模式的有力保障。照护管理师可由医生、护士、社工、药师、营养师、康复师等健康相关专业人员担任，负责全面评估老年人需求，制订、审核照护计划，组织召开跨专业协作工作会议，整合照护资源，联结跨专业团队参与老年人照护服务，监督及指导照护计划实施，评估照护质量，同时统筹、协调和整合机构内外各类资源，保障为老年人提供全人照护服务的实现。

（三）使用标准化评估工具

统一评估标准是实现全人整合照护模式的基础和前提。养老机构对长期照护的个体使用的评估工具有 MZ/T 039—2013 老年人能力评估、InterRAI 长期照护机构（LTCF）评估表（中国大陆地区中文版）、简易智力状态检查表（MMSE）、微型营养筛查量表（MNA）、Braden 压伤风险评估量表、改良洼田饮水试验、跌倒风险评估量表等。

（四）制订个性化服务计划

通过对被照护者的全面评估，照护管理师拟定服务计划并提供照护建议，在与跨专业团队、老年人及家属的讨论中达成共识，形成照护计划方案。

（五）运用信息化管理系统

将被照护者的评估信息、照护服务计划及其使用情况等资料统一录入信息化管理系统，各服务专业人员、部门、单位共享资料信息，以全面掌握被照护者最新状况，并保障被照护者信息的完整性和可持续性。

八、全人整合照护模式实施步骤

养老机构全人整合照护模式的主要实施步骤总结如下：

第一，进行多学科跨专业评估。具有评估师资格的跨专业人员，除对被照护者的基本信息、一般状况进行收集外，还要对被照护者的认知能力、沟通与视觉、情绪与行为、社会心理健康、生理机能、日常生活能力、自控力、疾病诊断、口腔与营养状态、皮肤状况、娱乐活动、药物使用、治疗与疗程、责任和预嘱、社会参与，以及吞咽功能障碍、压伤的发生等方面的风险进行综合评估，为制订全人整合照护计划方案提供客观依据。

第二，组织跨专业协作会议。照护管理师或协调员用全人整合照护的理念，定期组织多学科跨专业人员协作工作会议，对被照护者的多专业综合评估结果进行讨论，找出被照护者的需求和现存或潜在的照护问题，针对需求和焦点问题，各专业人员出具明确、可执行的解决方案。

第三，制订个性化照护计划。通过跨专业协作工作会议讨论，得出较为全面的照护服务措施，按照被照护者的需求安排日程及接受不同照护服务的先后次序，同时针对照护服务计划与被照护者和家属沟通并达成一致方案。

第四，实施照护计划。照护管理师或协调员通过组织整合、临床整合、功能整合和专业整合等不同的资源整合方式，以被照护者为核心，支持和支援各专业措施落实，实现全人整合照护。

第五，定期进行跨专业评价。各专业人员在执行全人整合照护计划时，根据被照护者的状况，对照护服务的效果进行定期或不定期重新评估，以及时评价照护措施的有效性，确定是否继续提供该项服务。全人整合照护模式实施步骤如图 2-2 所示。

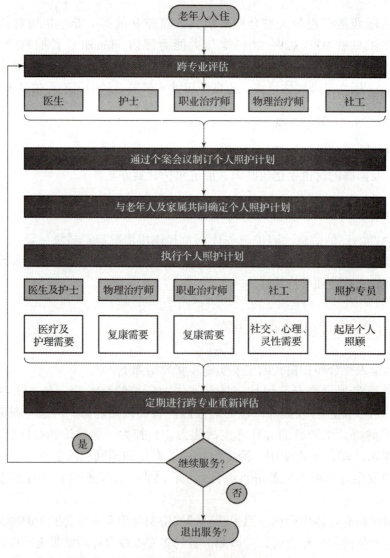

图 2-2　全人整合照护模式实施步骤

参考文献

[1] 石林. 全人照护管理模式在改善青春期白血病儿童生存质量中的应用研究[D]. 重庆：重庆医科大学，2017.

[2] 赵坤鹏. 发达国家和地区社区居家整合照护模式之探索与启示[J]. 老龄科学研究，2018（7）：33-45.

[3] 夏艳玲，钟雨珊. 美国PACE整合型照护模式的特征及借鉴[J]. 卫生经济研究，2019（4）：55-58.

[4] 香港圣公会福利协会. 从心出发 老年痴呆症全人照顾手册[M]. 北京：中国社会出版社，2013.

项目三 养老机构服务保障管理

任务一 养老机构管理概述

【知识目标】

◇ 了解养老机构管理的含义
◇ 掌握养老机构的管理模式

【能力目标】

◇ 能够初步运用养老机构管理的理论解决养老机构管理事务

【素质目标】

◇ 能够通过小组协作模拟进行企业事务管理

【思维导图】

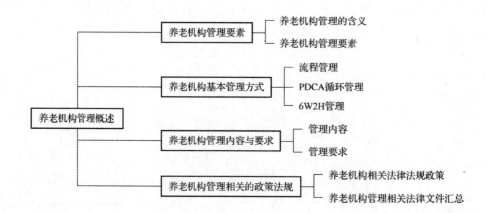

一、养老机构管理要素

（一）养老机构管理的含义

养老机构管理是指在特定的环境下，管理者通过计划、组织、控制、激励和领导等环节，来协调人力、物力和财力等各项资源，以期更好地达成组织目标的过程。养老机构管理的要点就是建立养老机构管理的整体系统体系，其具有三层含义。

1. 第一层含义

养老机构管理遵循管理学基本理论，采用计划、组织、控制、激励和领导五项措施，又被称为管理的五大基本职能。

（1）计划职能：包括对养老机构未来发展的战略规划，根据规划建立目标。

（2）组织职能：一方面是指为了实施计划而建立起来的一种结构；另一方面是指为了实现计划目标进行的组织过程。

（3）控制职能：与计划职能紧密相关，包括制定各种控制标准；检查工作是否按计划进行，是否符合既定的标准，以确保实现组织目标。

（4）激励职能和领导职能：主要涉及的是组织活动中人的问题。要研究人的需要、动机和行为；要对人进行指导、训练和激励，以调动他们的工作积极性；要解决下级之间的各种矛盾；要保证各单位、各部门之间信息渠道畅通无阻等。

2. 第二层含义

第二层含义是第一层含义的目的，即利用上述措施来协调人力、物力和财力方面的资源。一个组织要有成效，就必须使组织中的各个部门、各个单位，乃至每个人的活动同步、和谐，组织中人力、物力和财力的配备也同样要同步、和谐，只有这样才能均衡地达到多元的组织目标。一个管理良好的养老机构，在人力、设备、场地和资金方面都有一个适当的比例，每个部门、每个单位，乃至每个人什么时间做什么，何时完成，完成的过程和结果，都有合理的规定，以保证用较低的成本，创造出高品质的服务。

3. 第三层含义

第三层含义又是第二层含义的目的。协调人力、物力和财力资源是为使整个组织活动更加富有成效，这也是管理活动的根本目的。

养老机构管理是一个连续进行的活动过程。实现组织目标的过程，就是管理者执行计划、组织、领导及控制等职能的过程。因为这一系列职能之间是相互关联的，所以管理过程体现为一个连续进行的活动过程。

（二）养老机构管理要素

养老机构管理要素包含养老机构中人员（Men）、机器设备（Machine）、物料（Material）、方法（Method）、环境（Environment）、测量（Measurement）六个管理要素，简称5M1E。

1. 人员因素（人 Men）

"人"的因素需要考虑以下内容：

（1）护理、生活照料、精神慰藉等服务技能有哪些？

（2）制度是否影响人的工作效能？

（3）服务质量反复达不到标准要求，是选人的问题吗？

（4）服务技能不足是培训不够吗？

（5）技术人员专业对口吗？

（6）问题背后的问题，是人员对机构不满吗？

（7）发生不良事件有责任人吗？

（8）员工对设施设备的操作娴熟吗？

（9）新员工适应环境了吗？实操人员明白方法吗？使用者理解材料信息的含义吗？

"人"的主要控制措施包含以下四方面：

（1）各岗位人员要符合岗位技能要求，需经过相关培训和考核。

（2）对服务规范、规程要有明确标准。特定岗位人员应具备专业知识和操作技能，考核合格后持证上岗。

（3）各岗位人员能严格遵守机构制度和按规范操作，对工作和服务质量高度负责。

（4）监管人员能严格按规范、流程进行检查和督导，做好检查记录，并按规定报送。

2. 设备因素（机 Machine）

"机"的因素是指提供为老服务及养老机构运营过程中所使用的设备、工具等。"机"主要考虑的因素包含：

（1）选型对吗？

（2）正常保养了吗？

（3）及时维修故障了吗？

（3）跟设备的配套对应吗？

（4）操作设备的人对吗？设备的操作方法对吗？设备放置的环境适宜吗？

设备的管理分三个方面，即使用、点检、保养。使用即根据设备的性能及操作要求来培养使用者，使其能够正确操作和使用设备进行工作，这是设备管理最基础的内容；点检指使用前后根据一定标准对设备进行状态及性能的确认，及时发现设备异常，防止设备非预期的使用，这是设备管理的关键；保养指根据设备特性，按照一定时间间隔对设备进行检修、清洁、润滑等，防止设备劣化，延长设备的使用寿命，是设备管理的重要部分。

"机"的主要控制措施有：

（1）有完整的设备管理办法，包括设备的购置、流转、维护、保养、检定等。

（2）设备管理办法各项规定均得到有效实施，包含有设备台账、设备技术档案、维修检定计划，有相关记录，记录内容完整准确。

（3）服务设备、医疗设备、康复设备、检测设备、计量器具等均符合规程要求，能满足服务能力要求，使用条件随时间变化能及时采取调整和补偿措施，保证质量要求。

（4）各种设备、工具、计量器具等处于完好状态和受控状态。

3. 材料因素（料 Material）

"料"的考虑因素包含：
（1）是真货吗？
（2）型号对吗？
（3）有保质期吗？
（4）进料检验了吗？
（5）使用符合规范吗？
（6）材料适应环境吗？材料与设备配合吗？材料之间会不会互相影响？

"料"的主要控制措施有：
（1）有明确可行的物料采购、仓储、运输、质检等方面的管理制度，并严格执行。
（2）建立进料检验、入库、保管、标识、发放制度，并认真执行，严格控制质量。
（3）转入本部门的物料，必须符合相关文件的规定。
（4）使用中物料应有状态标识。
（5）对不合格及过期物料应有控制办法，职责分明，有效隔离、标识、记录和处理。

4. 服务方法因素（法 Method）

"法"的因素主要考虑：
（1）是按服务方法做的吗？
（2）看得明白吗？
（3）写得明白吗？
（4）有服务方法吗？
（5）服务方法适合吗？
（6）服务方法与人员匹配吗？方法在这个环境下可行吗？

"法"的主要控制措施有：
（1）服务流程布局科学合理，能保证服务质量满足要求。
（2）能区分关键服务流程、特殊服务流程和一般服务流程，有效确立服务质量控制点，对服务控制点能标识清楚。
（3）有正规有效的服务管理办法、服务质量控制办法和规范操作文件。
（4）主要服务项目都有操作规程或服务指导书。
（5）规定规范文件的编制、评定和审批程序，以保证各部门所使用文件的正确、完整、统一性，重要文件处于受控状态。
（6）各项规范文件能得到严格执行，记录资料能及时按要求填报。

5. 环境因素（环 Environment）

"环"的因素分析主要包含：
（1）在时间轴上环境变了吗？
（2）考虑光线、温度、湿度、气味、污染度了吗？
（3）环境是安全的吗？
（4）环境是人为的吗？小环境与大环境能兼容吗？

"环"的主要控制措施有：

（1）有公区和房间环境卫生方面的管理制度。

（2）环境因素如温度、湿度、光线、气味等符合舒适要求。

（3）环境中有相关安全环保设备和措施，并符合法律法规要求。

（4）环境保持清洁、整齐、有序，无与服务无关的杂物，可借鉴 5S 相关要求。

（5）设备、物料、药品、应急设施、康复活动设施等均定置整齐存放。

（6）相关环境记录能有效填报或取得。

6. 测量因素（测 Measurement）

"测"的因素分析主要包含：

（1）工序检验策划文件准备好了吗？

（2）工序测量器具配置齐全了吗？性能满足要求吗？定期计量吗？

（3）检验策划合理吗？

（4）检查人员资质符合吗？

（6）交检点合理吗？

"测"的主要控制措施包括：

（1）确定测量任务及所要求的准确度，选择具有所需准确度和精密度的测试设备。

（2）定期对所有测量和试验设备进行确认、校准和调整。

（3）规定必要的校准规程。其内容包括设备类型、编号、地点、校验周期、校验方法、验收方法、验收标准，以及发生问题时应采取的措施。

（4）保存校准记录。

（5）发现测量和试验设备未处于校准状态时，立即评定以前的测量和试验结果的有效性，并记入有关文件。

二、养老机构基本管理方式

（一）流程管理

1. 流程

流程是为了完成某一目标而进行的一系列逻辑相关的活动，一般是指重复进行的活动，即接受各种投入要素，并通过各项活动产生所期望的结果。通俗来讲，流程就是做事情的过程和程序，是为了完成某一目标而进行的一系列相关的活动，如销售流程、评估流程、入住流程、护理流程、饮食流程、离退流程、采购流程、维修流程、决策流程等。流程的重要特征是重复性、目标性和过程性。

2. 流程管理

流程管理是对流程进行科学管理，对流程进行描述、设计、运营和持续改进其绩效，以更好地达到流程的目的。简单的流程管理包括界定流程的开始和结束点、流程的输出结果、流程的活动次序和内容、流程的执行人。完整的养老机构流程管理包括明确流程的老年人和关键需求，流程的输出物和质量标准，流程的过程顺序、活动内容、执行人、工具、关键绩效、知识管理，流程的团队管理、运作机制和持续改进机制。

流程管理的本质是使流程透明化、优化、规范化，固化最佳实践经验，促进跨部门流程团队的合作，提高效率、控制风险。

3. 流程管理体系

流程的管理体系包括流程体系框架，流程清单，流程关键绩效表，流程库，流程的说明书或手册，流程绩效与成熟度评价系统，支持流程体系的领导人、信息系统，人力资源管理、流程管理的队伍，流程型文化，流程治理，流程设计、优化和运营的方法论。

流程的说明书或手册中包括流程的描述、流程图、关键流程节点的说明、流程关键绩效、流程负责人与流程团队、流程运营与改进机制等。

4. 流程体系框架

一个养老机构的经营管理是由一系列流程组成的，可以用流程体系框架来描述养老机构整体的运作。养老机构流程体系框架包括养老机构创造价值的流程链和支持流程。完整的流程清单包括对流程的目的、关键绩效和流程负责人的描述。

流程体系框架使我们可以系统性地分析问题，因为一个问题的产生，有时候不是一个流程的问题，可能与其他流程也有关系。流程体系框架也使我们容易识别业务问题发生的原因，易于根据业务改进重点来确定需要通过改进哪些流程来解决。

5. 流程管理与其他管理方法的关系

（1）流程管理与战略的关系。

业务流程是业务战略和经营行动的核心连接环节，是战略落地的载体。根据战略重点来确定重点关注的关键流程（进行再造、优化或卓越运营），可支持战略的实现。

养老机构业务模式和战略的改变，要求养老机构流程体系框架的变化，也可以通过再造养老机构流程体系框架中关键的流程，来变革或创新养老机构业务模式。可以通过卓越绩效模式的评估或标杆学习，寻找流程体系框架中的薄弱环节，加以改进，提升养老机构绩效。

（2）流程管理与知识管理的关系。

流程是管道，知识是活水。流程管理不只是关于流程中活动次序、活动内容的描述，还可以包括如何做好事情的最佳实践、指引、经验和案例等的知识管理，使人员在流程运作中不断积累经验、增加知识。要优秀地执行流程的关键环节，除了提供工具、模板外，还要对其活动的最佳实践进行总结，进行知识传承，使新员工可以迅速像优秀老员工一样工作。

知识管理与流程管理结相合才能使知识被有效运用起来并持续更新。

（3）流程管理与创新的关系。

流程管理与创新并不矛盾，做得好反而能够促进创新。例如，养老服务产品研发的流程管理，能够使市场、老年人、营销、服务、保障等部门紧密协作，提高决策的透明度，形成对决策所需的输入输出信息质量的一致认识，大大提高效率。另外，业务流程也可以通过再造、持续改进，来达到业务模式创新，体现更好、更快、更省的最佳服务实践。

（4）流程管理与制度的关系。

制度是规则的、刚性的。有些简单的制度是一目了然的，包括实施的相关细节。复杂的制度不仅需要明确如何做，还需要通过流程管理来明确如何实施来达到制度的要求。一般在流程管理的说明书中，也要把对应的制度列出来。

（5）流程管理与组织结构的关系。

一般来说，应该先明确流程管理（服务客群的需求、目的、过程、岗位等），再设计最有效的组织结构来管理人员。但在有些情况下，组织结构已经存在，流程优化可能会导致组织结构的变化，这就是为什么流程再造，往往会引起组织再造。

（6）流程管理与质量管理的关系。

全面质量管理的核心是流程管理，而流程管理的许多工具来自全面质量管理的实践。

6. 流程管理的意义

第一，领导的个人魅力将转化成程序化、可接受、可操作的流程。

第二，相对稳定、积累了相当长时间经验的流程不断优化，会转化成养老机构的核心资源与长期竞争优势而不易被人仿制。

第三，促使新员工尽快职业化。所有员工都十分自觉地用同一个标准约束自己，执行共同认可的规则，使用共同的语言，降低了团队沟通和整体运营成本。

第四，使养老机构创新有扎实的管理基础，有足够底气应对高速成长和突发危机，并形成规范创新的螺旋式上升的循环。

总之，当流程管理的意识与理念变成所有员工的共识，规范逐渐变成大家一种永恒和自主的行为时，养老机构的职业化队伍才算真正建立，养老机构的管理才算达到一个全新的境界，并凝聚出盈实的成果。

（二）PDCA 循环管理

1. PDCA 的来源

PDCA 循环是美国质量管理专家休哈特博士首先提出的，由戴明采纳、宣传，获得普及，又称戴明环。PDCA 循环是全面质量管理的思想基础和方法依据，其含义是将质量管理分为四个阶段，即 Plan（计划）、Do（执行）、Check（检查）和 Action（处理）。在质量管理活动中，要求各项工作都要按照做出计划、计划实施、检查实施效果的步骤进行，然后将成功的纳入标准，不成功的留待下一循环去解决。这一工作方法是质量管理的基本方法，也是养老机构管理各项工作的一般规律。

2. PDCA 的基本含义

（1）P（Plan，计划）：包括方针和目标的确定以及活动规划的制定。

（2）D（Do，执行）：根据已知的信息，设计具体的方法、方案和计划布局；再根据设计和布局，进行具体运作，实现计划中的内容。

（3）C（Check，检查）：总结执行计划的结果，找出问题。

（4）A（Act，处理）：对总结的结果进行处理，将成功的经验加以肯定，并予以标准化；对失败的教训加以重视；将没有解决的问题提交给下一个 PDCA 循环去解决。

以上四个过程不是运行一次就结束，而是周而复始地进行，是一个循环完了，解决一些问题，未解决的问题进入下一个循环的阶梯式上升的过程。

3. PDCA 循环的特点

对养老机构来说，PDCA 循环有以下特点：

（1）计划阶段：通过调查、访问等摸清老年人对服务质量的要求，确定质量政策、质量目标和质量计划等，包括现状调查，分析、确定要因，制订计划。

（2）设计和执行阶段：实施上一阶段所规定的内容。根据服务质量标准进行服务流程设计、场景模拟、试验及计划执行前的人员培训。

（3）检查阶段：主要是在计划执行过程之中或执行之后，检查执行情况，看是否符合计划的预期结果。

（4）处理阶段：主要是根据检查结果，采取相应的措施。把成功的经验标准化，遗留问题则转入下一个 PDCA 循环去解决，即采取巩固措施和进行下一步打算。

4. PDCA 的八个步骤

（1）分析现状、发现问题。在做计划之前，需要分析现状，找出问题，如质量问题、安全问题以及效率问题。

（2）分析影响因素。分析各种问题中的影响因素，可以用鱼骨图、6W2H、4M 等方法。

（3）分析主要因素。每一个问题的产生，都有少数主要的因素，如某个问题的产生有十个因素，按照二八原则，大概有两个到三个是主要因素。找到主要因素才能够彻底解决问题，如果找不到主要因素，那问题是没办法解决的。

（4）采取措施。分析主要因素以后，要针对主要因素采取措施。在采取措施的时候，要考虑下面几个问题：为什么要制定这项措施？要达到什么目标？在哪里实施？由谁来实施？什么时候？怎样？这就是 6W2H。

（5）执行。就是按照措施计划的要求去做。

（6）检查。把执行结果与要求达到的目标进行对比。要将任务目标分解，如完成某项任务需要一个月，则分别确定第一周、第二周、第三周的目标。

（7）标准化。总结成功的经验，制定相应的标准。

（8）循环解决。把没有解决或新出现的问题转入下一个 PDCA 循环中去解决。每个问题都不要希望一个 PDCA 循环就能够解决，有时候需要几个循环。

（三）6W2H 管理

6W2H，也叫八何分析法、6W2H 标准化决策与评价模型，是一种通用决策方法，也是一种通用创造技法，在养老机构管理中有着广泛的应用。具体阐述如下：

（1）What：需要解决的是什么问题？问题和哪些因素有关？条件是什么？重点是什么？与什么有关系？功能是什么？规范是什么？工作对象是什么？

（2）Why：为什么要解决这个问题？目的或希望的状态是什么？为什么要用这个条件？为什么要用这个方法？能否用别的方法替代？为什么非做不可？

（3）Who：决策者、行动者、老年人等关键相关人是谁？对项目的影响有多大？

（4）When：何时能完成？是什么时候的情况？何时安装、验收？需要几天才合理？

（5）Where：在哪里进行？环境如何？资源在什么地方？老年人在何地？

（6）Which：方案有几个？如何选择？最终选择了哪些方案？

（7）How to do：如何实现目标？如何提高效率？怎样改进？怎样让价值得以转化？

（8）How much：任务指标是什么？预算多少？收益多高？质量参数多少？

6W2H 管理的核心在于对任何目标（which）都可以对功能（what）、场地（where）、时间（when）、人物（who）四个价值要素进行剔除、减少、增加、创造四个动作。

知识链接

6W2H，八何分析法

我国著名教育改革家陶行知先生曾经写过这样一首小诗：我有几位好朋友，肯把万事指导我。你若想问真姓名，名字不同都姓何：何事、何故、何人、何时、何地、何去、何如，好像弟弟与哥哥。还有一个西洋派，姓名颠倒叫几何。若向八贤常请教，虽是笨人不会错。这首小诗，是陶行知先生以拟人的手法，概括出的八种提问题的模式。他将这八种提问模式称为教人聪明的八位贤人和朋友。无独有偶，美国陆军部用英语中的六个疑问词来表示不同的问题类型，创造了提问题的5W1H法。其中5W是指Why、What、Who、When、Where，1H是指How。这六个疑问词的含义用汉语表述，正好是陶行知"八贤"中的"六贤"，其对应关系是：What-何事；Why-何故；Who-何人；When-何时；Where-何地；How-何如。再将陶先生的另外"两贤"翻译成英语，就是：何去-How to do；几何-How much。这样，我们就将美国陆军部制定的5W1H法，借用"八贤"的力量，发展成了6W2H法。中国的"八贤"有了洋名，西洋的"六圣"不仅有了汉名，还增添了两个新兄弟。

三、养老机构管理内容与要求

（一）管理内容

养老机构管理内容至少包含以下方面：

（1）养老机构应当按照国家有关规定建立健全安全、消防、卫生、财务、档案管理等规章制度，制定服务标准和工作流程，并予以公开。

（2）养老机构应当配备与服务和运营相适应的工作人员，并依法与其签订聘用合同或者劳动合同。

（3）养老机构中从事医疗、康复、社会工作等服务的专业技术人员，应当持有关部门颁发的专业技术等级证书上岗。养老护理人员应当接受专业技能培训，经考核合格后持证上岗。

（4）养老机构应当定期组织工作人员进行职业道德教育和业务培训。

（5）养老机构应当依照其登记类型、经营性质、设施设备条件、管理水平、服务质量、护理等级等因素确定服务项目的收费标准。

（6）养老机构应当在醒目位置公示各类服务项目收费标准和收费依据，并遵守国家和地方政府价格管理有关规定。

（7）养老机构应当按照国家有关规定接受、使用捐赠物资，接受志愿服务。

（8）养老机构应当实行24小时值班，做好老年人安全保障工作。

（9）养老机构应当依法履行消防安全职责，健全消防安全管理制度，实行消防工作责任制，配置、维护消防设施、器材，开展日常防火检查，定期组织消防安全培训。

（10）养老机构应当制定突发事件应急预案。发生突发事件，养老机构应当立即启动应急处理程序。

（11）养老机构应投保综合责任保险，降低机构运营风险。

（12）养老机构应当建立老年人信息档案，妥善保存相关原始资料。

（13）养老机构应当保护老年人的个人信息。

（14）养老机构应当经常听取老年人的意见和建议，发挥老年人对养老机构服务和管理的监督促进作用。

（15）养老机构因变更或者终止等原因暂停、终止服务的，应当于暂停或者终止服务60日前，向实施许可的民政部门提交老年人安置方案，方案中应当明确收住老年人的数量、安置计划及实施日期等事项，经批准后方可实施。

（二）管理要求

养老机构管理要求一般包含以下七方面：

第一，要规范各类养老服务机构名称。养老服务机构要严格按照《老年人社会福利机构基本规范》要求，依据应具备的条件，配备的服务设施进行命名。

第二，对养老机构实施分类登记管理，由所在地民政部门统一监管。

第三，严格按照民政部《社会福利机构管理暂行办法》对各类养老机构进行资格审查，凡不具备条件的一律取缔。

第四，建立健全各项规章制度和服务标准，并张榜公布，报民政部门备案。

第五，区级以上人民政府民政部门定期对养老服务机构工作进行指导和监督，规范社会养老机构的服务项目、收费标准等。

第六，对养老服务机构按基础设施、服务内容、收费标准等项目进行星级评定，促进各类养老服务机构加强自身建设。

第七，通过加强专业培训，提高养老机构工作人员的业务素质和专业水平，改善服务质量，更好地满足老年人的需求，规范化地为老年人服务。

养老机构的最高管理层要通过以下活动，建立、实施完整的管理体系，并持续改进。

（1）所有营运及管理必须符合法律、法规要求。

（2）向机构全体员工传达，满足老年人和法律法规要求的重要性。

（3）满足入住老年人的需求和期望，促进老年人身心健康。

(4）让老年人享有自主、自立、自尊的权利，并获得优质的专业照护服务。

(5）持续提高工作人员服务素质，实行全方位生活照护模式，不断超越。

(6）制定质量方针，确保可持续发展。

(7）制定质量目标，建立总质量目标和部门目标。

(8）坚持每隔六个月的管理评审。

(9）做好资源整合，确保所需资源的获得。

四、养老机构管理相关的政策法规

（一）养老机构相关法律法规政策

我国现行养老产业相关法律法规政策及发布机构统计见表3-1。

表3-1 我国现行养老产业相关法律法规政策及发布机构统计

年度	法律法规政策	发布机构
1996	《中华人民共和国老年人权益保障法》	1996年8月29日第八届全国人民代表大会常务委员会第二十一次会议通过
1998	《民办非企业单位登记管理暂行条例》	国务院
1999	《社会福利机构管理暂行办法》	民政部
2000	《关于加快实现社会福利社会化的意见》	民政部、国家计委、国家经贸委、教育部、财政部、劳动保障部、国土资源部、建设部、外经贸部、卫生部、税务总局等11部门
2006	《关于加快发展养老服务业的意见》	全国老龄委办公室、国家发改委、教育部、民政部、劳动保障部、财政部、建设部、卫生部、人口计生委、税务总局
2006	《中国老龄事业发展"十一五"规划》	国务院
2008	《关于全面推进居家养老服务工作的意见》	全国老龄委办公室、国家发改委、教育部、民政部、劳动保障部、财政部、建设部、卫生部、人口计生委、税务总局
2011	《中华人民共和国国民经济和社会发展第十二个五年规划纲要》	中国共产党第十七届中央委员会第五次全体会议
2011	《中国老龄事业发展"十二五"规划》	国务院
2011	《国务院办公厅关于印发社会养老服务体系建设规划（2011-2015年）的通知》	国务院办公厅
2013	《关于加快发展养老服务业的若干意见》	国务院

续表

年度	法律法规政策	发布机构
2014	《关于推进城镇养老服务设施建设工作的通知》	民政部、国土资源部、财政部、住房城乡建设部
2014	《关于组织开展面向养老机构的远程医疗政策试点工作的通知》	国家发展改革委、民政部等部门
2015	《北京市居家养老服务条例》	北京市人大常委会
2015	《关于鼓励民间资本参与养老服务业发展的实施意见》	民政部等10部门
2015	《关于推进医疗卫生与养老服务相结合的指导意见》	国务院办公厅
2016	《关于金融支持养老服务业加快发展的指导意见》	中国人民银行、民政部、银监会、证监会、保监会
2016	《关于促进医药产业健康发展的指导意见》	国务院办公厅
2016	《关于支持整合改造闲置社会资源发展养老服务的通知》	民政部
2016	《关于全面放开养老服务市场提升养老服务质量的若干意见》	国务院办公厅
2017	《智慧健康养老产业发展行动计划（2017—2020年）》	工业和信息化部、民政部、国家卫生计生委
2017	《关于制定和实施老年人照顾服务项目的意见》	国务院办公厅
2017	《关于加快发展商业养老保险的若干意见》	国务院办公厅
2017	《关于运用政府和社会资本合作模式支持养老服务业发展的实施意见》	财政部、民政部、人力资源社会保障部
2018	《关于促进"互联网+医疗健康"发展的意见》	国务院办公厅
2018	《关于促进护理服务业改革与发展的指导意见》	国家卫生健康委员会
2018	《关于扩大老年人住房反向抵押养老保险开展范围的通知》	中国银保监会
2018	《关于贯彻落实国务院常务会议精神做好取消养老机构设立许可有关衔接工作的通知》	民政部办公厅
2018	《关于开展居家和社区养老服务改革试点跟踪评估工作的通知》	民政部

续表

年度	法律法规政策	发布机构
2019	《关于贯彻落实新修改的〈中华人民共和国老年人权益保障法〉的通知》	民政部
2019	《关于印发〈城企联动普惠养老专项行动实施方案（试行）〉的通知》	国家发改委、民政部、国家卫健委
2019	《关于做好医养结合机构审批登记工作的通知》	国家卫健委、民政部办公厅、市场监管总局办公厅、国家中医药局办公室
2019	《关于做好2019年养老院服务质量建设专项行动工作的通知》	民政部、国家卫健委、应急管理部、市场监管总局
2020	《关于加快建立全国统一养老机构等级评定体系的指导意见》	民政部
2020	《养老机构服务安全基本规范》	民政部

（二）养老机构管理相关法律文件汇总

我国现行与养老机构运营与管理相关的法律文件包括但不限于以下：

（1）《关于贯彻落实〈支持社会养老服务体系建设规划合作协议〉共同推进社会养老服务体系建设的意见》。

（2）《关于加快实现社会福利社会化的意见》。

（3）《社会养老服务体系建设规划（2011–2015 年）》。

（4）《支持社会养老服务体系建设规划合作协议》。

（5）《中国老龄事业发展"十二五"规划》。

（6）《中华人民共和国老年人权益保障法》。

（7）《社会福利机构消防安全管理十项规定》。

（8）《城乡居民基本养老保险服务规范》。

（9）《关于开展老年人住房反向抵押养老保险试点的指导意见》。

（10）《关于推进养老机构责任保险工作的指导意见》。

（11）《关于鼓励民间资本参与养老服务业发展的实施意见》。

（12）《关于加强养老服务标准化工作的指导意见》。

（13）《关于加快推进养老服务业人才培养的意见》。

（14）《关于进一步做好养老服务业发展有关工作的通知》。

（15）《关于开发性金融支持社会养老服务体系建设的实施意见》。

（16）《关于全民推进居家养老服务工作的意见》。

（17）《关于推进养老服务产业发展的指导意见》。

（18）《关于推进养老服务评估工作的指导意见》。

（19）《关于加快发展养老服务业的若干意见》。

（20）《养老服务设施用地指导意见》。
（21）《关于发布国家标准〈养老设施建筑设计规范〉的公告》。
（22）《关于加强养老服务设施规划建设工作的通知》。
（23）《关于贯彻落实〈养老机构设立许可办法〉和〈养老机构管理办法〉的通知》。
（24）《养老机构设立许可办法》。
（25）《养老机构管理办法》。
（26）《关于外商投资设立营利性养老机构有关事项的公告》。
（27）《关于香港、澳门服务提供者在内地举办营利性养老机构和残疾人服务机构有关事项的通知》。
（28）《养老机构医疗站点基本标准（试行）》。
（29）《养老机构护理站点基本标准（试行）》。
（30）《关于减免养老和医疗机构行政事业性收费有关问题的通知》。
（31）《关于推进医疗卫生与养老服务相结合指导意见的通知》。
（32）《关于组织开展面向养老机构的远程医疗政策试点工作的通知》。

参考资料

［1］《完善促进消费体制机制实施方案（2018—2020年）》
［2］《老年人社会福利机构基本规范》
［3］《养老机构管理办法》
［4］《养老机构设立许可办法》
［5］《中华人民共和国老年人权益保障法》

任务二 养老机构的安全管理

【知识目标】

◇ 了解养老机构安全管理和安全管理体系的概念
◇ 了解养老机构安全隐患的分类与分级
◇ 了解养老机构安全事故的类别
◇ 理解养老机构安全风险管理的内容及流程
◇ 掌握养老机构安全风险识别与评价的方法

【能力目标】

◇ 运用安全管理的工具和方法，初步解决养老机构安全管理的问题

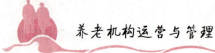

◇ 运用意外事件处理机制，初步解决意外事件的处置问题

【素质目标】

◇ 利用养老机构安全事故的真实案例，运用头脑风暴法，小组分析探讨安全管理存在的问题
◇ 与小组分享学习经验，利用安全管理、风险管控、隐患排查及事故之间的逻辑关系，以便更好地理解并掌握养老机构安全管理的核心任务。

【思维导图】

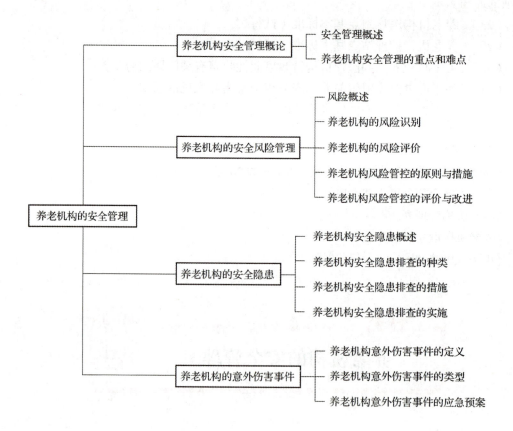

一、养老机构安全管理概论

随着我国人口老龄化速度的加快，社会化养老服务的需求量逐步增大，入住养老机构的老年人数量也在逐年增加。养老机构作为重要的民政服务机构，其安全管理工作具有特殊性，主要体现在养老机构服务对象的特殊性上。养老机构的服务对象几乎都是老年人，还可能存在失能、失智等问题，安全意识和安全能力均较差，对这类老年人的安全管理也存在难度。因此，将养老机构安全管理作为养老机构服务的重点工作，建立健全安全管理体系，加强对养老机构的风险管控，识别并排查养老机构的风险隐患并采取相应的风险应

对措施,防范养老机构的安全事故,对养老机构全面质量管理与运营至关重要。

(一)安全管理概述

1. 安全管理的概念

(1)安全的定义。

安全,就是指平安、无危险、不受威胁、不出事故。

(2)安全管理的定义。

安全管理是以安全为主要目的,执行安全管理的方针、决策、计划、组织、指挥、协调、控制等职能,合理有效地使用人力、财力、物力、时间和信息,为达到预定的安全防范目的而进行的各种活动的总和。

2. 安全管理体系的定义与要素

(1)安全管理体系的定义。

安全管理体系指基于安全管理的一整套体系,包括软件和硬件两方面。软件涉及思想、制度、教育、组织、管理,硬件包括安全投入、设备及其技术、运行维护等。构建安全管理体系的最终目的就是实现养老机构安全、高效运行。

(2)安全管理体系的要素。

养老机构安全管理体系大致具有以下几个类别的要素:

①安全文化及理念的树立。
②领导层的承诺、方针、目标和职责。
③组织机构、职责、资源和文件控制。
④装置(设施)设计和建设。
⑤风险分级防控和隐患排查治理。
⑥运行和维护。
⑦变更管理和应急管理。
⑧事故处理和预防。
⑨审核、评审和持续改进。
⑩员工的全员参与。

知识拓展

安全管理体系的22个关键要素

全球有许多知名企业都建立了符合自己行业特征的安全管理体系来实现安全管理运营。其中比较成熟的公司有杜邦公司,其安全管理分为风险控制(工艺风险)与文化建设(行为安全)两大方面。只有将安全管理体系与企业综合管理体系融为一体,通过安全管理的提升,促进企业综合管理水平的提高,才能实现设备可靠性、产品质量、运营效率、行业口碑、员工忠诚度等多方面的效益。

> 具体而言，行业里使用比较广泛的是杜邦安全管理体系，其可以细化为22个关键要素，每个要素都有细化的标准、规程与最佳实践，而且只有当22个要素有机互动，共同作用时，整个系统才能得以有效运作。详细来讲：
> （1）文化建设（行为安全）工作的要素包括强有力的、可见的管理层承诺，切实可行的安全工作方针和政策，挑战性的安全目标和指标，直线组织的安全职责，综合性的安全组织，专业安全人员的支持，高标准的安全表现，持续性安全培训及改进，有效的双向沟通、有效的员工激励机制，有效的安全行为审核与再评估，全面的伤害和事故调查与报告。
> （2）风险控制（工艺风险）工作的要素包括人员变更管理，承包商安全管理，紧急响应和应急计划，质量保证，启用前安全检查，机械完成性，设备变更管理，工艺安全信息，工艺风险分析，技术变更管理。

3. 养老机构安全管理体系的具体内容

（1）树立安全的企业文化。

安全的企业文化是企业文化建设中的重要内容，要做到安全生产，首要任务就是开发和发展企业安全文化。安全文化是企业管理的灵魂，是企业管理科学的升华。安全文化既是企业文化之本，也是企业文化的归宿。

安全文化的核心是"以人为本"。养老机构在运营管理、发展的过程中，员工起着主导作用。员工安全价值观的形成是一个复杂而长期的过程，有来自如文化传统、风俗习惯、社会心理的熏陶，有社会教育、社会传媒和社会舆论等因素的影响，也取决于个人在长期社会实践活动中对自身安全价值的认识和判断，是通过多种形式体现出来的。因此，应首先注重全员安全价值观念的形成和培育，探索多种行之有效的方法和途径，来实现这一目标。

（2）建立安全管理组织体系。

养老机构应依法建立安全管理部门，由安全责任人、安全管理人员、相关部门和集体实施的安全工作的专（兼）职人员组成，逐级负责本机构的安全管理工作。安全责任人应是机构法定代表人或主要负责人，主持制定各种意外事件的应急预案和处理安全事件，召开安全会议。安全管理人员的要求及职责如下：

①安全管理人员要求。

a. 养老机构应报备机构总人数及服务内容，配置一定的专（兼）职安全管理人员。

b. 安全管理相关工作人员应熟悉国家和地方与安全管理相关的法律法规及技术规范，并取得相关部门认可的资质证书，持证上岗，具备必要的组织协调能力和突发事件应变处置能力。

②安全管理人员职责。

a. 安全责任人：全面负责本机构的安全工作，依法开展安全管理工作；建立安全管理部门和组织体系；审查批准安全制度，组织制定并实施安全事故应急预案；定期研究、督导安全问题；及时、如实向上级主管部门报告安全事故。

　　b. 安全管理人员：负责本职责范围内的安全工作；负责制定安全管理制度和年度安全管理计划，组织实施日常安全管理工作；督促、落实安全隐患整改工作；定期向安全负责人报告安全工作情况，及时报告涉及安全的重大问题。

　　（3）完善安全管理制度。

　　养老机构应根据老年人的特征制定相应的安全管理制度。

　　①医疗安全管理制度：主要涉及医疗文书、医疗保障机制、诊疗规范等。

　　②护理安全管理制度：主要涉及护理文书、护理操作、健康宣教、药品管理、不良事件管理等。

　　③膳食安全管理制度：主要涉及刀具、厨房设施设备、食品卫生、环境卫生、个人卫生等。

　　④文娱安全管理制度：主要涉及文娱设施设备检修、组织活动等。

　　⑤后勤保障安全管理制度：主要涉及特种设备、设施设备操作规程、水电燃气等。

　　⑥行政安全管理制度：主要涉及公文、机构印章、人身安全、交通安全等。

　　（4）落实安全防范措施。

　　①强化安全防范意识。

　　养老机构管理者要利用各种形式对员工进行安全教育，增强员工的安全意识。

　　②落实安全防范措施。

　　a. 严格执行老年人用药安全管理规定：如利用固定图案、标签、醒目的颜色的药盒（如用红色、白色、黄色药杯）分装每日不同时间服用的药物，发药时"三查十对"。

　　b. 落实饮食护理制度：对容易呛噎的老年人可给予干稀搭配合理的饮食，喂食时每一口要多少适宜，速度不可过快；除治疗或操作需要外，病床任何时候都与地面保持最小距离，减少老年人坠床意外。

　　c. 落实质量检查制度：管理者应经常检查制度落实情况，检查工作人员是否按照安全操作流程、操作规范进行护理，把好各环节质量关，确保护理安全。通过检查及时发现并解决各种隐患，填写风险管理报表，将存在的问题在每周小组讨论会上通报，分析原因，提出改进措施。

　　d. 落实安全护理的激励机制：充分调动护理人员的工作积极性，成立科室安全质控小组，考核公平、公正，奖优惩劣，弘扬先进；经常询问护理人员对老年人安全的想法及哪些做法可改善老年人安全意识，对建议进行分析，并在可能的情况下进行改革。

　　（5）建立安全培训考核体系。

　　安全培训是安全管理的一项最基本的工作，也是确保入住老年人安全的前提条件。建立安全培训体系，强化全员安全意识，指导员工对意外事件的紧急处理方法，从根本上解决老年人护理中存在的安全隐患。

　　①准入培训：老年护理工作有其特殊性，养老护理人员需要经过岗前培训后方能上岗。养老机构的管理者需要制订岗前培训计划，将安全管理相关知识、技能纳入岗前培训中。

　　②定期培训考核：要保证入住养老机构老年人医疗护理工作的安全，一方面要抓

好从业人员专业培训，走服务队伍专业化之路；另一方面要强化服务质量意识，完善服务，防患于未然。机构管理者要制订计划，定期培训和考核护理人员的老年护理理论和操作技能，让护理人员出去参观学习、学术交流、开展课题研究等；逐步建立养老机构护理人员的职称评审体系，让专业队伍能够看到发展的远景，这是专业队伍稳定的基础。

③意外事件紧急预案模拟培训：养老机构的工作人员除了应具备为老年人提供生理、心理、社会、文化等方面服务的基本素质外，还应具有在繁重的日常医疗护理工作中应对处理突发意外事件的能力。机构管理者可以对意外事件如骨折、烫伤、噎食、刮伤、走路跌伤、坠落、走失、自杀等典型案例进行分别剖析，或者将各种意外事件和紧急应对预案拍摄成情境短片，让工作人员模拟实训，熟悉紧急预案实施流程，当真正发生意外时能最快、最科学地处置，避免继发损伤。

④应急预案培训：减少意外事件发生的关键是预防，所以意外紧急处置预案就显得必不可少。养老机构需要制定跌倒、烫伤、噎食、坠床、走失、自杀及火灾等意外事件的紧急预案，对所有工作人员进行培训，反复训练、熟悉掌握，为抢救快速、有序、有效、科学打下良好的基础。意外事件发生后，应启动"不良事件"自愿报告系统，组织讨论，分析原因，实施改进。

（6）落实安全教育。

①员工的安全教育与培训要求。

a. 安全教育与培训内容：根据民政部发布的《养老机构安全管理》行业标准，养老机构安全教育内容至少应包括安全工作所涉及的法律法规和规章；本部门或岗位的安全管理制度和操作规范或规程；设备设施、工具和劳动防护用品的使用维护和保养知识；安全事故的防范意识、应急措施和自教互救知识；应急预案的演练；法律法规规定的其他内容。此外，还应包括《养老机构消防安全管理》的培训。

b. 教育与培训的组织实施：安全责任人负责对安全管理人员的教育和培训，使之全面掌握养老机构安全监测控制、管理的理论以及专业知识和技能，并能指导实际工作；安全管理人员应组织本机构工作人员的安全教育和培训，使之掌握安全知识和相关安全技能；应对老年人进行重点安全问题预防知识教育；可采取多种形式进行安全教育和培训；应对教育和培训效果进行检查和考核。

c. 接受教育与培训的人员：包括安全责任人、安全管理人员，每年应接受在岗安全教育与培训；新员工应接受岗前安全教育与培训，并做好培训记录；换岗、离岗6个月以上的，以及采用新技术或使用新设备的均应接受岗前安全教育与培训。

d. 养老机构应定期对工作人员进行职业病防范、工作防护的安全教育。

e. 养老机构应对新员工或换岗人员进行上岗前职业健康安全教育。

②对老年人开展多种形式健康教育。

养老机构应定期开展多种形式的健康教育活动，根据老年人参与意识较强的特点做好老年人喜闻乐见、易于接受的安全防范的宣传指导工作。对老年人进行安全教育，可以提高老年人的安全意识，预防安全事故的发生。实践证明，对高危人群实施针对性的健康教育、指导性服务，其跌倒发生率和跌倒后损伤严重程度下降显著。

（7）完善养老机构环境和设施建设。

养老机构应根据老年人的具体情况完善衣、食、住、行、娱乐、医疗、康复、护理等各项安全保障措施，配备安全辅助用具，帮助老年人采取行之有效的措施来预防安全问题的发生，使安全防范措施真正落到实处，从而降低安全问题的发生率。

养老机构要定人定期对环境和设施进行安全检查与维护，及时维修与更换，保证医疗设施工作状态良好。护理人员要正确使用医疗器械，操作前要检查器械安全性。未经允许，老年人不能使用电热毯、热水袋，如需使用，热水温度应设置上限。

（8）加快养老机构安全管理立法。

目前，我国还未出台对在养老机构发生意外的界定、鉴定、赔偿、诉讼的法律规定。为了使养老机构安全管理体系有法可依，需加快养老机构安全管理的立法，普及老年意外保险，成立相关的组织，如成立养老机构安全管理协会，支持养老机构提供更安全优质的养老服务。

（二）养老机构安全管理的重点和难点

随着我国人口老龄化的不断加快，入住养老机构的老年人数量逐年增加。相对养老事业的发展，养老行业相关法律法规及制度建设与实际需求还存在差距，养老机构安全管理成为养老机构服务的重点工作。了解养老机构安全管理内容，建立健全安全管理制度及风险应对措施，对养老机构全面质量管理与运营至关重要。

1. 养老机构安全管理的重点

（1）安全管理体系的完善性。

养老机构应依法建立安全管理部门。安全管理部门由安全责任人、安全管理人员、相关部门和具体实施安全工作的专（兼）职人员组成，逐级负责本机构的安全管理工作。在建立安全管理体系时，除了安全管理责任人需明确外，安全管理的范畴也应进行明确，主要包含建筑安全、消防安全、人身安全、食品安全、医疗护理安全、财产安全、信息化安全、电气安全、燃气安全、健身器材安全、特种设备安全。

（2）安全风险管理的有效性。

养老机构应加强基础管理工作，在运营过程中不断探索，找出机构内的薄弱环节，提出具体的风险管理模式，有效改良基础工作，保障安全机制的有效运行。

首先，提高养老机构管理者的综合能力，培养机构的风险管理文化。机构领导者的综合能力关系到机构的兴衰成败，因此提高领导者的能力才能促进机构的发展，才能尽量控制机构经营的风险，规避风险事件的发生。

其次，建立风险管理机构，完善风险管理体系。

最后，完善风险信息传递机制，做好风险控制考核机制。建立统一的风险传递机制，使风险信息在各部门、各层次之间实现良好的传递，避免机构经济利益的损失。明确每个员工的权利和职责，使员工有效地执行风险管理。通过科学合理的考核制度来激励员工更加积极的工作，履行各自的职责，将权责的具体内容制度化，确保风险控制体系的有效性。

（3）安全隐患排查的保障性。

建立健全安全隐患排查治理体系，贯彻落实以人为本的科学发展观，是安全管理工作理念、监管机制、监管手段和方法的创新与发展，把隐患排查治理和安全管理工作逐步纳入科学化、制度化、规范化的轨道。

（4）安全事故处理的及时性。

养老机构要建立健全安全事故的预警制度，完善监测、预警机制，加强对监测工作的管理与监督，保证监测质量。安全事故各类应急预案应根据实际情况不断补充、完善。

2. 养老机构的安全管理的难点

（1）管理层面。

①外部因素。

外部因素包括法律不健全、行业标准不统一、政府相关部门监管不到位等。近年来，尽管我国已陆续颁布实施了一些涉及养老服务的行政法规、部门规章及其他规范性文件，但总的来说，养老服务法律体系仍不健全。这导致很多养老服务纠纷在责任认定时难以在现有的法律、法规中找到可靠依据，容易陷入"公说公有理，婆说婆有理"的尴尬境地。

②内部因素。

a. 安全文化氛围不足、安全管理制度不健全、安全质控工作落实不到位、对不良事件的管控不重视。

b. 管理人员安全意识欠缺。事实上，大部分养老服务机构都把安全放在了重要的位置，但依然存在部分机构安全管理不到位的情况。

c. 管理人员不重视老年人安全问题的预防，在人才培训、应急预案等方面缺乏应有的准备，一旦发生意外，得不到及时而有序的处理，将造成严重伤害。

d. 内部化倾向。部分养老服务机构缺乏完善的不安全事故报告制度，内部各单位发生不安全事件之后大都选择大事化小、小事化了，会尽最大努力不让社会知道。"内部消化"将造成养老机构同种安全事件多次发生，阻碍机构的自身发展。

（2）执行层面。

①养老护理员安全意识欠缺。现阶段养老机构内部分养老护理员由于文化程度不高，没有接受或只接受了少量的专业培训，或即便接受过专业培训也存在养老服务机构本身缺乏安全训练等情况，不能准确评估老年人发生跌倒或坠床等不安全事件的风险。

②安全服务技能不高。由于地区发展差异大，并不是所有的养老服务机构管理者和养老护理员都接受过专业培训。就算同一地区或城市，不同层次的养老服务机构学习和培训平台也有不同。

（3）老年人层面。

①老年群体自身特殊性导致了风险的高发率及不可预测性，增加了管理的难度。

②老年人安全意识欠缺。尽管养老服务机构对入住老年人进行定期或不定期的安全知识教育，但限于自身接受和认知能力，老年人究竟了解了多少安全知识及预防安全事故发生的具体措施与应急处理方式等，确实很难量化。

二、养老机构的安全风险管理

养老机构实施安全管理离不开风险管理和隐患排查。扎实开展养老机构安全管理体系和安全服务标准化,通过安全风险分级管控和隐患排查治理体系使自身安全管理体系更加系统和深化,能从根本上实现安全事故的纵深防御和关口前移。因此,做好风险管控对养老机构全面质量管理与安全运营至关重要。养老机构安全风险管理的过程包括风险的识别、风险的评价、风险的管控以及对风险管控工作的评价与改进等步骤。

(一)风险概述

1. 风险的定义与特性

风险是指安全事故或健康损害事件发生的可能性和后果的组合。风险有两个主要特性,即可能性和严重性。可能性是指事故(事件)发生的概率;严重性是指事故(事件)造成的人员伤害和经济损失的严重程度。(风险 = 可能性 × 严重性)

2. 危险源的定义

危险源是指可能导致人身伤害和(或)健康损害和(或)财产损失的根源、状态或行为,或它们的组合。

3. 危险源的分类

在分析对人造成伤亡、影响人的身体健康甚至导致疾病的因素时,危险源可称为危险和有害因素。危险源分为四类:

(1)人的因素:指来自人员自身或人为性质的危险和有害因素。

(2)物的因素:指机械、设备、设施、材料等方面存在的危险和有害因素。

(3)环境因素:指作业环境中的危险和有害因素。

(4)管理因素:指管理和管理责任缺失所导致的危险和有害因素。

4. 养老机构安全管理的危险因素

在养老机构内,影响入住老年人安全的因素也是多方面的,主要包括自身因素和机构因素。

(1)自身因素。

随着年龄的增长,老年人生理性衰老、多病共存的状态会导致身体组织器官机能的逐渐衰退,与之伴随的还有心理和社会方面的问题,具体包括:

①身体方面:身体机能衰退、疾病及并发症等导致的身体功能减退;药物带来的风险,如降压药、降糖药、血管扩张药、强心剂、抗心律失常药等。

②心理方面:老年人常见的心理问题有失落感、孤独感、焦虑、抑郁等,当上述问题比较严重时,可能会出现严重的心理危机,甚至导致自杀。

③社会方面:老年人随着身体机能的衰退,同时受到文化程度、社会、身体健康状况、职业特点影响,社会适应能力下降。

（2）机构因素。

养老机构内部管控的每个环节都存在风险，具体包括：

①员工因素：员工素质、服务技能、工作状态，员工与家属的关系等。

②设施设备因素：机构建设及后期运营中的风险，如室内坡道及台阶、建筑物出入口、走廊、扶手、楼梯、建筑设备、绿化景观等。

③物料因素：机构内安全管理不符合国家相关标准，如食品卫生、传染病监测、医疗垃圾处置等。

④管理因素：领导人失职、管理不到位造成的风险，如合同、监护人的风险。

⑤环境因素：机构周围环境，如有无影响日常生活的化工厂、加油站，是否为泥石流、崩塌多发区，有无洪水、内涝等风险。

（二）养老机构的风险识别

1. 养老机构风险识别的定义

养老机构风险识别是辨识养老机构整个范围内存在的所有风险并确定其特性的过程。

2. 养老机构风险识别的要素

（1）人的因素：从业人员安全意识、安全与应急技能。

（2）物的因素：服务经营的基础设施、场所、设备、物料的安全可靠性。

（3）管理的因素：安全管理的规章制度、操作规程、技术规范等管理制度覆盖情况和有效性，以及养老机构内保障安全的管理机构、工作机制合规和完备性。

（4）环境的因素：影响安全运营与服务的外部要素危害程度的可知性和危害应对措施。

3. 养老机构风险点的划分

养老机构以部门为单位，按照安全责任分区，进行区域划分；对服务区域或服务流程进行进一步划分，对服务环境、服务设施设备、服务过程进行风险点识别；在后勤保障区域对所有常规和非常规状态的作业活动进行风险点识别，如对动火作业、进入受限空间等风险等级高、可能导致严重后果的非常规作业活动应进行重点管控，确保风险点识别的全覆盖。

4. 养老机构风险识别的范围

养老机构全部区域及经营与服务的所有部门均为风险识别范围，包含办公场所、楼层、库房、工作区、车辆、车库、员工宿舍、外包和租赁单位等。

（1）规划、设计（重点是新、改、扩建项目）和建设、投产、运行等阶段。

（2）常规和非常规作业活动，事故及潜在的紧急情况。

（3）所有进入机构人员的活动。

（4）工作场所的设施、设备、车辆、安全防护用品等。

（5）原材料、物品的保存和使用过程。

（6）业务流程、设备、管理、人员等变更。

（7）丢弃、废弃、拆除与处置。
（8）气候及环境影响等。

5. 养老机构风险识别的主要内容

（1）环境分析：从养老机构的周围环境、气候条件、资源交通、抢险救灾支持条件等方面进行分析。

（2）基础建设分析：从养老机构结构、防火、防爆、安全通道等进行分析。

（3）设施设备分析：设备装置，具体包括高温、低温、腐蚀、高压、振动、关键部位的备用设备、控制、操作、检修和故障、失误时的紧急异常情况；机械设备，具体包括运动零部件和工件、操作条件、检修作业、误运转和误操作等；电气设备，具体包括断电、触电、火灾、爆炸、误运转和误操作，静电、雷电等；危险性较大设备；高处作业设备等。

（4）服务过程：各项服务或操作前的准备、服务中的规范操作、服务后的跟踪评价及意外事件的防控与处置等环节。

（5）突发事件处置分析：从突发事件的评估、防范和控制各环节所需具备的条件进行分析。

（6）其他：包括员工工时制度、女职工劳动保护、体力劳动强度等方面的分析。

（三）养老机构的风险评价

1. 风险评价的定义

风险评价是对危险源导致的风险进行分析、评估、分级，对现有控制措施的充分性加以考虑以及对风险是否可接受予以确定的过程。

2. 风险评价的方法

风险评价的方法很多，应根据养老机构的实际情况，从方便推广和使用角度考虑，经过研究论证确定适用的风险评价方法。以下是常用的几种方法：

（1）作业风险分析方法（风险矩阵LS）。
（2）作业条件风险程度评价方法（MES）。
（3）LEC风险评价方法。

3. 养老机构风险分级

风险分级是采用科学、合理方法对危险源所导致的风险进行定量或定性评价，根据评价结果划分等级，进而实现分级管理。风险分级的目的是实现对风险的有效管控，如建立安全风险亮灯制度，按照危险程度及可能造成后果的严重性，将风险分为红、橙、黄、蓝级（红色等级最高，依次递减）。

红色等级，存在重大风险。例如，无养老机构设立许可证、无消防验收合格意见（备案）或现场查验记录，医养结合机构无医疗机构执业许可证等。

橙色等级，存在较大风险。例如，未设立安全管理机构、消防设施设备未按照国家标准执行、员工上岗无健康证等。

黄色等级，存在一般风险。例如，未建立不良事件上报管理制度、呼叫系统不健全、消防安全设施不到位等。

蓝色等级，存在较低风险。例如，安全提醒不到位、无专门的投诉机制等。

（四）养老机构风险管控的原则与措施

1. 风险管控的原则

（1）控制损失、创造价值：以控制损失、创造价值为目标的风险管理，有助于组织实现目标、取得具体可见的成绩和改善各方面的业绩。它包括人员健康和安全、合规经营、信用程度、社会认可、环境保护、财务绩效、服务质量、运营效率和机构治理等方面。

（2）融入组织管理过程：风险管理不是独立于组织主要活动和各项管理过程的单独的活动，而是组织管理过程不可缺少的重要组成部分。

（3）支持决策过程：组织的所有决策都应考虑风险和风险管理。风险管理旨在将风险控制在组织可接受的范围内，有助于判断风险应对是否充分、有效，有助于决定行动优先顺序并选择可行的行动方案，从而帮助决策者做出合理的决策。

（4）应用系统的、结构化的方法：系统的、结构化的方法有助于风险管理效率的提升，并产生一致、可比、可靠的结果。

（5）以信息为基础：风险管理过程要以有效的信息为基础，这些信息可通过经验、反馈、观察、预测和专家判断等多种渠道获取，但使用时也有其局限性。

（6）环境依赖：风险管理取决于组织所处的内部和外部环境以及组织所承担的风险。需要特别指出的是，风险管理受人文因素的影响。

（7）广泛参与、充分沟通：组织的利益相关者之间的沟通，尤其是决策者在风险管理中适当、及时的参与，有助于保证风险管理的针对性和有效性。

（8）持续改进：风险管理是适应环境变化的动态过程，其各步骤之间形成一个信息反馈的闭环。随着内部和外部事件的发生、组织环境和知识的改变以及监督和检查的执行，有些风险可能发生变化，可能会出现一些新的风险，另一些风险则可能消失。因此，组织应持续不断地对各种变化保持敏感并做出恰当反应，通过绩效测量、检查和调整等手段，使风险管理得到持续改进。

2. 风险管控的措施

（1）风险分级管控的定义。

风险分级管控是指按照风险不同级别、所需管控资源、管控能力、管控措施复杂及难易程度等因素而确定不同管控层级的风险管控方式。

（2）风险控制措施的定义。

风险控制措施是指为将风险降低至可接受程度而采取的相应控制方法和手段。

（3）风险控制措施的具体条件。

①可行性。

②安全性。

③可靠性。

④经济合理性。

(4)养老机构风险控制措施的内容。

①服务技术措施:制定各类服务技术标准、流程、考核方案,进行系统培训,提高员工积极性。

②管理措施:建立三级风险管理体系。

a. 机构级:健全组织、建立制度、持续优化工作流程、建立风险防范预案、规范培训体系、优化工作模式等。

b. 部门级:把控生活照料、专业护理、医疗康复、文娱活动、感染控制、食品卫生、用火/电/气、投诉处理等。

c. 岗位级:执行岗责、规程、沟通、业务。

③培训教育措施:对各层级、各岗位员工开展安全主题培训。

④个体防护措施:做好日常清洁、消毒工作。

⑤应急处置措施:建立风险防范预案及处理流程。

(5)风险控制措施实施前的审核。

①措施的可行性和有效性。

②是否使风险降低到可接受水平。

③是否产生新的危险源或危险有害因素。

④是否已选定了最佳的解决方案。

(五)养老机构风险管控的评价与改进

养老机构风险管控的评价与改进环节实际上是对风险控制措施的监督与检查,即通过督查发现执行层面和管理层面的问题,针对问题进行分析,提出改进措施并对措施进行实施与再评估,确保风险管控工作落实到位与持续改进,以保障养老机构的全面安全管理。

三、养老机构的安全隐患

风险可能产生不良的后果,如人身伤害或健康损害,但不是必然的,是存在可能性的。隐患是指会造成风险的不良原因,包括物的不安全状态、人的不安全行为和管理上的缺陷。事故是由隐患发展积累导致的,隐患的根源在于风险,风险得不到有效管控就会演变成隐患,隐患得不到治理就会发生量变到质变的过程,质变到一定程度,就会导致事故发生。因此,隐患治理工作就是将安全管理工作做到了"闭环"管理。

(一)养老机构安全隐患概述

1. 养老机构安全隐患的类别

(1)基础管理类隐患。

基础管理类隐患也称为"违反"型隐患,指所有违法、违标、违规等行为和状态,具体包括:

①资质证照类：养老机构设立许可证、医养结合型养老机构的医疗机构执业许可证、内设食堂养老机构的食品经营许可证缺失或过期。

②安全管理组织体系：未建立安全管理制度，未设置安全管理机构及人员。

③技术操作规程：无医疗技术操作规范、护理技术操作规范、护理员照护技术操作规范、后勤保障操作技术规范等。

④应急管理：无应急机构和人员、应急设施设备及物资、应急预案和演练等。

⑤安全质量管理：未建立安全质量规范、安全管理考核机制等。

（2）现场管理类隐患。

现场管理类隐患也称为"现实表现"型隐患，指物的危险状态、人的不安全行为和管理上的缺陷导致的隐患，具体包括：

①特种设备现场管理：电梯、压力管道、氧气管道、天然气管道等未按照要求进行检修。

②场所环境：居室内环境、室内外公共场所、园区绿化等有路障、安全提示不及时等。

③从业人员操作行为：未按操作规程进行操作，因个人疏忽造成不良后果。

④消防安全：用电安全、消防设施、消防器材、消防通道及疏散环节保障不足。

⑤食品安全管理：食品进货查验、从业人员健康检查、突发食品安全事故紧急报告及处理制度不健全。

2. 安全隐患分级

安全隐患的分级是以隐患的整改、治理和排除的难度及其影响范围为标准的，可以分为一般事故隐患和重大事故隐患。

（1）一般事故隐患：指危害和整改难度较小，发现后能够立即整改排除的隐患。

（2）重大事故隐患：指危害和整改难度较大，应当全部或者局部停产停业，并经过一定时间整改治理方能排除的隐患，或者因外部因素影响生产经营单位自身难以排除的隐患。

（二）养老机构安全隐患排查的种类

1. 专项排查

专项排查指采用特定的、专门的排查方法，这种方法具有周期性、技术性和投入性。专项排查主要按隐患排查治理标准进行全面自查、对重大危险源进行定期评价等。养老机构的专项排查涉及食品卫生、不良事件、消防设施设备、水电气等。

2. 日常排查

日常排查指与安全生产检查工作相结合，具有日常性、及时性、全面性和群众性。主要包括养老机构全面的安全大检查、行政管理部门的专业安全检查、机构内部各管理层级的日常安全检查、操作岗位的现场安全检查等。

（三）养老机构安全隐患排查的措施

安全隐患排查及其方案的核心是通过具体的措施来实现的，这些措施大体上分为技措施和管理措施,以及对重大隐患的临时性防护和应急措施。

1. 措施的基本要求

(1)能消除或减弱经营与服务过程中产生的危险、有害因素。

(2)处置危险和有害物,并降低到国家规定的限值内。

(3)预防生产装置失灵和操作失误产生的危险、有害因素。

(4)能有效地预防重大事故、职业危害及人员伤亡的发生。

(5)发生意外事故时,能为遇险人员提供自救和互救条件。

2. 技术措施

技术措施的实施等级顺序是直接安全技术措施、间接安全技术措施、指示性安全技术措施等;根据等级顺序的要求,应遵循的具体原则是按消除、预防、减弱、隔离、连锁、警告的顺序选择安全技术措施。

(1)消除:尽可能从根本上消除危险、有害因素,如以无害物质代替有害物质等。

(2)预防:当消除危险、有害因素有困难时,可采取预防性技术措施预防危险、危害的发生,如使用漏电保护装置、安全电压、熔断器等。

(3)减弱:在无法消除危险、有害因素和难以预防的情况下,可采取减少危险、危害的措施,如安装通风系统、应急资源的调动等。

(4)隔离:在无法消除、预防、减弱危险、有害因素的情况下,应将人员与危险、有害因素隔开和将不能共存的物质分开,如传染病防控期间的遥控作业、隔离室、安全距离、事故发生时的应急处置(如防护服、各类消毒用具)等。

(5)连锁:当养老机构老年人出现风险,如重要生命体征达到危险状态时,可通过感应装置提醒工作人员及时处置,避免危险的发生。

(6)警告:在易发生故障和危险性较大的地方,设置醒目的安全色、安全标志,必要时设置声、光或声光组合报警装置。

3. 管理措施

安全管理措施往往在隐患排查工作中受到忽视,或者将提高安全意识、加强培训教育和加强安全检查等管理措施流于形式。其实安全管理措施往往能系统性地解决很多普遍和长期存在的隐患,这就需要在实施隐患排查时,主动地和有意识地研究分析隐患产生原因中的管理因素,通过修订有关规章制度和操作规程并贯彻执行来从根本上解决问题。

(四)养老机构安全隐患排查的实施

安全隐患排查工作应体现"闭环"管理,要求排查措施完成后,养老机构主管部门和人员对其结果进行验证和效果评估。验证就是检查措施的实现情况,是否按方案和计划的要求一一落实;效果评估是检查完成的措施是否起到了隐患治理和整改的作用,是彻底解决了问题还是部分的、达到某种可接受程度的解决,是否真正做到了"预防为主"。当然隐患的治理措施是否会带来或产生新的风险也需要特别关注。

如果说安全风险管控是挺在隐患前面的一道关口,那么安全隐患排查则是挺在事故前面的一道墙。

四、养老机构的意外伤害事件

（一）养老机构意外伤害事件的定义

意外伤害事件包括意外伤害和事故。老年人在入住养老机构期间发生的未曾预料的突发事件，通常导致老年人躯体和精神伤害，称为"意外伤害"。

事故是指造成人员伤亡或重大财产损失的事件，一般分为意外事故和责任事故。意外事故可以是轻微的，如轻微皮肤擦伤、磕伤、脚扭伤等，也可以是严重的，如跌倒、噎食、窒息、坠床、烫伤、走失、自杀、自伤、他伤、突发疾病死亡（猝死）等。

意外事故是指老年人个人原因（如不适当的操作或活动、个人不注意、不小心小等）和其他不可抗的原因（天灾人祸），非养老机构的原因造成的事故。在意外事故中养老机构工作人员没有过失行为，法律上不应追究养老机构和养老工作人员的责任。责任事故是指养老机构工作人员玩忽职守、违反规章制度和操作规程等失职行为所造成的事故。

（二）养老机构意外伤害事件的类型

养老机构常见的安全问题和意外伤害事故有跌倒后骨折、呛噎与窒息、坠床、走失、误吸或误服、皮肤压伤、烫伤、自杀、自伤或他伤、突发疾病死亡（猝死）等。养老机构常见的意外伤害事件类型有社会安全意外伤害事件、医疗安全意外伤害事件、护理安全意外伤害事件等。

1. 社会安全意外伤害事件

目前，多数养老机构并不是一个封闭的场所，而是身处流动人员较多的环境，给老年人带来了较多的安全隐患。此外，工作人员虐待、谩骂老年人等侵犯老年人权益的行为也可能导致事故的发生，且较容易引发矛盾和纠纷。部分安全事故是由工作人员玩忽职守、违反规章制度、一时疏忽大意造成的，如地面积水没有及时擦干，造成老年人摔倒和物体表面、工作人员的手、空气、餐具消毒不严格，引起病菌的传染等。除此之外，火灾、触电、传染病、老年人外出的交通意外事故等也不容忽视。

2. 医疗安全意外伤害事件

医疗安全意外伤害事件是指在实施医疗行为过程中，患者发生法律和法规允许范围以外的心理状况、机体结构或功能损害、障碍、缺陷或死亡。养老机构在提供医疗服务的过程中可能发生的事故有误诊、错误用药等。

3. 护理安全意外伤害事件

护理安全意外伤害事件是指老年人在接受护理的过程，发生法律或规章制度允许范围以外的心理、机体结构或功能上的损害、障碍、缺陷或死亡。养老机构常见的护理安全意外伤害事件主要包括以下几个类型。

（1）跌倒：在养老机构内跌倒是首要关注的护理安全问题。

（2）窒息：老年人的咀嚼吞咽功能下降，很容易发生呛咳或窒息。

（3）坠床：由于疾病出现意识不清或意识障碍的老年人，常因躁动而自主或不自主地发生坠床，意识清楚的老年人也可能会因为身体平衡能力下降发生坠床。

（4）误服药物：老年人记忆力减退，特别是老年痴呆症患者，因记忆功能的降低和分辨能力的下降，易出现漏服、少服、错服、多服、误服药物等，导致用药风险，甚至生命危险。

（5）冻、烫伤：随着年龄的增长，老年人感觉功能减退，易引起烫伤、冻伤、皮肤擦伤等。

（6）压疮：对于活动受限的老年人，特别是全身瘫痪者，皮肤长时间受压，加上老年人皮肤干燥而失去弹性，容易造成皮肤发红、肿胀、起水泡，从而引发压疮。

（7）自杀：指任何由死者自己完成并知道会产生这种结果的某种积极或消极的行动，并直接或间接地引起的死亡。老年人自杀的影响因素主要包括社会人口学特征、身体健康状况、心理健康状况、经济条件、家庭状况等。

（8）自伤或他伤：相对其他安全问题，自伤或他伤比较少见。常见的有认知症老年人攻击同室老年人，患有精神类疾病的老年人伤害自己或他人，烦躁老年人在使用防护性约束带后有情绪上的抵触，用肢体撞击床栏，导致手臂皮肤血肿等。

（9）走失：老年人生活方式的改变是走失的原因之一。老年人离开了熟悉的家庭环境入住养老机构，突然进入陌生环境让他们一时无法适应。

（三）养老机构意外伤害事件的应急预案

1. 意外伤害事件应急预案的要求

（1）养老机构应结合自身实际情况，按照《国家突发公共事件总体应急预案》对突发事件的分类，制定应对自然灾害、事故灾难、公共卫生事件、社会安全事件等突发事件的应急预案。

（2）应急预案的内容应至少包括指导思想、组织机构、职责分工、处置原则、预案等级、处置程序、工作要求。

（3）安全管理部门应对可能发生的突发事件进行分析，按照应急预案的程序及时研究应对措施，做好应急准备。应急预案应至少每半年进行一次演练。

（4）养老机构内全体工作人员应掌握应急预案的内容并履行应急预案规定的岗位职责。

（5）养老机构应建立统一的安全突发事件监测、预警制度，完善监测、预警机制，加强对监测工作的管理和监督，保证监测质量。各类应急预案应根据实际情况变化不断补充、完善。

2. 意外伤害事件的处理

养老机构发生意外伤害事件后，应采取积极的处置措施。

（1）立即启动应急预案。当事人应立即向部门负责人及养老机构高层领导汇报。

（2）及时通知老年人的亲属和丙方，情形严重的，应当及时向民政及有关部门报告。

对于重大伤亡事故，主管部门应当按照有关规定及时向同级人民政府和上一级民政部门报告。

（3）妥善保管第一手资料。意外事件发生后，保管好健康档案、护理记录、医疗诊疗记录及原始资料，或移交制定部门封存保管，复印病历资料时按照正规程序办理复印手续。

（4）保护现场或保留物样。如果老年人自杀、他杀或自伤，要积极救治；如果老年人已经没有生还的可能，应该做好现场维护，不要移动，可以由公安部门来勘查现场。对引起老年人受伤、残疾、死亡的物品，以及残留的血液、呕吐物、药液等物证，要留样备查。

（5）成立意外事故调查处理领导小组。养老机构应及时成立意外事故调查处理领导小组，要以科学的态度，及时认真地做好事故调查与调解工作，力求定性正确，并写出调查报告。

（6）家属工作。事故发生后，要做好家属的来访接待工作，冷静、耐心、细致地与老年人家属进行沟通，避免老年人家属过激行为的发生，避免矛盾激化。

（7）做好新闻媒体接待工作。事件的信息发布应当准确、客观、全面。在事故尚未得出定论前，原则上不接受采访，以免影响正常调查；新闻媒体要求调查，必须通过正规途径、履行相关手续并得到养老机构领导同意。

（8）依法维权。意外事故发生后要依法进行责任认定，需要养老机构承担责任的事故，在赔偿问题上，养老机构要注意依法进行。

任务三 养老机构质量管理与标准化体系建设

【知识目标】

◇ 了解养老机构质量管理的基本概念和发展阶段
◇ 理解养老机构内外部质量监管体系
◇ 掌握养老机构标准化建设的内容与要求

【能力目标】

◇ 运用养老机构质量管理的原则和方法，初步了解养老机构质量管理的层级管理与要求
◇ 运用养老机构标准化体系建设的方法，初步了解养老机构标准化体系的工作流程
◇ 运用养老机构服务质量评估的方法，初步了解保障养老机构服务质量的基本要素和进

行服务质量评估的流程

【素质目标】

◇ 反思质量管理的实际经历，有意识地自我学习质量管理的相关知识和工具
◇ 与小组分享学习经验，以团队协作的形式巩固质量管理工作需要具备的相关知识和技能
◇ 分组讨论养老机构标准化体系建设的意义、重点及难点工作

【思维导图】

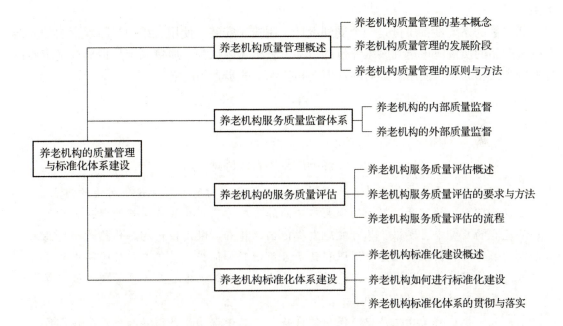

一、养老机构质量管理概述

（一）养老机构质量管理的基本概念

1. 质量

（1）质量内涵。

质量是指产品或工作的优劣程度。现代质量管理学认为：质量就是满足顾客期望的程度。我国国家标准 GB/T 19000—2016（等同于国际标准 ISO 9001：2015）对质量的定义是：客体的一组固有特性满足要求的程度。

质量一般包含三个层次的含义。

①规定质量：指产品和服务达到预定标准。
②要求质量：指满足顾客的需求。
③魅力质量：指产品和服务的特性远超出顾客的期望。

（2）质量的相关特性。

质量管理的发展与工业生产技术和管理科学的发展密切相关。现代关于质量的概念包括对社会性、经济性和系统性三方面的认识。

①质量的社会性：质量的好坏不仅是从直接的用户，而且是从整个社会的角度来评价，尤其关系到生产安全、环境污染、生态平衡等问题时更是如此。

②质量的经济性：质量不仅应从某些技术指标来考虑，还应从制造成本、价格、使用价值和消耗等方面来综合评价。在确定质量水平或目标时，不能脱离社会的条件和需要，不能单纯追求技术上的先进性，还应考虑使用上的经济合理性，使质量和价格达到合理的平衡。

③质量的系统性：质量是一个受到设计、制造、安装、使用、维护等因素影响的复杂系统。产品的质量应该达到多维评价的目标。费根鲍姆认为，质量系统是指具有确定质量标准的产品和为交付使用所必需的管理上和技术上的步骤的网络。

知识拓展

影响质量的六大因素

（1）人：是生产管理中最大的难点，也是目前所有管理理论中讨论的重点。围绕着"人"的因素，不同的企业有不同的管理方法。要提高生产效率，首先要从现有的人员中去发掘，尽可能地发挥他们的特点，激发他们的工作热情，提高他们工作的积极性。人力资源课程就是专门研究如何提高员工在单位时间内的工效，如何激发员工热情的一门科学。简单地说，人员管理就是生产管理中最为复杂、最难理解和运用的一种形式。

（2）机：就是指生产中所使用的设备、工具等辅助生产用具。生产中，设备是否正常运作、工具的好坏都是影响生产进度、产品质量的重要因素。

（3）料：指物料，包括半成品、配件、原料等产品用料。现代工业产品生产分工细化，一般都有几种甚至几十种配件或部件是几个部门同时运作。当某一部件未完成时，整个产品都不能组装，造成装配工序停工待料。

（4）法：顾名思义，指法则，即生产过程中所需遵循的规章制度，包括工艺指导书、标准工序指引、生产图纸、生产计划表、产品作业标准、检验标准及各种操作规程等，能及时准确地反映产品的生产和产品质量的要求。

（5）环：指环境。某些产品（电脑、高科技产品）对环境的要求很高，环境会影响产品的质量。例如，调试音响时，周围环境应当很静；食品行业对环境也有专门的规定，否则产品的卫生就不能达到国家规定的标准。

（6）测：主要指测量工具、测量方法以及经过培训和授权的测量人。要使用指定的并经过定期检验的测量工具，统一规范的测量方法，保证同一测量点、同一测量工具、不同测量人所测出的数据误差最小化。生产过程要对测量的数据进行记录。

2. 质量管理

质量管理，就是向消费者提供高质量产品或服务的活动过程。

（1）质量管理内涵。

①管理者主导：质量管理是各级管理者的职责，必须由最高领导者来推动。

②全员参与：质量管理的实施涉及组织的全体成员。

（2）质量管理范畴。

质量管理是在质量方面指挥、控制、组织与协调的活动，是组织管理活动的重要组成部分，是组织管理活动的核心内容，具体包括以下方面：

①质量方针：是由组织的最高管理者正式颁布的该组织总质量宗旨和方向，是企业各部门和全体人员执行质量职能以及从事质量管理活动所必须遵守和依从的行动纲领。

②质量目标：在质量方面所追求的目的。

③质量策划：根据质量目标确定工作内容（措施）、职责和权限，然后确定程序和要求，最后付诸实施，这一系列过程就是质量策划的过程。

④质量控制：是为了通过监督质量形成过程，消除质量环上所有阶段引起不合格或不满意效果的因素，以达到质量要求，获取经济效益，而采用的各种质量作业技术和活动。

⑤质量保证：为使人们确信某实体能满足质量要求，而在质量体系中实施并根据需要进行证实的全部有计划、有系统的活动。质量保证活动侧重于为满足质量要求提供使对方信任的证据，而质量控制活动侧重于满足质量要求。

⑥质量改进：在整个组织范围内所采取的提高活动和过程的效果与效率的措施。质量改进的目的是消除系统性问题，使质量达到一个新水平、新高度。

3. 质量管理体系

（1）质量管理体系内涵。

要实现质量管理的方针目标，有效地开展各项质量管理活动，就必须建立相应的管理体系。

（2）质量管理体系特点。

①它代表企业或政府关于真正发挥质量的作用和做出最优质量决策的一种观点。

②它是深入细致的质量文件的基础。

③它是使机构内更为广泛的质量活动能够得以切实管理的基础。

④它是有计划、有步骤地把主要质量活动按重要性顺序进行改善的基础。

（3）质量管理体系运行机制。

①驱动层：指第三方的质量审核。质量审核的监督机制体现在审核的独立性、公正性、系统性、权威性和持续性上。

②目标层：组织通过建立、实施和运行质量管理体系，来实现质量方针和质量目标，进而满足顾客、相关方的需求和期望以及法律法规的要求。

③自我改进层：组织要通过管理评审、内审、提高顾客满意度、测量分析与改进、纠正、预防等过程，形成持续改进的质量管理体系运行机制。

> **知识拓展**
>
> **我国质量管理体系发展的三个阶段**
>
> 1. 1978—1989年，全面质量管理的引进和推广阶段。这一阶段的主要特点是政府主导，自上而下有计划、有重点地将全面质量管理向企业引进和推广。1979年，我国颁布了《优质产品奖励条例》，这是一项开展持续提高产品质量持久活动的重要举措。
>
> 2. 1989—1999年，全面质量管理的普及和深化阶段。1992年，我国开展了"中国质量万里行"活动。1993年，全国人大通过的《中华人民共和国产品质量法》标志着我国的质量管理工作走上了法制化的道路。1996年，国务院颁布了《质量振兴纲要》。1999年，我国召开了全国质量工作会议，会后国务院印发了《关于进一步加强产品质量工作若干问题的决定》。
>
> 3. 1999年至今，全面质量管理的发展和创新阶段。在这一时期，我国的许多先进企业确立了质量在企业中的战略性地位，纷纷通过质量管理使得产品质量赶上或超过了发达国家产品的质量水准，树立了我国的民族品牌。
>
> 2000年12月，国家质量技术监督局颁布了GB/T 19000族等同采用2000版ISO 9000族标准。
>
> 2001年，国务院决定将国家质量技术监督局和国家出入境检验检疫局合并，组建国家质量监督检验检疫总局，同时成立国家认证认可监督管理委员会和国家标准化管理委员会。
>
> 4. 2004年9月，国家质量监督检验检疫总局发布了国家标准《卓越绩效评价准则》（GB/T 19580—2004）和《卓越绩效评价准则实施指南》（GTB/T 19579—2004）。这些都极大地推动了我国质量管理工作的开展，提高了我国产品的质量水准。

（二）养老机构质量管理的发展阶段

1. 以老年人体验为主的质量管理阶段

养老机构的服务直接面向老年人，最初的质量管理以"老年人体验"为主，将老年人满意度作为质量评价的主要依据。

2. 以结果为导向的质量管理阶段

随着养老机构的不断发展，体现质量管理的指标开始具象化，养老机构质量管理开始进入以结果为导向的质量管理发展阶段。主要指标有入住率、转介绍率、投诉率、负性事件发生率、老年人满意度、退住率等。

3. 过程与指标管理阶段

随着生活水平的不断提高，老年人对晚年生活的追求已不再满足于"吃饱穿暖"，对养老服务的质量要求越来越高。养老机构质量管理开始从结果管理进入过程与指标的双重管理阶段。

（1）过程管理。
①通过制度建设规范服务过程及标准。
②通过质量检查评估服务过程的符合性和有效性。
③通过质量分析改进和优化服务流程及要求。

（2）指标管理。
指标管理包括但不限于"以结果为导向的质量管理阶段"的指标，不断完善体现质量管理的指标体系，包括过程指标和结果指标。

4. 全面质量管理阶段

养老机构的全面质量管理，是以质量为中心，以全员参与为基础，通过老年人满意和本机构所有成员及社会受益而达到长期成功的管理途径。

质量管理发展到全面质量管理阶段，是质量管理工作的又一大进步。全面质量管理从过去限于局部性的管理进一步走向全面性、系统性的管理，从而表现出四个方面的观点。

（1）为老年人为中心的观点。在养老机构内部，"为老年人服务"和"为一线员工服务"是全面质量管理的基本观点。通过每个服务环节的质量控制，达到提升服务质量和老年人满意度的目标。

（2）全面管理的观点。全面管理是指在养老机构内进行全过程的管理、全机构的管理和全员的管理。
①全过程的管理：全面质量管理要求对服务提供过程进行全面控制。
②全机构的管理：全机构的管理的一个重要特点是强调质量管理工作不局限于质量管理部门，要求机构所属各部门、各岗位都要参与质量管理工作，共同对服务质量负责。
③全员的管理：全面质量管理要求把服务工作落实到每一名员工，让每一名员工都关心服务质量。

（3）以预防为主的观点。以预防为主，就是对服务质量进行事前控制，把风险控制在发生之前，使每一个环节都处于控制状态。

（4）用数据说话的观点。科学的质量管理，必须依据正确的数据资料进行加工、分析和处理，找出规律，再结合专业技术和实际情况，对存在的问题做出正确判断并采取正确措施。

（5）标准化管理的观点。标准化管理的观点主张在养老机构开展标准化建设工作，对服务提供及服务保障的各环节进行标准化管理，让全体员工树立标准化意识，管理层利用标准化的工具发现和解决问题，通过标准化激励员工，从而达到全面质量管理的目标。

（三）养老机构质量管理的原则与方法

1. 质量管理的原则

ISO9000族标准提出了帮助组织达到持续成功的八项质量管理原则。这八项质量管理原则是ISO9000族标准的基础，用于指导组织的质量管理实践，具有普遍的指导意义。

（1）以客户为关注焦点原则。

①内涵：组织依存于他们的客户，因而组织应理解客户当前和未来的需求，满足客户需求并争取超过客户的期望。养老机构以老年人为关注焦点，通过对养老市场快速灵活的反应而提高机构的竞争力。同时，以老年人为中心的服务理念和以诚相待的服务态度可吸引更多的老年人，赢得老年人的信任。

②养老机构实施本原则时采取的主要措施。

a.按照马斯洛提出的需求层次理论，可通过问卷调查、意见箱、电话、召开座谈会等方式来了解老年人的需求及其满足程度。老年人的需求由年龄、教育程度、经济状况、健康状况等因素决定。

b.确保服务质量目标与老年人的需求和期望相联系。

c.确保在整个养老机构中沟通老年人的需求和期望，并采取满足要求的措施。

d.测量老年人满意程度并针对测量结果采取措施。

e.明确老年人的地位，处理好与老年人的关系。

f.确保兼顾老年人和其他相关方的利益。

（2）领导作用原则。

①内涵：领导者建立组织统一的宗旨、方向和内部环境。

②养老机构实施本原则时采取的主要措施。

a.在养老机构的各个层次给员工树立价值共享和精神道德的典范。

b.制定并保持养老机构的质量方针和目标。

c.通过增强员工的质量意识、积极性和参与程度，在整个养老机构内促进质量方针和质量目标的实现。

d.关注老年人要求，并以提高老年人满意度为目的。

e.实施适宜的质理管理过程以满足老年人的要求。

f.建立、实施并保持一个有效的质量管理体系以实现质量目标。

g.定期评定质量管理体系，制定改进质量管理体系的措施。

（3）全员参与原则。

①内涵：全员参与是组织成功的必要条件，人事管理的第一要素。养老机构各级管理者和一线员工的工作状态和行为直接影响服务质量。在养老机构服务质量管理过程中，一定要重视人的作用，尤其是护理员的积极性和参与性，引导他们参与质量管理过程，使质量管理成为全员自觉自愿的行为。

②养老机构实施本原则时采取的主要措施。

a.为养老人才提供适宜的工作条件和生活待遇，使之深感自己受到重视，被组织和他人所认可，从而激发其创造力，发挥其潜能。

b.提倡团队精神和协作精神。

c.增强团队的凝聚力，倡导维护团队利益和荣誉，确保成员之间信息沟通顺畅，努力创造和谐民主的氛围。

d.通过明确规定员工的职责、权限和相互关系，在培训教育时讲清工作目标和要求、必须遵守的程序和规范，并采用数据分析方法寻求更佳的工作方法，从而使员工能以主人翁态度来正确处理问题。

e. 根据各自岗位明确客观评价员工的工作业绩及进行绩效考核。

（4）过程方法原则。

①内涵：养老机构工作是由大大小小许多过程或环节所构成，任何一个过程或环节管理、服务不到位，或衔接不好都有可能造成服务上的差错或留下安全隐患，甚至造成入住老年人和养老机构的损失。养老机构提供的养老服务是一个复杂的系统，系统识别和管理的运作过程，特别是过程之间的相互衔接作用与接口，称为"过程方法"。养老机构服务质量管理必须坚持"重过程方法、预防为主"的原则，对服务质量产生、形成和实现的全过程的各个环节都充分重视，防患于未然。

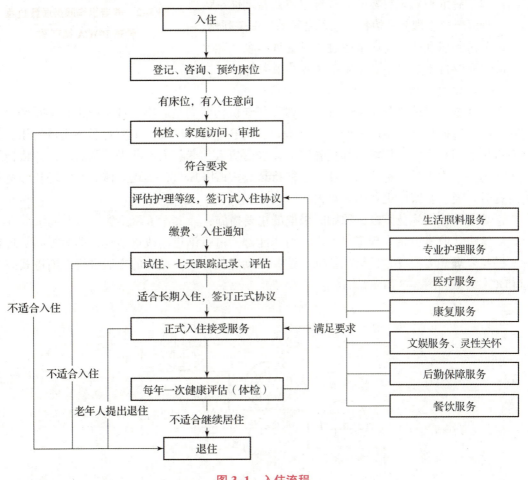

图 3-1　入住流程

②养老机构实施过程方法原则时采取的主要措施：

a. 按 PDCA 循环实施闭环管理。在质量管理活动中，各项工作按照做出计划、计划实施、检查实施效果的步骤进行，然后将成功经验纳入标准。

b. 做好过程策划，设定目标，识别必须过程，特别是关键过程和特殊过程。

c. 控制过程输入及输出。

养老机构服务质量过程管理 PDCA 循环图如图 3-2 所示。

（5）管理的系统方法原则。

①内涵：针对制定的目标，识别、理解并管理一个由相互联系的过程所组成的体系，有助于提高组织的有效性和效率。

②养老机构实施管理的系统方法原则时采取的主要措施：

a. 通过识别或展开影响既定目标的过程来定义质量管理体系。

b. 以最有效地实现目标的方式建立质量管理体系。

c. 理解质量管理体系的各个过程之间的内在关联性。

d. 通过测量和评价持续地改进质量管理体系。

e. 在采取行动之前确立关于资源的约束条件。

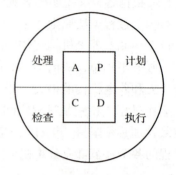

图 3-2　养老机构服务质量过程管理 PDCA 循环图

（6）持续改进原则。

①内涵：质量改进是质量管理的灵魂。养老机构要满足老年人日益增长和不断变化的需求，必须遵循持续质量改进的原则。养老机构管理者和广大员工应对影响质量的相关因素有敏锐的洞察力、分析能力和反省能力，以适应入住老年人不断提升的需求，并将持续改进作为一个永恒的目标。只有这样才能持续改进服务质量，实现总体业绩的增长和竞争力的提升，吸引和留住更多的老年人。

②养老机构实施持续改进原则时采取的主要措施：

a. 渐进式改进：指在现有过程中，对职能部门进行渐进的改进活动，即为提高实现目标，满足要求能力而反复进行的活动。这些活动应按 PDCA 循环的方法进行。渐进式改进的 PDCA 循环如图 3-3 所示。

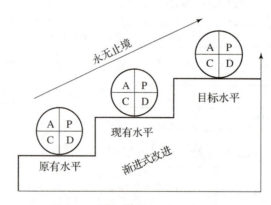

图 3-3　渐进式改进的 PDCA 循环

b. 突破性改进：指对现有过程进行重大改进或实施新的过程，可称为突破性项目。这类项目通常由日常运行之外跨职能的小组来实施。突破性项目通常包括对现有过程进行重大的再设计。

（7）基于事实的决策方法原则。

①内涵：有效的决策是建立在对数据和信息进行合乎逻辑和直观的分析基础上的。就养老机构而言，集计算机技术、通信技术和管理科学为一体的养老机构信息化管理系统是基于事实的决策的最好工具。目前，养老机构信息化管理系统上主要涵盖业务管理、医护管理、用药管理、行政管理、总务管理、就餐管理、财务管理、领导决策和系统维护等内容，涉及养老机构经营、服务和管理的各个方面。

②养老机构实施基于事实的决策方法原则时采取的主要措施：

a. 作为部门管理者，可以通过信息化管理系统提供的数据分析，对部门工作中存在的问题进行及时分析、处理和改善。

b. 作为养老机构的最高管理者，可以借助信息化管理系统实时监控养老机构的运行状况和老年人的需求变化，进行重大问题或事件的科学决策。

（8）与供方互利的关系原则。

①内涵：组织和供方之间保持互利关系，可增强两个组织创造价值的能力。任何一个养老机构都有其供方或合作伙伴，而且机构与供方之间是相互依存的、互利的关系，这对双方创造价值的能力都有一定的促进作用。供方或合作伙伴提供了高质量的产品，那么养老机构为老年人提供高质量的产品或服务就有了保证。

②养老机构实施与供方互利的关系原则时采取的主要措施：

a. 识别并选择主要的供方。

b. 把与供方的关系建立在兼顾养老机构和社会的短期利益和长远目标的基础之上。

c. 共同开发、改进产品和过程。

d. 共同理解老年人的需求。

e. 分享信息和对未来的计划。

f. 承认供方的改进和成就。

2. 质量管理的方法

（1）建立健全质量管理机构。

建立健全质量管理机构的主要任务是进行质量教育，树立质量意识。按照管理的系统方法原则，养老机构应成立由机构高层领导和各职能、业务部门负责人组成的质量管理领导小组，负责本机构服务质量方针、目标的设计和制定，建立健全质量管理制度、保障机制和实施措施。

（2）完善标准化的质量管理制度。

标准化质量管理制度是现代化社会服务和管理的重要手段和必要条件。通过对员工和管理者工作的环节、构成要素、状态等方面明确提出定量化和定性化的实施标准，可以使之定向地获得最佳的工作效率和社会服务效益的良性转化。完善的标准化质量管理制度，包括组织机构图、各级人员岗位职责、标准化制度、标准化操作规程、标准化工作表单、标准化质量标准和质量评价标准等。

（3）推行质量目标管理。

目标管理是现代企业管理模式中比较流行、比较实用的管理方式之一。目标管理是一种把个人需求与组织目标结合起来的管理制度，是一个反复循环、螺旋上升的管理方式。

目标管理使所有员工的努力都集中在目标上，让员工参与制定目标，实行自我管理和自我控制。"以人为本"实现了从"命令型"向"信任型"过渡的管理方式，增加了上下级的沟通密度，同时科学地建立了目标管理体系，为计划的顺利实施提供了引导。

①主要特点。目标管理强调根据既定的目标来进行管理，组织自上而下地确定工作目标，员工则积极参与，并在工作中实行"自我控制"，保证目标的实现。其特点包括以下方面：

a. 重视目的：强调活动的目的性，重视未来发展研究和目标体系的设置。

b. 强调整体和统一：强调用目标来统一和指导全体员工的思想和行动，以保证组织的整体性和行动的一致性。

c. 以自我管理为中心：目标管理的基本精神是以自我管理为中心。

d. 重视员工的参与：强调发挥人的积极性、主动性和创造性。

e. 强调自我评价：强调自我对工作中的成绩、不足、错误进行对照总结，经常自检自查，不断提高效益。

f. 重视成果：将评价重点放在工作成效上，按员工的实际贡献大小如实评价，使评价更具有建设性。

②操作方法：

a. 明确目标：养老机构应建立一套完整的目标体系，使机构的整体管理、运营得当，显著提高经营效益。关键还在于合理、恰当地确定责任目标。目标的设置总是从机构的最高主管部门开始，由上而下地逐级确定。

b. 明确责任：目标体系应与组织结构相吻合，从而使每个部门都有明确的目标、每个目标都有明确的负责人。可以由养老机构院长或总经理与部门负责人签订目标责任书，其内容包括年度或季度、月度经济责任指标，入住率、服务质量、客户满意度、差错与事故控制、能耗与物耗等指标。各部门负责人还可以把部门目标进一步分解到住区或班组，形成层层工作有目标责任、层层抓目标落实的局面。

c. 组织实施：目标管理重视结果，强调自主、自治和自觉。因此，领导在目标实施过程中的管理是不可缺少的，主要表现为：进行定期检查，利用与下级经常接触的机会和信息反馈渠道自然地进行；向下级通报进度，便于互相协调；帮助下级解决工作中出现的困难问题，当出现意外或不可预测事件严重影响组织目标实现时，可以通过一定的手续，修改原定的目标。

d. 检查和评价：规定各级目标的完成期限，定期进行检查。可灵活地采用自检、互检和责成专门的部门进行检查的方法。检查的依据就是事先确定的目标，以及根据目标建立的一系列评价标准；经过评价，目标管理进入下一轮循环过程。养老机构应依据目标责任实现情况考核责任主体的工作绩效，并根据考核结果进行奖罚；如果目标没有完成，应分析原因总结教训，为制定下一阶段目标做好准备。

（4）推行"6S"质量管理。

①起源："6S"管理是"5S"管理的升级。"5S"起源于日本，是指在生产现场中对人员、机器、材料、方法等生产要素进行有效的管理，这是日本企业独特的一种管理办法。

②内容："6S"是整理、整顿、清扫、清洁、素养、安全这6个词的缩写。因为这6

个词日语中罗马音的第一个字母都是"S",所以简称为"6S"。开展以整理、整顿、清扫、清洁、素养、安全为内容的活动,称为"6S"活动。

a. 整理:将工作场所的所有物品区分为有必要的和没有必要的,除了有必要的留下来,其他的都消除。

目的:腾出空间,空间活用,防止误用,塑造清爽的工作场所。

b. 整顿:把留下来的必要物品依规定位置整齐摆放,并加以标识。

目的:使工作场所一目了然,消除寻找物品的时间,营造整整齐齐的工作环境。

c. 清扫:将工作场所内看得见与看不见的地方清扫干净,保持工作场所干净、亮丽。

目的:稳定品质,减少伤害。

d. 清洁:将整理、整顿、清扫进行到底,并且制度化,保持环境处在美观的状态。

目的:创造明朗现场。

e. 素养:使每位员工养成良好的习惯,并遵守规则,培养积极主动的精神(也称习惯性)。

目的:培养具有良好习惯、遵守规则的员工,营造团队精神。这是"6S"活动的核心。

f. 安全:重视员工安全教育,每时每刻都有安全第一观念,防患于未然。

目的:建立起安全生产的环境,所有的工作都在安全的前提下进行。

③作用:"6S"管理是现场管理的基础,是全员参与的生产安全的前提,是全面品质管理的第一步,也是 ISO 9000 标准有效推行的保证。对养老机构来说,其主要作用包括:

a. 规范员工行为,让规范成为习惯,提高员工素养。

b. 通过人性化管理,从关爱员工、老年人的角度出发,简化流程,让工作更加顺畅。

c. 保障安全生产,"6S"对质量与安全有很高的要求。

d. 进一步改善养老机构环境,不断增强员工素养,促进养老机构的发展,提升养老机构整体形象。

e. 对养老机构安全管理、品牌建设、人才培养、信息化建设、文化建设等方面起到积极的推进作用,不仅有利于养老机构质量的持续改进、提高全员积极性,还有利于提升员工发现问题、解决问题的意识和能力,提高服务品质,促进和谐,确保老年人的安全。

f. 提高工作效率,增收节支。

二、养老机构服务质量监督体系

(一)养老机构的内部质量监督

1. 质量监督机制

养老机构管理工作涉及面广,内容较多,而监督是管理的需要、内容与手段。养老机构服务质量监督是一项长抓不放的重要工作,其中内部质量监督的意义和作用更大。养老机构通过机构内部的自查与自纠,机构领导和职能管理部门的监督、检查及考核,保证服务质量不断改进并稳步提高。

2. 质量监督内容

（1）护理质量监督。

护理质量监督内容应包括生活照料在内的各项护理服务，并依据护理规范、流程、服务质量与考核评价标准进行检查评估。

①服务场所清洁卫生：可以运用"6S"质量管理方法检查机构内部的硬件设施和居住环境，包括老年人居室、楼层地面、门窗墙壁、家具电器和卫生间等，观察是否符合卫生条件，特别要注意的是地面是否有积水湿滑、房间有无异味、居室和楼层是否整洁、有无乱堆乱放等。

②老年人生活护理：主要检查老年人的营养与饮食护理、排泄护理、清洁照料、体位变换与移动护理、衣着护理、休息与睡眠护理、晨晚间护理和服药护理等是否符合相关质量标准。例如，营养与饮食护理，主要可以从规范治疗膳食、定期评价入住老年人的营养状况、建立老年人进食护理规范、统计噎食的发生率等各方面进行质量监督。

③老年人心理护理：养老机构应当根据需要为老年人提供情绪疏导、心理咨询、危机干预等精神慰藉服务，所以在进行质量检查时，主要围绕是否针对老年人常见的心理问题实施心理指导、是否有心理护理记录以及效果评价等进行评估。

④老年人康复护理：主要针对高龄、长期卧床、脑血管意外等造成偏瘫的老年人的康复护理进行检查和监督，如康复护理、主动或被动运动和压疮护理，组织老年人进行团体康复训练等。

⑤老年人临床护理：对老年人患病期间的各项护理操作进行质量监督，如基础护理、专科护理、临终护理等是否规范、准确。

⑥老年人安全护理：老年人的安全护理重点是防范意外的发生，可以针对老年人比较常见的意外事件进行监督考核，如防火、防盗、防噎食、防烫伤、防跌倒、防坠床和防走失等措施是否落实，是否存在安全隐患等。

⑦护理交接班及护理记录：检查针对重点看护老年人是否实行了床旁交接班，检查护理文书记录与保管是否规范等。

（2）医疗服务质量监督。

医疗服务质量监督的内容是监督医务人员的医疗服务工作，检查医务人员的执业情况，其重点应放在具体的医疗工作环节上，注重工作流程中的质量监督。

①执业资格：包括养老机构的行医执照定期年审，确保医务人员具有执业资格并注册。

②诊疗操作：监督和教育医务人员认真履行工作职责，严格执行各项医疗卫生管理法律、行政法规、部门规章和诊疗护理规范，严格遵守职业道德。

③诊疗效果：可以从疾病诊断的准确率、误诊或漏诊率、治疗的有效率、治愈率、差错与事故率等几个方面进行检查评估。

（3）膳食服务质量监督。

养老机构的膳食管理既要保障营养均衡，又要满足不同老年人的需求，所以会有不同的供餐原则、标准和形式等。膳食服务质量监督应依据食品卫生管理办法的标准来进行。

①员工的健康与职业资格：包括员工持有健康证及相关职业资格证书等。

②员工着装与个人卫生：统一着装、佩戴工作牌，工作服整洁，做到"四勤"（勤洗手洗澡、勤理发修面、勤换洗衣服、勤修剪指甲），无不良的卫生行为等。

③食堂环境清洁卫生且安全：食堂、餐厅及周边环境符合卫生清洁要求，做到无苍蝇、蟑螂、鼠害等，餐厅地面防滑，有安全提醒或放置警示牌等。

④食品采购、存储、加工与制作：食品采购流程规范，无腐烂变质、霉变原料和过期食品，有采购验收记录；食物原料彻底清洗，加工过程卫生，保管规范；食物按规定留样等。

⑤餐具清洗和消毒：餐具清洗和消毒符合规范，消毒过程及方法有效，餐具洗涤、消毒和保管专人负责等。

⑥膳食服务效果：发放膳食准确到位，就餐有序，老年人对膳食及食堂工作满意。

⑦食堂账目：记录清晰，支出合理，收支平衡，定期公布账目等。

（4）财务管理质量监督。

财务管理质量监督主要依据会计法和财务工作管理条例规定的服务质量与评价标准进行。

①财务制度建立与执行情况：建立相关财务制度，无违规操作。

②账目管理：记录清楚，无漏记、错记、重复记等现象。

③现金管理：现金支取、报账规范，保管符合财务规定。

④支票管理：支票使用、管理规范。

⑤资金管理：固定资金（资产）及时登记，流动资金使用规范，账目清楚，专项资金未被挤占、挪用等。

⑥捐赠管理：捐赠钱物有登记，使用符合捐赠者意愿，程序规范等。

（5）行政及后勤保障服务质量监督。

行政及后勤保障服务质量监督主要依据相关的规章制度进行。

①行政文书及资料管理：主要检查与老年人健康档案、入住信息等相关的文书及资料是否妥善管理，记录是否完整，是否有遗失、泄露等。

②后勤保障服务质量监督：除膳食服务、财务管理外，还包括以下几个方面的后勤保障服务质量监督。

a. 物资采购管理：检查物资采购计划、审批是否符合规定，质量是否符合要求，价格是否合理；大宗采购是否有招标投标程序，是否有验收记录。

b. 维修管理：检查设施、设备维修是否及时有效，操作是否安全规范；超范围的维修是否及时审批、上报，是否及时联系有关单位和部门。

c. 车辆管理：提供交通服务或有自备车辆的养老机构，应对相应车辆的使用和保管进行质量监督，如车辆是否定时有效保养，使用是否符合规定，有无交通违纪或事故发生等。

3. 质量监督方法

养老机构内部服务质量的监督和管理，主要针对的是内部各部门、各岗位的服务工作。

（1）建立三级质量监督管理体系，完善内部监督机制，进行定期和不定期的质量检查。

①一级质量监督：养老机构的服务质量监督部门应经常深入基层进行定期和不定期检查监督，定期向入住老年人及亲属发放服务质量满意度调查表，及时发现存在的服务质量问题，督促整改。

②二级质量监督：各业务部门负责人应对分管的服务进行定期或不定期的质量监督考核，通过查房、走访等形式收集老年人的意见及建议。

③三级质量监督：加强部门和员工的考核，通过月度、季度和年度服务质量评价及考核，督促部门和员工重视服务质量。

（2）建立完善的内部控制制度，营造良好的工作环境。内部审计部门是养老机构的职能部门，要围绕机构发展，加强管理，从管理的薄弱环节和制度的漏洞入手，有针对地建立健全规章制度，实行标本兼治，提高经费使用的透明度，使各项经费的安排、使用置于工作人员和老年人的监督之下，从制度上堵住漏洞。

（3）各部门进行自我控制和自我监督，把质量监督常态化，通过自查、自纠的方式，不断提升服务质量。

（4）接受老年人及其亲属的监督。老年人及其亲属为养老机构的服务对象，应属于外部监督范畴，但此处的老年人指入住养老机构的老年人，所以可以归属于内部监督。养老机构应设立意见箱、投诉箱，公开投诉电话，自觉接受老年人及其亲属的监督；对老年人及其提出的建议和投诉予以高度重视，并及时向老年人及其亲属反馈意见。

（二）养老机构的外部质量监督

养老机构外部质量监督的目的是督促养老机构依法经营，提高服务质量。按质量监督执行主体的不同，外部质量监督可以分为行政监督、行业监督和社会监督三类。

1. 行政监督

政府对养老机构服务质量的监督涉及民政、消防安全、医疗卫生、卫生防疫、工商税务和环境保护等政府职能部门。政府通过与行业及社会的协同管理和监督，督促养老机构改善经营，发现其服务与管理过程中存在的不规范之处，帮助养老机构依法经营、规范服务，从而提高服务质量。

（1）各级民政部门监督。

地方养老机构业务管理归口于地方民政部门，所以民政部门往往兼具行政监督和行业监督双重职能。其主要监督内容包括养老机构论证、申报、审批、注册登记、经营管理和年度审查等工作，具有很强的业务指导性。养老机构管理者应当主动接受民政部门牵头的行业监督。

（2）卫生防疫监督。

卫生防疫监督是加强卫生管理的重要手段。卫生防疫部门主要针对与卫生相关的法规、条例、标准、办法等的实施情况进行检查，以达到保护环境、预防疾病和促进身心健康的目的。

①环境卫生：主要指养老机构内部环境的卫生状况，尤其是公共区域基本卫生设施安全等。

②食品卫生：主要检查卫生制度建立、健全及执行情况；从业人员的健康证是否合格；日常食品、饮用水的检验检测是否正常；食品消毒流程是否正确；消毒设施是否健全、完好，运行情况是否良好等。

③疾病预防：除环境卫生、食品卫生外，还可以从医疗执业规范、医疗废弃物处置等方面进行传染性疾病的防控和监督。

养老机构对检查出来的食品卫生、环境卫生和疾病预防等方面的问题，要制定措施，加强整改，限期达标。

（3）医疗服务监督。

开展临床医疗和医疗保健服务的养老机构要接受地方卫生行政部门的监督和技术指导。养老机构应该在医疗服务设施及服务行为等方面进行完善和提高，杜绝医疗差错与事故的发生，确保医疗服务安全。

（4）消防安全监督。

养老机构是消防工作的重点单位，特别是环境差、设备陈旧老化的养老机构更要重视消防安全监督。要积极配合消防安全部门查找隐患、制定措施、加强整改，加强对老年人和员工消防安全意识教育和消防设备使用培训，确保消防安全落到实处。

（5）财务审计监督。

养老机构财务监督纳入行业年度审查范畴。养老机构应如实汇报机构财务管理情况、经济运行状况，自觉接受行业主管部门、工商税务部门的审计监督，保证养老机构财务管理规范，经济运行有序。

2. 行业监督

除地方民政部门肩负着行业监督重任外，养老服务行业协会以社会组织的形式协助民政执行行业监督职能。养老服务行业协会是由养老机构、社会团体及个人自愿组成的行业性、非营利性的社会组织，作为联系民政部门与养老机构之间的桥梁和纽带，协助民政部门对养老服务业进行专业化管理，承担行业自律、指导和服务质量监督等职责。

3. 社会监督

社会对养老机构服务质量的监督主要涉及公众监督和舆论监督两个方面。公众监督是指包括养老机构内部员工、入住老年人及其家属在内的社会大众，通过批评、建议、检举、揭发、申诉、控告等方式对养老机构及其工作人员权力行使行为的合法性与合理性进行监督。舆论监督是指社会利用各种传播媒介和采取多种形式，表达和传导有一定倾向的议论、意见及看法，以实现对政府及养老机构中偏差行为的矫正和控制。

三、养老机构的服务质量评估

养老机构的服务质量评估是在养老机构的服务定位、服务提供和服务改进的完整过程中，对面向老年人的需求评估、服务设计、服务提供、服务记录、服务评价、服务改进、服务更新、再次提供服务等过程要素进行质量管理的过程和方法。

服务质量评估是养老服务过程的一个组成部分，通过有效评估每一个服务过程，确保服务始终符合服务规范，满足老年人需求，提升养老机构服务质量和社会效益。

（一）养老机构服务质量评估概述

1. 评估的基本概念

养老机构服务质量评估是指通过一定的质量评估工具，采用老年人评估、养老机构自评、政府评估和第三方评估的方式，对构成养老服务质量的因素、指标进行检查和考核，并出具评估结果的过程。

2. 评估的目的

养老机构服务质量评估是质量管理工作的重要环节，目的是规范养老机构服务体系，进一步提高养老机构的服务水平和质量，提高老年人的生活质量。质量评估活动用来检验养老机构服务项目是否落实到位、服务标准是否执行到位，检查养老机构及其服务人员承担社会责任和为老服务的综合能力，并对评估结果或问题进行分析研究，提出改进和预防措施。

3. 评估的主体

养老机构服务质量评估是对养老机构服务工作进行了解、测试和评估的一种活动，从事这方面活动的人或机构是养老机构服务质量评估的主体。承担评估工作的主体可以是养老机构老年人、养老机构、养老机构设立许可机关或管理机关以及第三方评估机构。

（1）养老机构老年人评估：指通过各种方式收集老年人满意度、老年人对服务机构的意见和建议，根据老年人对养老机构服务和产品的质量反馈信息，分析改善养老机构服务质量的方法和手段，不断提升服务质量，完善服务质量标准。

（2）养老机构自我评估：养老机构是养老服务的提供者，应该对服务质量进行自我监督和审查，按照养老机构所要求的服务标准，对实际提供的服务进行服务标准符合程度的评估，及时发现服务中存在的问题，把好机构服务质量的第一关。

（3）养老机构设立许可机关或管理机关评估：对养老机构有设立许可权、管理权、监督执法权的政府及其相关职能部门是养老机构的资助者和支持者，同时代表社会和服务对象的公共利益，因此也承担对养老机构运行及服务状况进行监督、检查和管理的责任。

（4）第三方评估：第三方指与政府及服务机构没有利益关系，相对独立的一方，可以是行业中有资质的调查、研究和评估机构，也可以是专门组成的专家组，具有相对独立、科学和客观的特点。

4. 评估的对象

养老机构服务质量的评估对象可以分成养老机构、服务项目和服务成效三个层次。

（1）养老机构：是机构养老服务的主要承担者，作为提供养老服务的专业机构，必须接受对其服务质量的评估。

（2）服务项目：是养老机构提供养老服务最主要的形式和载体，也是质量评估的最主要对象，包括综合评估和单项评估。

①综合评估：包括对服务对象的需求评估、方案评估、过程评估和效果评估，还包括

对服务团队的评估。在服务项目中，包括对基础设施、服务队伍及管理制度的整体评估。

②单项评估：是指将养老机构服务队伍作为独立的评估对象（包括资质和服务两个方面），对其服务方法、过程及效果的评估。

（3）服务成效：是质量评估的主要目的。养老服务是一种全人、全员、全程服务。服务质量评估体系可以从服务提供、活动开展、设施设备等方面全面提升老年人的生活质量。

5. 评估的内容

评估主体和评估对象的不同决定了评估内容的重点也会有所不同。从服务提供者的角度出发，服务质量意味着机构对服务标准的规定与要求的符合程度；从老年人的角度出发，服务质量意味着服务达到或超过老年人期望的程度。养老机构服务质量评估的内容可以分为下列维度。

（1）信赖度：指养老机构准确无误地完成所承诺的服务。

（2）专业度：指养老机构的服务人员所具备的专业知识、技能和职业素质。

（3）有形度：指服务产品的"有形部分"，如各种服务设施、环境、服务人员的仪表以及对老年人的帮助和关怀的有形表现。

（4）同理度：指养老机构能设身处地为老年人着想、关心老年人，了解他们的实际需要，使整个服务过程富有"人情味"。

（5）反应度：指养老机构随时准备为老年人提供快捷、有效的服务。

6. 评估的阶段

养老机构服务质量评估分为三个阶段：服务前评估、服务中评估和服务后评估。

（1）服务前评估：侧重在服务开始之前，对服务对象所需的服务类型、服务内容、服务准备工作进行评估。

（2）服务中评估：是为了更加有效地开展养老服务而进行的评估，包括对服务对象、服务方案和服务过程的评估。

（3）服务后评估：指对已开展的养老相关服务进行评估，是对服务的结果、效果和影响的评估。

（二）养老机构服务质量评估的要求与方法

1. 服务质量评估的要求

在养老机构服务质量评估过程中，要做到以下几点：

（1）评估态度的积极性。

（2）评估方法的准确性。

（3）评估结果的合理性。

2. 服务质量评估的方法

评估方法是养老机构服务质量评估的核心部分，要与评估对象的特质相符合。对服务机构进行评估时，评估方法要考虑到全面性，避免导致对服务成效评价的不足；对老年人服务项目进行评估时，评估方法应考虑到老年人的个性特征，如果评估方法不被老年人接受，就会影响到评估的有效性。

养老机构服务质量评估中最常用的方法有问卷调查法和访谈法。

在具体评估工作中，可以借助评价量表的形式开展，如根据养老机构服务质量评估的五个维度（信赖度、专业度、有形度、同理度、反应度）建立评估方法，具体可参考服务质量评价方法（SERVQUAL 评估方法）。

（三）养老机构服务质量评估的流程

养老机构服务质量评估的流程大致分为三大阶段：准备阶段、实施阶段和总结与应用阶段。在评估过程中，三个阶段也可同时进行。

1. 服务质量评估的准备阶段

准备阶段要明确谁来评估、为什么评估、评估什么以及如何评估等一系列问题。此阶段最重要的任务是制订一份科学可行的评估计划。

（1）明确评估目的。

养老机构服务质量评估一般根据评估主体、评估对象以及评估需求的不同，有不同的评估目的。评估者需要与评估委托者共同明确评估目的，只有明确为什么评估，才能决定评估什么、如何评估。

（2）明确评估问题。

确定评估目的后，评估双方根据评估目的提出清晰的评估问题。一般的养老机构服务质量评估有以下五个焦点。

①评估服务对象需求：评估养老机构提供的服务与服务对象需求的符合度。

②评估服务项目设计：评估养老机构服务项目设计所依据的理论的科学性、适宜性及可操作性，判断其能否达到预期的效果。

③评估服务项目过程：评估养老机构服务项目的执行过程是否按照预先设计的标准，用于过程或流程控制。

④评估服务项目结果：评估养老机构服务项目带来的效果，一般指项目所服务的对象在行为、态度和认知等方面是否发生了预期改变。

⑤评估服务项目效率：对养老机构服务项目的投入及产出比进行评估，以判断项目是否善用资源，通过最小投入获得最大产出。

总之，一个系统、符合实际的评估问题不仅能切中要害，与评估目的一致，而且操作性强，其评估过程及评估结果均清晰明了。

（3）制订评估计划。

在明确评估问题的基础上，根据计划需要的关键要素，利用资源制订出兼顾科学性和操作性的评估计划。

①评估方法：养老机构服务质量评估可以采用定性和定量的评估方法。定量评估是指搜集用数量表示的资料或信息，并对数据进行量化处理、检验和分析，从而获得有意义结论的研究过程；定性评估是根据社会现象或事物所具有的属性和在运动中的矛盾变化，从

事物的内在规定性来研究事物的一种方法或角度。定性评估着重事物"质"的方面，定量评估着重事物"量"的方面。

②评估设计：确定评估方法后，结合评估策略进行相应的评估设计，确定评估的细节，制定评估时间进度表、合理的经费预算，合理分配人力资源等。评估者在制订评估计划时还应该考虑如何协调和组织人力、物力和财力，确保在规定时间内完成评估。

2. 服务质量评估的实施阶段

服务质量评估实施阶段的任务是执行评估计划，主要工作包括进入现场、收集和分析评估所需资料。评估者进入现场与机构各方进行沟通互动，通过观察、访谈等方法收集有关资料，并进行分析。选取资料收集对象（抽样）、明确资料收集方法、确定资料分析方法是实施阶段的关键点。

（1）资料或信息收集。

资料或信息的真实性、有效性是保障服务质量提升的基本条件，因此要严格控制。

（2）服务质量因果分析。

服务质量评估的目的在于发现问题并分析问题的症结所在。服务质量改进方法的提出就在于找到问题的根本原因并对原因进行分析，找到解决问题的路径和方法。常用的服务质量因果分析方法有鱼骨图和 WHY–WHY 分析法等。

3. 服务质量评估的总结与应用阶段

在总结与应用阶段，评估者需要对经过分析的资料进行组织，形成评估报告，并对评估报告加以运用。

（1）撰写评估报告。

评估报告是服务质量评估工作中很重要的一项内容，有时还会以适当的形式予以公开。评估报告一般包括以下内容。

①标题：一般包含被评估项目名称以及评估的焦点。

②摘要：一般简要陈述评估目的和问题，介绍评估方法，总结评估发现以及结论与对策建议。

③目录：列出各篇章名目。

④导言：一般介绍评估的背景以及目的，陈述评估问题。一些评估报告的导言还会简要介绍评估报告的结构。

⑤评估方法：介绍评估采用的策略以及具体方法。

⑥评估发现：详细陈述评估的发现。

⑦评估图片：可以把相关图片附在报告中，使评估更具有说服力。

⑧结论与对策建议：对评估发现进行总结，并据此提出相关对策建议。

⑨参考文献：罗列评估中所参考的各项文献名称。

⑩附录：有的评估报告还将评估中涉及的重要文献、评估工具等内容作为报告的附录。

以上内容可以根据评估内容的不同而增加或删减。

（2）应用评估结果。

养老机构服务质量评估的优点在于应用性。一是通过评估来改善养老机构服务或项目;二是通过评估对养老机构服务或项目进行总结判断,并以此决定服务或项目的存废及发展方向,优化资源的利用。

(3)纠正措施与预防措施。

为了更好地应用评估结果,保障各项改进措施落实到位,要做到以下几点。

①将解决问题的相应职责落实到具体的部门和个人,防止工作无法落实。

②对服务的改进做出影响性评价,让养老机构相关服务人员认识到问题的严重性以及机构发展的重要性,从而引起对服务质量评估工作的重视。

③针对问题提出具体的行动计划并执行到位。

四、养老机构标准化体系建设

(一)养老机构标准化建设概述

为进一步提高养老机构的服务质量和科学管理水平,根据《国务院办公厅关于加快发展服务业若干政策措施的实施意见》和贯彻落实《民政部关于加快建立全国统一养老机构等级评定体系的指导意见》以及民政部社会福利中心、全国社会福利服务标准化技术委员会联合发布的《〈养老机构等级划分与评定〉国家标准实施指南(试行)》要求,养老机构应开展属于自己的服务标准体系创建活动,用标准化的手段规范全体员工的服务行为和工作流程,强化内部管理,为老年人提供满意的、高质量的服务,确保"让更多老年人享受到幸福的晚年生活"的总体目标得到实现。

养老机构应通过规范化、标准化手段,不断提高员工职业素养,提高养老机构服务质量。我国大力推进养老服务机构服务标准化工作,打造等级标准养老服务机构。养老机构应坚持以标准化工作流程为导向,通过建立、实施、改进各项标准指导服务工作,构建科学、完整的标准管理体系。实现标准化管理,促进养老机构梳理各项工作,规范了老年人各项服务标准,为等级评定工作奠定了基础。

服务标准化是实现养老机构方针、目标的重要途径,有利于规范养老服务行为、提升养老服务工作效能、优化养老行业经济发展软环境。养老机构应通过创建服务标准体系,建立起一套有针对性、利于落地实施的实效工作准则,帮助管理者合理有效地利用各种资源,规范员工的操作方法。

1. 养老机构标准化概念

标准化是为了在既定范围内获得最佳秩序,促进共同效益,对现实问题和潜在问题确立共同使用和重复使用的条款以及编制、发布和应用文件的活动。标准化活动确立的条款,可形成标准化文件,包括标准和其他标准化文件。标准化的主要效益在于为了产品、过程或服务的预期目的改进它们的适用性,促进经济交流以及技术合作。

养老机构标准化是维护服务对象权益、提升机构管理水平与服务质量的重要技术手段。开展养老服务业标准体系研究,建立科学合理的养老机构质量标准体系,不仅可以推动行业标准化建设的进程,而且为开展养老机构质量管理指明方向,提供依据,是规范养老服务业发展所需要的基础性工作和必要前提。

标准化是一个在机构组织、统筹、策划、设计之下，调动各方资源，推动全员参与，促进标准内化为自主、自觉行为，形成可持续发展的良性运作机制的过程，是经各相关方就产品、服务、过程、方法协商一致，提出的包含技术要求的规范化系统方案。标准化的生命在于实践，即通过标准的实施，检验标准是否科学、适用，不断发现问题与不足，持续改进。

2. 养老机构服务标准化建设的意义

养老机构服务标准化建设的意义可以从标准本身、标准化管理和服务标准化管理三方面进行阐述。

（1）标准对养老服务的意义。

标准以科学、技术和经验的综合成果为基础。对养老机构来说，标准是养老服务活动中各种协议、技术规范、规范性文件、法律法规等的集合。推行养老服务标准化是完善社会福利服务体系的重要内容，是规范养老服务行为、提高养老服务质量的重要手段。

（2）标准化管理对养老服务的作用。

标准化管理已经成为养老服务业现代化管理的重要组成部分和技术基础。标准化管理是实现现代化养老服务社会化、专业化管理的必要条件，有利于加快和提高这项公共服务的效率和经济效益，成为稳定和提高养老服务质量的重要保证，从而保障养老服务安全，促进建立完善的信息系统，充分利用信息技术，实现养老服务业的技术进步，建立"一套规则"即标准来规范养老服务。

（3）服务标准化管理是养老机构现代化管理的标志。

养老机构服务标准化管理是指建立健全养老机构的国家标准或行业标准，按照老年人的自身情况和个人需求，让老年人享受到标准化的服务。养老服务业服务质量标准体系，规定了养老机构的设施设备、服务项目、服务流程、服务质量指标、服务人员资质、管理制度等多项标准，其中有些标准是强制性标准。这些标准的制定，使养老机构明确了应为服务对象提供什么服务、如何提供服务、服务到什么程度，也为入住机构的老年人提供了维护自己合法权益的依据。目前，我国在全国养老机构中全面开展等级评定工作，以促使养老机构服务质量的普遍提高。因此，从某种程度上讲，标准化管理是养老服务业发展的关键，而服务标准化管理水平则是衡量一个养老机构技术水平和管理水平的尺度，是养老机构实现现代化、科学化、专业化管理的重要标志。

（二）养老机构如何进行标准化建设

1. 养老机构标准化建设的主要任务

（1）构建标准体系。

根据标准化目标，确定标准化对象。构建科学合理、层次分明、满足需要的标准体系，编制标准明细表。

（2）收集和制定标准。

收集并实施有关国家标准、行业标准、地方标准。无相应国家标准、行业标准、地方

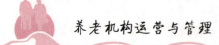

标准的，制定机构的内部标准。

（3）开展标准宣传培训。

开展标准化基本理论和标准化专业知识培训，提高管理过程和服务过程标准化意识，使全员了解、熟悉并掌握标准要求，增强执行标准的自觉性。

（4）组织标准实施。

对各环节的标准均采取切实可行的措施，确保纳入标准体系的标准得到有效落实。

（5）开展标准实施评价。

建立标准实施情况的检查、考核机制，进行机构内部检查和自我评价，提升管理和服务的标准化水平。

（6）建立持续改进机制。

制定持续改进的工作方案，定期总结标准化方法和经验，并推广应用；针对标准实施过程中发现的问题，提出改进措施，加以完善。

（7）评等级，创品牌。

通过养老服务机构等级评审，创建养老服务品牌。

2. 养老机构标准化建设的重点

标准体系建设重点领域主要是直接为入住老年人提供服务和保障，服务运行的相关资源配置、管理情况，包括服务保障规范、服务提供规范、通用基础规范等内容。

（1）按照国家及地方关于养老服务机构的相关服务规定，对现在正在执行的管理制度、操作规程以及没有明确规定的事实标准，进行整理、归纳、补充、完善，整理出一套完整的指导养老机构养老服务的管理制度标准、作业质量标准、质量控制标准、运行管理标准、服务评价与改进标准，建设一套科学有效的标准化管理体系。

（2）服务提供的各个环节应有标准可依，标准齐全。养老机构的核心内容就是给老年人提供各种服务。对于养老机构而言，其服务质量的高低，一方面可以从服务项目的种类、内容等来评价，另一方面可以从服务的效果、满意度方面去衡量。所以，为保证高水平的服务质量，还要对服务过程涉及的环节和要素进行标准化建设。

3. 养老机构标准化建设的主要方法

（1）流程梳理。

从提供服务的起点，到服务完成的整个过程，一个环节一个环节地梳理服务和管理的要求，画出流程图。依据流程图中的各环节，梳理服务和管理流程，整合资源；明确标准化对象，确定各环节的目标；辨析标准化对象与相关要素的关系，减少重复。以目标为导向，根据业务流程图确定服务项目和管理事项，依据《服务业组织标准化工作指南》（GB/T 24421—2009）的要求建立标准体系，编制标准明细表。

（2）标准体系构建。

标准体系的构建主要是解决三大问题：第一，定位问题。关注可持续发展和绩效，而不是单纯关注养老机构本身。第二，人的问题。关注从最高层到最基层的全员标准化行为，而不是单纯关注标准化人员。第三，方法问题。关注行为的管理方法，运用标准化工作方法,而不是单纯关注文件的整合。

(3)标准体系编制的依据。

没有相应上级标准、规范的,或者上级标准、规范不能满足养老机构工作实践的,应制定养老机构的标准。制定标准的程序包括编制计划,调查研究,起草标准草案,征求意见,对标准草案进行必要的验证,审查、批准、编号、发布。对已发布实施的标准要适时进行复审和修订。编制标准体系的相关基本依据如下:《中华人民共和国老年人权益保障法》、《国务院办公厅关于全面放开养老服务市场提升养老服务质量的若干意见》、《民政部、国家标准化管理委员会关于加快推进民政标准化工作的意见》、《民政部、国家标准化管理委员会关于印发〈养老机构服务标准体系建设指南〉的通知》、《服务业组织标准化工作指南》(GB/T 24421—2009)、《养老机构服务质量规范》(DB/T 148—2017)、《养老机构服务质量星级划分与评定》(DB11/T 219—2014)、《养老机构服务标准体系建设指南》(DB11/T 303—2014)等。

(4)标准体系编制的原则。

①科学性:按照《养老机构服务标准体系建设指南》(DB11/T 303—2014)的规定,采用层次和序列结构相结合的结构方式。体系表内分类科学、层次清晰、结构合理,各项标准之间相互协调、统一,并具有一定的可分解性和可扩展空间。

②完整性:严格按标准的内在联系,组成具有共性和个性特征的层次分明的统一体。标准体系内的标准之间相互协调一致,形成相互依存、相互制约关系,以发挥体系的整体效能。

③实用性:依据养老机构的标准化现状,立足于养老机构特点和需求,充分听取各部门的意见,编制出易于实现且具有可操作性的标准体系。

(三)养老机构标准化体系的贯彻与落实

1. 启动阶段

启动阶段的主要任务为成立标准化领导小组及标准化办公室,确定领导小组和标准编写人员的具体工作任务,确定经营方针、目标和标准化方针、目标。

(1)明确体系目标。

建立养老机构标准化体系,首先要明确其要达到什么目的、解决什么问题,这是标准化体系建立的出发点和归宿。养老机构标准体系的目标来源于机构标准化任务,机构标准化任务来源于机构经营管理的要求。体系目标越明确越好,只有对养老机构当前及未来的标准化需求了解清楚,才能制定有的放矢的标准化目标和标准体系建设目标。

体系目标是衡量体系适用性的标准。什么样的体系才算是好体系?有人以"全"论好坏,如两个养老机构所建的体系不一样,一个"小而精",一个"大而全",人们常常认为"大而全"的是建得好的,而不问它们各自的目的是什么,以及是否达到了预定目的。只有用适用性,用体系的作用结果,而不是其他的标准来衡量体系的好坏,才有利用于引导养老机构的体系建设走上健康发展的道路。

目标是体系建设和运行的中心。体系必须有中心，没有中心就会四分五裂。中心就是居于核心地位的标准或明确的方针。如以保证服务质量为养老机构目标的标准体系，其核心标准（中心）是各项服务标准，围绕提升服务水平和服务质量制定标准化体系。参与体系建设和运行的每个成员，都必须对该体系的中心（目标）相当清楚，体系中的每个要素（标准）都必须为中心服务，这就是体系中心原则。

（2）明确体系结构。

体系结构是指标准化体系中要素的组织形式，即要素之间的关系。标准体系绝不是许多互不相干的标准杂乱无章的堆积，而是由一定数量的标准组成的有机体，是基于一定的目的而建立的。不同的标准体系有着不同的结构，自然其功能也不相同。结构决定功能，为了使标准体系具备某种功能，必须研究其结构。通过调整和优化结构来实现功能，在体系目标明确的基础上，进一步明确体系结构，是标准体系建设的又一个关键环节。

明确体系结构，就是要搞清楚为了达到预定的标准化目的，所建标准体系应具备哪些功能，以及为了具备这样的功能，体系应由哪些标准构成，它们之间是怎样的关系（主从、制约、保证）。通常的做法是首先明确并制定核心标准。核心标准体现标准化目的和建立体系的目的，并以目的引出起支持和保证作用的其他标准。

特别需要强调的是，标准体系表是为实现特定目的的标准之间关系的直观表示。不同养老机构，基于不同目的所建立的标准体系表其内容和构成是不可能相同的。

在借助体系表进一步明确每一个标准在体系中所处的位置，应起的作用以及标准之间的关系的基础上，提出对每个具体标准的内容要求和注意事项（必要时建立制标任务书），便可分工制定标准。

标准体系总体结构图主要反映标准体系的构成和标准相互之间的关系。养老机构标准体系总体结构图采用层次结构，由两个层次构成，按照层次内容予以细化。

第一层为标准体系建设指导层，内容包括养老服务相关法律法规和规章、相关政策和标准以及养老机构服务标准化方针和目标，是标准体系建设的依据。

第二层为服务标准体系，内容包括服务通用基础标准体系、服务保障标准体系、服务提供标准体系和岗位工作标准体系四个子体系。服务通用基础标准体系包含的标准主要反映服务标准化建设工作的抽象性和共性，服务保障标准体系和服务提供标准体系包含的标准主要体现服务标准化建设工作的具体性和差异性。标准体系结构图以通用的树形层次结构表达各子体系的内在联系，由此得到如图3-4所示的养老机构标准体系结构图。

2. 调研阶段

调研阶段的主要任务为整理养老机构内部的规章制度、工作记录表格，制订标准化工作计划，搜集本机构适用的法律法规、规章和相关的国家、行业、地方标准，分析、梳理上级行业主管部门和本机构现行的规章制度，分析和梳理老年人的服务需求。

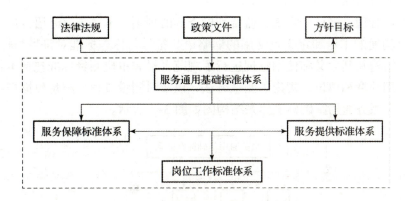

图 3-4 养老机构标准体系结构图

注 1：虚线方框上方实线方框内属于指导内容，虚线方框上方三条箭头线表示上层方框对体系的指导关系。
注 2：虚线方框内属于养老机构标准体系，虚框内四个实框表示了完整的体系包括四个方面的内容。
注 3：虚线方框内箭头表示指导关系，双向箭头表示相互关系。

（1）国家标准。

国家标准分为强制性国家标准和推荐性国家标准。强制性国家标准是对保障人身健康和生命财产安全、国家安全、生态环境安全以及满足经济社会管理基本需要的技术要求而制定，推荐性国家标准是对满足基础通用、与强制性国家标准配套、对各有关行业起引领作用等需要的技术要求而制定。强制性国家标准和推荐性国家标准由国务院有关行政主管部门依据职责提出、组织起草、征求意见和技术审查，由国务院标准化行政主管部门负责立项、编号和对外通报，由国务院批准发布或授权发布。

（2）行业标准。

行业标准是对没有国家标准而又需要在全国某个行业范围内统一的技术要求所制定的标准。行业标准不得与有关国家标准相抵触。有关行业标准之间应保持协调、统一，不得重复。行业标准在相应的国家标准实施后，即行废止。行业标准由行业标准归口部门统一管理。

（3）地方标准。

地方标准是除国家标准与行业标准之外，为满足各地区养老服务业特殊需求，在充分考虑地方经济社会发展现状与当地养老服务业特点的基础上，制定的标准。

（4）企业标准。

养老机构可针对本机构管理与服务需求，根据已有的国家标准或行业标准开展标准化建设工作。国家鼓励企业制定严于国家标准或行业标准的企业标准，在企业内部适用。

3. 体系建设阶段

体系建设阶段主要任务为组织学习《服务业组织标准化工作指南》（GB/T 24421—2009）、《养老机构服务标准体系建设指南》（DB11/T 303—2014），根据养老机构标准体系结构图编写养老机构标准化体系文件。养老机构标准化体系文件包括以下四个部分：

第一部分为服务通用基础标准体系，是标准建立的依据和基础，包括标准化导则标准、术语与缩略语标准、符号与标志标准、量和单位测量标准四个子体系，对养老机构服务标准体系具有指导作用。其中标准化导则标准规定了养老机构标准化管理和标准体系文件编写、审查、管理、修订、实施、监督和检查等的规则。术语与缩略语标准规定了用于组织内部信息沟通的术语和定义及常用的缩略语。符号与标志标准对符号与标志的样式、颜色、字体、结构及其含义和使用管理进行了规范。量和单位测量标准包括本机构运行和管理活动中采用的量和单位，规定了测量方法，以及对测量过程、测量数据进行处理和表示的相关要求。服务通用基础标准体系结构图如图3-5所示。

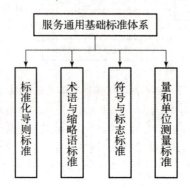

图3-5 服务通用基础标准体系结构图

第二部分为服务保障标准体系，是养老机构为支撑养老服务有效提供而规定的保障性标准。包括环境能源标准、安全与应急标准、职业健康标准、信息标准、财务管理标准、设施设备及用品标准、人力资源管理标准、合同管理标准、综合管理标准。服务保障标准体系结构图如图3-6所示。

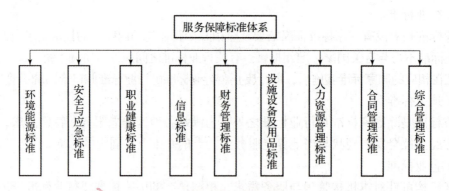

图3-6 服务保障标准体系结构图

第三部分为服务提供标准体系，是标准体系的核心，对服务保障标准体系具有检验作用，促使服务保障标准体系的不断完善，包括服务规范、服务运行管理规范、服务评价与改进标准三个子体系。服务规范从功能性、安全性、时间性、舒适性、经济性、文明性等六个方面对服务的内容提出定量或定性的要求；服务运行管理规范根据经营战略要求对服务运行过程的规划、设计、实施和控制的有效管理提出要求；服务评价与改进标准是对养老服务的有效性、适宜性和老年人满意度进行评价与改进而收集、制定的标准。服务提供标准体系结构图如图3-7所示。

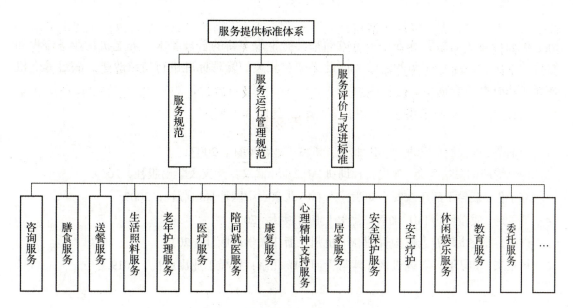

图 3-7 服务提供标准体系结构图

第四部分为岗位工作标准体系，是标准体系具体执行部分。服务通用基础标准体系、服务保障标准体系和服务提供标准体系是岗位工作标准体系编制和实施的基础，这部分内容包含了基本要求、岗位工作内容、检查与考核、附录、记录和表格等内容。岗位工作标准体系结构图如图 3-8 所示。

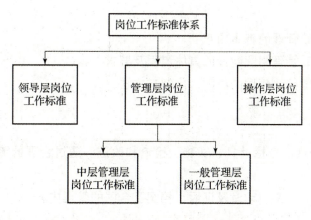

图 3-8 岗位工作标准体系结构图

4. 标准发布阶段

养老机构标准颁布实施后，由养老机构行政管理部门发布标准体系全文，并由各部门主任负责培训、贯标。采取自上而下、形式多样的培训，以达到全员认知的目的。

5. 实施改进阶段

随着社会和养老行业的不断发展，以及养老机构自身的发展和创新，在质量安全管理、经营管理、人事财务管理等各方面都会产生很多新的管理要求,养老机构业务流程和管理手段也会发生一些新的变化,因此必须对相关的管理标准进行持续改进,满足养老机构管理内在和外在需求。

参考文献

[1] 韩福荣. 现代质量管理学[M]. 北京:机械工业出版社,2007.
[2] 现代管理词典编委会. 现代管理词典[M].2版. 武汉:武汉大学出版社,2009.
[3] 邓于仁. 领导干部质量安全知识读本[M]. 北京:中国计量出版社,2009.
[4] 韩可琦. 质量管理[M]. 北京:化学工业出版社,2008.
[5] 许虹,李冬梅. 养老机构管理[M]. 杭州:浙江大学出版社,2015.
[6] 杨根来,刘开海. 养老机构经营与管理[M]. 北京:机械工业出版社,2019.

任务四 养老机构的行政管理

【知识目标】

◇ 了解养老机构行政管理的基本内容
◇ 理解养老机构行政管理制度建设的具体流程及要求
◇ 掌握养老机构内部行政管理的原则、内容与方法

【能力目标】

◇ 熟练运用管理工具,包括计划、实施、检查和改进。通过合理的流程,规范养老机构的行政管理
◇ 熟悉制度、会议、公文、印章及证照、档案及合同的管理内容

【素质目标】

◇ 明确养老机构日常行政管理事务
◇ 了解内部标准与法律法规,国家、行业和地方标准及政策协调统一的基本原则
◇ 形成良好的职业道德、文化素养和自身涵养

【思维导图】

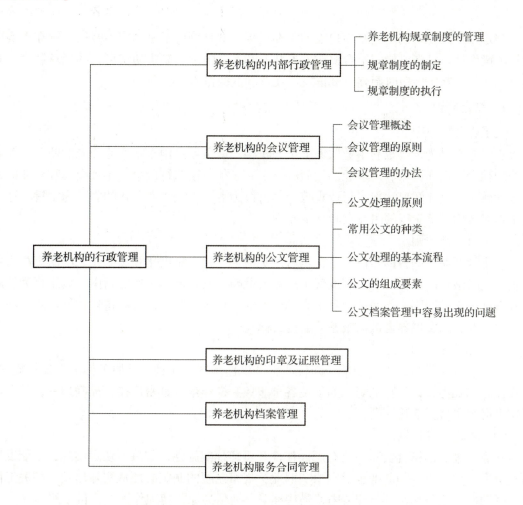

一、养老机构的内部行政管理

养老机构行政管理主要由两个层面构成：一是政府对养老机构的管理，二是养老机构内部自身的行政管理。本部分主要介绍的是在政府对养老机构管理的基础上养老机构的内部行政管理。

（一）养老机构规章制度的管理

养老机构的规章制度主要是为机构内的工作人员制定的共同遵守的行为准则，是养老机构进行有效管理最直接的方式。养老机构通过建立完善的规章制度，使管理制度化、规范化、标准化，使各项工作和员工的日常行为有章可循，有据可依，从而提高员工工作效率，减少开展各项工作的阻力，保证各项工作按照预期目标顺利完成。

（二）规章制度的制定

制定合理的规章制度是制度建设的首要任务。规章制度不是越多越好，关键在于实用性和可操作性。养老机构应结合机构发展状况和实际情况，制定切实可行的规章制度，并随着机构的不断发展适时调整，真正发挥规章制度的作用。

1. 制定原则

（1）服务性原则。

养老机构是为老年福利事业服务的组织机构，肩负着中国未来专业养老的使命。养老机构的社会属性和国家养老事业的发展决定了它必须贯彻执行国家老年社会福利事业的各项方针政策，遵守政府法规、行业规范，坚持以为老年人提供专业化的服务为宗旨，这是制定养老机构规章制度的出发点和基本原则。

（2）目的性原则。

制定规章制度的目的是使养老机构管理走向规范化、制度化和法制化，不断提高服务质量，追求最佳的社会效益。制度属于法规的范畴，它是部门工作的指南、员工行为的规范和各项工作的准则，任何部门和个人都应严守各项规章制度，只有这样才能保障各项工作有序进行，以实现养老机构服务的最终目标。

（3）标准化原则。

规章制度不仅包括部门职能、岗位职责和工作制度，而且包括服务标准、操作规程、工作流程以及考核评价标准等。为了使各种服务、操作规范紧密衔接，准确划一，制定规章制度必须坚持标准化原则。

（4）可操作性原则。

规章制度必须符合实际，具有可操作性和可落地实施性，如果不切合实际，不能发挥其应有的作用，再好的制度也是空谈。因此，规章制度的制定必须从实际出发，相关工作要责任明确、任务翔实、条理清晰、描述准确、通俗易懂，使工作人员一目了然。

（5）稳定性原则。

规章制度是从具体工作的长期执行中总结出来的客观规律。任何一项规章制度都经历了从认识、熟悉到适应、掌握的过程，应保持相对的稳定性。规章制度也不是一成不变的，应随着具体工作的开展实践，进行局部调整、增减，若实践证明确实不合理、不完善，应按规定程序进行修订完善。

2. 制定方法

（1）领会政策法规。

制定养老机构各项规章制度必须参考国家政策法规和行业规范，学习领会相关领域的规章制度，并结合实际进行融合。只有领会了相关法律法规才能制定出具有科学性、实用性和可操作性的规章制度。

（2）总结有效经验。

在日常工作与管理中，养老机构要经常对经营效益转化率、人员配比、工作效率、事故差错率等进行总结，找出问题关键点并进行调整。这些统计与总结的行为对制定规章制度具有很好的指向性作用，制定出的规章制度也更合理、更符合实际，而且可操作性较强。

（3）充分调研，多方论证。

规章制度的制定必须进行充分的调研工作，广泛听取多方意见，包括管理部门、实施部门、行业专家和具体执行工作的员工意见，也可以召开多部门多学科的论证会议，结合机构发展的实际情况。这样制定的规章制度总体会比较合理、完善，也更容易被员工认可和接受，员工执行起来也更顺畅，工作效率也更高。

（4）善于借鉴参考同行、同类机构管理经验。

2013年被称为中国养老产业发展元年，但是在此之前我国的养老事业早已深耕多年，起初参考的多是发达国家的养老机构管理模式。相对于我国养老事业起步较晚的实际情况，国内养老机构要善于借鉴，尤其是同等规模、同等模式的养老机构的规章制度管理，这样可以方便制定更合理的规章制度。

3. 制度的主要类型及内容

规章制度是有权部门以书面形式制定，以全员公示的方式通知，内容并非针对个别事务处理的规范总称。机构内所涉及的重复性或可能重复出现的工作都可以形成制度性文件，用以提高管理和工作效率。养老机构涉及的规章制度类型和内容主要有以下几种。

（1）部门职能。

部门职能的主要目的是明确各部门的分工与工作中应履行的职责，承担相应责任和享受相应权限等，以避免工作中各部门责权不清。部门职能应根据各机构部门设置情况而定，一般可以划分为行政部门职能、后勤部门职能以及业务管理部门职能，每个职能部门一般由部门名称、上级部门、下级部门、主要职责、岗位任职要求以及主要任务等构成。

①行政部门职能：行政部门主要包括办公室、人力资源部、财务部、服务品质监察部等。

a. 办公室职能：包括制定发布本机构相关规章制度，协助机构领导督促、检查各项制度的落实情况，牵头组织院务会、院长办公会议等各种会议，综合协调各部门的工作，负责公文收发、起草、管理，负责本机构工作动态的收集、审核及发布，负责各级政府监管工作的接待，做好突发事件的协调处理等工作。

b. 人力资源部职能：包括组织架构的设计、岗位描述、人力规划编制、考勤管理工作，员工的招聘、调配、教育培训，员工年度考核、评级、奖惩，员工劳动工资及待遇统计与管理，员工人事档案的管理等工作。

c. 财务部职能：包括机构财务、资金和资产管理，财务预算、成本核算、报账，入住老年人收费及欠费的催缴等工作。

d. 服务品质监察部职能：包括全机构服务质量监督、管理工作，负责组织制定机构质量控制标准，开展质控工作、撰写质控报告，对存在问题做好跟踪、持续改进工作，保障老年人安全及机构运营安全。

②后勤部门职能：后勤部门主要包括物业、餐饮、采购、信息化部门等。

a. 物业部职能：包括实现全方位无死角管控，为老年人提供全面化、多元化、便捷化的服务，为运营提供安保消防、保洁绿化、工程维修、物业客服等多维度后勤物业保障。

b. 餐饮部职能：包括对原材料采购、烹饪加工、餐品销售服务、成本控制、食品安全、卫生检查、设备设施、员工绩效考核、餐厅筹备和餐品销售业绩考核等各方面进行管理并组织实施。

c. 采购部职能：包括对采购管理、招标管理等方面进行全面把控，为机构优质、高效的可持续发展提供后勤物资保障。

d. 信息化部职能：包括制定和落实信息化发展规划、提升信息化管理水平，负责制定各项信息管理制度和标准，建立、健全各类信息化系统，开发、利用信息技术实现机构各职能部门业务需求；为机构决策提供准确、高效的管理信息。

③业务管理部门职能：业务管理部门包括营销、护理以及医务等管理部门。

a. 营销管理部职能：主要负责来访老年人和亲属的接待，为老年人办理入住手续，协调相关部门为初次入住老年人进行护理等级评估，协助处理入住老年人档案管理等工作。

b. 护理管理部职能：负责老年人的生活护理、康复护理、心理护理，护理人员的基础培训、工作考核，意外伤害事故的处理等工作。

c. 医务管理部职能：负责提供与管理老年人临床医疗保健服务，医务人员的培训与考评，药品的管理，医疗事故的处理及转诊的协调等工作。

（2）岗位职责。

制定岗位职责的目的是明确各岗位的员工应当承担的工作任务、履行的职责和上下级的关系，使每一位员工知道该做什么，不该做什么，应当达到什么标准或要求。岗位职责一般由岗位名称、上下级、本职工作、工作职责等部分构成。养老机构主要岗位职责一般包括管理、专业技术以及工勤三大类。

①管理类岗位职责：主要根据各养老机构管理岗位设置情况而定，如院长、执行院长、副院长、办公室主任、人力资源部经理、财务部经理、信息化部经理、服务品质监察部经理、多功能服务部经理、采购部经理、养护部经理、医疗部主任等部门负责人的岗位职责。

②专业技术类岗位职责：包括医生、护士、社工、财务以及其他专业技术职称系列岗位的职责。各专业技术职务可根据职称系列进一步分为高级、中级和初级专业技术职务岗位职责。

③工勤类岗位职责：包括养老护理员、厨师、水电工、司机、维修工、洗衣工、清洁工、绿化工、安保等工勤类岗位职责。工勤类岗位也可根据职业资格等级进一步划分为初级、中级、高级、技师级等岗位职责。

（3）工作制度。

养老机构通常依据实际工作需要制定相应的工作制度、管理与服务规范，明确具体的工作目标、工作任务、工作方法、工作内容、工作程序等内容。工作制度大致包括以下五类。

①行政类工作制度：包括工作会议制度、人力管理制度、应急预案制度、行政查房制度、值班制度、接待来访制度、消防安全管理制度、食品安全管理制度等。

②业务类工作制度：包括老年人入住和退住管理制度、健康评估制度、交接班制度、

转诊制度、药品代保管与代发放制度、财务工作管理制度、医疗服务管理制度、护理服务管理制度、不良事件上报制度及其他服务质量管理制度等。

③后勤服务类工作制度：包括物品招标、采购、验收制度，车辆管理制度，维修管理制度，餐饮管理制度等。

④技术操作规程与标准：一般指参照国家、行业、地方相关标准，根据本机构性质特点制定的操作规程，包括服务诊疗规范、各项护理技术操作规程、生活照料技术操作规程、康复技术操作规程、配餐技术操作规程、突发事件应急处理预案、医疗及护理质量标准、康复服务质量标准等。

⑤考核、评价、奖惩制度：在参照行业协会标准的基础上，根据机构自身情况制定，一般包括月度、季度、年度考核管理办法。

4. 制定要求

（1）一切从实际出发，实事求是。具有实用性的制度都是符合实际的。制度的制定要遵照我国的国情及养老行业发展的现状和趋势，符合本机构所处阶段和长远规划，合情合理，既要体现制度管理的人性化，又要充分调动员工的积极性和创造力。

（2）制度不是一成不变的，需要具有时效性，要与时俱进，随着机构的发展而不断调整完善。

（3）宏观制定框架，着眼小处细节。制定制度要着眼机构的整体建设与发展，要体现机构的前进方向，从员工个人发展的角度出发，在细微之处体现制度的管理作用。

（4）表述要通俗易懂、简明扼要。规章制度是需要全体员工落实执行的，考虑到员工文化程度、年龄状况等差异，制度的条文务必简明扼要，一目了然，以便于贯彻执行。

（5）要方便管理。具体量化的制度有效落实的前提是方便操作，这就要求制度尽量具体化，并能数字化，便于考核部门对照进行检查和考核评比。

（三）规章制度的执行

规章制度的执行需要养老机构内所有人员从上至下的贯彻落实。规章制度在执行过程中需注意以下几个方面。

1. 坚持一视同仁

制度是为机构内所有员工制定的，对于工作而言，制度其实就是一把尺子，在日常管理中，制度应凸显尺子的功能，所有的工作都需制度这把尺子丈量。机构管理者应做到一视同仁，执法必严、违法必究，按章程办事、按制度处理，奖惩分明，要敢抓、敢管，真正体现制度的作用。

2. 坚持领导带头的作用

管理者应起到带头的作用，凡是制度要求做到的管理者应自己先做到，这样才能服众，上行下效，才能把制度有效地执行下去，否则最终只会成为一纸空谈。

3. 坚持常抓不懈

制度本身是一种形式，有制度不执行就是形式主义。规章制度要常抓不懈，制度执行管理不能时紧时松,不能让制度成为一种口号,要让制度检查也成为一种制度,让遵守制度成为一种习惯,成为一种文化。

二、养老机构的会议管理

(一)会议管理概述

养老机构要做到行政办公的规范化管理,其中会议管理是极为重要的一项工作,也是日常工作中重要且频繁使用的一种管理方式。

会议的四个基本条件是有组织、有领导、商议事情和集会。会议的构成要素包括会议名称、会议时间(含开始时间和终止时间)、会议地点、会议人员(出席人员、列席人员和工作人员)、会议组织、会议主题等。

会议管理的目的是保证会议的正常进行并提高会议的效率,对会议的筹备、组织、保障等工作进行有效的协调。会议是解决问题的手段之一,是领导工作的一种重要方式。养老机构应正确运用会议这一手段进行管理。

(二)会议管理的原则

为统一会议管理模式,避免会议过多或重复,养老机构正常性的会议一律纳入例会,原则上要按例行规定的时间、地点、内容组织召开,并注重会议的实效性。

(1)确定目的:参会者会前要明确会议的主题,围绕会议主题,做好充分的准备工作。

(2)选择参会人员:根据会议内容选择合适的人员参加。

(3)明确议程:办公室或会议组织部门在会前确定会议议程,并发至参会人员,使其明确会议方向以便准备相关资料。

(4)设定时间及地点:明确会议地点,会议要准时开始,组织者应对发言时长进行把控,参会者的发言要言简意赅,准时结束。

(5)做好记录:要有准确、完整的会议记录,会议的各项决议必须有具体执行人员及完成时间节点,如需要多部门配合,需在会议记录中明确说明,避免会后互相推诿,影响工作完成进度。

(6)会后跟进:会议每项决议要有专人跟进,如有意外情况可适时调整,确保各项会议要求落实到位。

(三)会议管理的办法

会议管理应以会议管理原则为前提,制定务实的会议管理办法,通过会议分类,对不同的会议进行安排和记录,切实保证各项重点工作高效有序完成。

1. 会议分类

(1)领导班子级会议:机构领导班子成员参加的决策性、方向性、战略性会议。

(2)常务会议:由机构负责人决定并主持召开的经理级别以上人员的工作会议。

(3)专题会议:技术、业务综合会议,如服务技术探讨会、服务质量分析会等。

（4）部门工作会议：各部门负责人针对部门人员召开的工作会议，如部门例会。

（5）上级或外单位在本养老机构召开的会议，如报告会、现场会、讨论会、办公会等。

2. 会议安排

（1）例会的安排：为避免会议过多或重复，养老机构正常性的会议一律纳入例会，原则上要按例行规定的时间、地点、内容组织召开。

（2）其他会议的安排：其他专题会议由牵头部门根据实际工作情况，进行合理安排。会议主题需围绕机构各重点工作展开；会前做好充分准备，做到充分沟通，心中有数；对议而不决事项提出具体解决方法与原则，明确工作进展和安排；会议要精干、高效、具体、量化，杜绝空谈和形式主义。

凡已下发会议通知的会议，如需改期，或遇特殊情况需临时安排其他会议，组织部门应至少提前2小时告知参会部门，并告知会议室管理部门取消会议室安排。

3. 会议管理的三个环节

为了提高会议的效率，需做好会前准备、会中控制和会后跟踪三个环节的工作。

（1）会前准备。

①质疑会议的必要性。每次开会前都有必要对开会的必要性进行质疑，做到能不开的会坚决不开，可开可不开的会尽量不开，必要召开的会尽量少开。

②明确会议的目标。会议的目标越明确、越具体越好。

③确定会议议题。确定会议议题应遵循以下几个原则：一是议题必须紧扣会议目标；二是议题数量要适中，不能太多，也不能太少；三是各项议题之间保持有机联系，并按照议题解决的逻辑顺序排列；四是明确讨论各项议题所需的时间。

④确定与会人员。确定与会人员的人数和结构。对于决策型会议，为保持成员间良好的互动，会议成员一般应不多于10人。一般应邀请下列几类人员参加会议：对会议主题有深入研究或对情况较为熟悉的人，对会议目标达成起关键性作用的人，能够客观理智和积极踊跃发表自己见解的人。

⑤确定会议的基本程序。确定会议的基本程序，就是明确会议先做什么，后做什么，再做什么。

⑥安排会议时间和地点。在会议时间安排上需要考虑何时召开会议、会议持续多久的问题。确定会议召开时间需要考虑与会人员是否能够出席和会议效率的问题。会议持续时间不宜过长也不宜过短。此外，会前还需做好会议资料准备和发放会议通知的工作。

（2）会中控制。

①有效控制会议的议题和进程。

第一，明确议题的目标。

第二，澄清对议题的误解或错误。

第三，控制讨论进程。当与会人员发言与会议主题不相符时，主持人应及时将其发言拉回会议主题上来。

第四，有效处理意见分歧。当会议出现不一致意见而引发争论时，主持人应对各方观点进行归纳总结，以帮助与会人员理清思路、把握要点。

第五，控制会议时间，按时开始，准时结束。

第六，总结议题成果，确认行动。每一议题讨论结束后，主持人应就达成一致的内容进行清晰、简短的概括。如果会议决议需要某人采取行动，主持人还应要求其确认在该行动中应当承担的责任。

②有效控制会议成员的行为。

第一，严格要求准时开会。

第二，鼓励下级积极发言。为避免领导发言给后来发言者造成的心理影响，可以考虑把领导发言安排在下级发言之后。

第三，鼓励思想交锋。会议期间应鼓励与会人员自由发表意见，鼓励不同思想观点的交锋、争论，但争论的内容必须和会议主题有关。

第四，避免压制建议。如果提出的建议遭到嘲笑和压制，与会人员将害怕和没有热情提出建议。所以，会议领导者应对提出的建议给予特别的关注和表现出足够的热情，避免压制建议的做法。

（3）会后跟踪。

会议结束后，应将会议内容整理成会议纪要，会议纪要中应包括相关部门应承担的责任、责任人、完成时间及验收标准等内容。会议的关键在于落实，应根据会议纪要的内容检查会议决定的落实情况，使会议做到议而有决、决而有行、行必有果。

4. 会议管理要领

（1）严格遵守会议的开始时间。

（2）在会议开始时就议题的要旨做简洁的说明。

（3）把会议事项的进行顺序与时间的分配预先告知与会人员。

（4）在会议进行中应注意如下事项：①发言内容是否偏离了议题；②发言内容是否出于个人的利害；③是否全体人员都专心聆听发言；④发言者是否过于集中于固定的少数人；⑤是否有从头到尾都没有发言的人；⑥某个人的发言是否过于冗长；⑦发言的内容是否朝着结论推进。

（5）应提醒发言者紧扣会议主题，引导其在预定时间内做出结论。

（6）在必须延长会议时间时，应取得大家的同意，并明确延长的时间。

（7）应把整理出来的结论交给全体与会人员表决确认。

（8）应提出决议执行的程序，并加以确认。

5. 会议禁忌事项

（1）发言时不要长篇大论，滔滔不绝（原则上以3分钟为限）。

（2）不可以从头到尾沉默到底。

（3）不要取用不正确的资料。

（4）不要尽谈期待性的预测。

（5）不可以有人身攻击的言语。

（6）不可以打断他人的发言。

（7）不可以不懂装懂，胡言乱语。

（8）不要过谈抽象论或观念论。
（9）不可以对发言者吹毛求疵。
（10）不要中途离席。

三、养老机构的公文管理

公文是具有特定格式的文件。它是传达贯彻管理制度、请示和答复问题、指导和商洽工作、报告情况、交流经验的重要工具。养老机构的公文是指令的基本载体，也是文书档案的母体。公文管理工作是养老机构文书档案工作的基础，档案的形成过程也就是公文管理的全过程。

（一）公文处理的原则

1. 实事求是原则

公文处理工作，必须要遵循深入实际、认真负责的工作作风，因为公文的出发点和最后的目的是要解决实际的问题。公文处理必须是一种有效的信息沟通，公文处理的实践者应该从客观实际出发，如实地反映真实情况，不先入为主，不任意夸大和缩小问题，同时运用科学的方法论从客观事实中得出正确的结论。能够发现问题，提出问题，分析问题，最终还是要落在能有效地解决问题。所以，在公文处理实践中，最重要的是要能指出解决问题的具体方法、手段、途径、措施。

2. 精简原则

首先，公文书写要简短精练，公文的格式、结构、种类都要力求简化。其次，公文的运转处理程序的环节要力求精简，减少不必要的层次和工作环节，合并一些环节和手续。通过逐步改善加工手段，有效地控制程序，减少出现差错的机会，最终实现逐步简化过程。最后，公文处理的实践者必须从观念上破除那种陈腐的、以为烦琐、层次多就有效的旧观念，树立精简的意识，认识到简便易行的程序、责任到人的工作安排、规范功用强的方法、工具，才是保证公文处理便捷有效的正确方法。

3. 高效原则

效率和质量是相依相伴的，高效率不仅依赖快节奏、高时效，更取决于高质量。只有将每项工作、每个环节都做到准确、细致、严谨、周到，使公文处理能够按质完成，所有人员都能各司其职，公文处理的高效才有可能实现。公文处理的质量涉及公文处理活动构成的各个要素，涉及工作过程的每个环节，涉及评估审核的指标体系。

（二）常用公文的种类

养老机构的行政办公过程中，常用的公文包括规定或办法、通知、通告、通报、请示、报告、会议纪要、函（工作函、联系函）、决定、决议等种类。不同的公文类别，应用于不同工作情形下。

（1）规定或办法：适用于对特定范围内的工作和事务制定具有约束力的行为规范、规章制度，一般以红头文件形式下发。

（2）通知、通告：适用于发布规章制度、转发外来文件，要求各部门及员工遵守、周知或共同执行的事项。

（3）通报：适用于表彰先进、批评错误、传达重要精神和告知重要情况。

（4）请示、报告：适用于下级向上级部门汇报工作、反映情况、提出申请或建议，或请求批示、批准、批复的事项。

（5）会议纪要：适用于记载、督办、传达会议主要情况和议定事项。

（6）函（工作函、联系函）：适用于对外沟通，对内用于各部门之间商洽工作、询问和答复问题，或协作处理有关事项。

（7）决定：适用于对重要事项或重大行动做出决策和部署，对有关部门及人员的奖惩，组织变更或人事任免等。

（8）决议：适用于经会议讨论通过并要求贯彻执行的事项。

（9）表格式公文：主要指政府机关规定的表格式公文及养老机构因特定工作需要而印制的默认格式的公文。

（10）传真：业务处理需以传真行文时使用。

（三）公文处理的基本流程

公文处理流程是指在公文的产生和运转的全过程中，以特定的原则和方法对公文进行创意、撰写、加工、利用、保管，使其获得必要功效的行为或过程。

1. 撰制公文

根据公务活动的基本需要，由法定作者的代表——撰稿人通过领会意图收集整理有关信息撰写成文稿，再经审核签发以及整理印制、盖印等工作过程，形成具有正式效力的公文。

2. 办理、传递公文

根据法定的职责权利规定，进行发文和收文的处理。发文处理是指以本单位的名义制发公文的过程，包括草拟、编号、审核、签发、复核、用印、登记、分发等程序。收文处理指对收到公文的办理过程，包括签收、登记、审核、拟办、批办、承办、催办等程序。传递公文是将撰制完毕的公文，根据有关规则递送给收文单位的过程。

3. 管理公文

管理公文是指公文由档案管理部门或专职人员统一收发、审核、印制、归档、销毁；对公文实施科学系统保管，对秘密公文进行保密维护。

4. 立卷归档

公文办理完毕后，应根据档案法和其他有关规定，及时立卷归档。要对在立卷范围内的文件做系统化整理和编目，编制成案卷，并在规定的时间内将其移交档案管理部门。

（四）公文的组成要素

公文一般由公文份数序号、秘密等级和保密期限、紧急程度、发文单位标识、发文字号、签发人、标题、主送单位、正文、附件说明、成文日期、印章、附注、印发日期等组成。

（五）公文档案管理中容易出现的问题

在公文管理工作中，常存在着待解决的问题。一般来说，档案质量问题大多是组卷之前，即公文移交档案室之前，在公文处理工作的各个程序中产生的。例如，公文书写工具及载体选择不当，公文打印质量差；公文拟写词不达意，内容拖沓冗长、晦涩难懂，套话、空话较多；公文名称不能正确反映公文内容，省略不当等。

公文格式不规范，如公文多头主送，请示件无签发人，不标主题词等；请示报告不分，一文多事；行文关系混乱，程序不当，公文不能直接送达收文单位或部门，拖延公文生效时间；对上级单位来文，工作办理完毕后，将公文据为己有，不归入档案室，造成档案材料不全；公文传阅或办理过程中散失，页数不全，缺附件、附表等。

上述问题的存在，降低了公文的质量，直接影响现实工作的开展，为以后档案的分类整理、组卷和利用等工作带来了许多不便，降低了档案材料的真实性、可信性，档案的利用价值也无从谈起。

四、养老机构的印章及证照管理

印章是养老机构合法存在的标志，是养老机构权力的象征，是明确机构对外、对内各种权利、义务关系的印鉴。证照是指依据法律法规或市场惯例，机构应具备的、可以重复使用的各种身份证明文件、权属证明文件、许可文件、鉴定文件的正本、副本及相应的电子数字证书。印章和证照具有安全性、合法性、严肃性、有效性。规范的印章及资质证照管理制度，有助于养老机构对内、对外工作的开展。完善的证照管理制度，可以提高机构相关工作的效率，规范办理、存档、使用、借用流程，明确证照申办、存档、管理及使用各个环节中相关部门的责任，确保机构依法合规开展经营活动，防范经营中的风险。

五、养老机构档案管理

养老机构的档案集中反映了各项业务的开展情况，是养老机构服务工作和管理工作中形成的具有参考、利用、保存价值的历史记录，也是养老机构发展中形成的宝贵资源。严格的档案管理可以有效提高养老机构综合管理工作水平，进而实现档案管理的规范化、制度化、科学化，丰富养老机构档案资源，更好地为各项工作服务。养老机构必须有规范化的档案管理制度，保证档案的完整、准确、系统、安全，充分发挥档案资料的作用，提高养老机构的日常工作效率和工作质量。

六、养老机构服务合同管理

养老机构服务合同是养老机构与老年人双方或与老年人监护人三方确定各自权利和义务关系的协议，虽不等于法律，但依法签订的合同具有法律约束力。养老机构服务合同实行归档管理，并有严格的管理要求，以实现合同管理的规范化和制度化。

任务五 养老机构的人力资源管理

【知识目标】

◇ 了解人力资源管理对养老机构的重要意义以及养老机构人力资源管理的现状和发展趋势
◇ 理解人力资源管理的学科理论以及人力资源管理在养老机构的重要作用
◇ 掌握人力资源管理的概念、六大模块知识以及实务操作技能

【能力目标】

◇ 运用所学到的人力资源管理的理论和实操知识，初步解决人力资源规划、招聘与配置、培训与开发、绩效管理、薪酬管理和劳动关系管理等人力资源问题
◇ 能够根据学习和实践需要，不断学习新知识，有针对性地收集相关信息资料

【素质目标】

◇ 提高养老机构人力资源从业者的专业度
◇ 培养养老机构人力资源从业者的服务意识、团队协作意识、目标管理意识
◇ 除运用所学知识，处理日常人力资源管理工作外，还能理论联系实际，对人力资源管理进行一定的优化、革新

【思维导图】

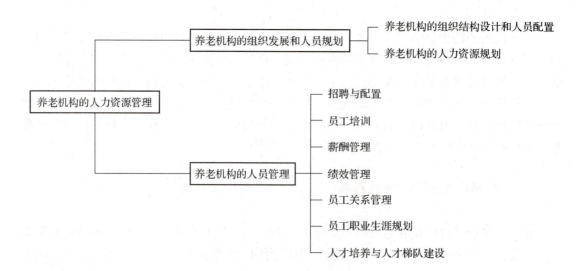

人力资源是第一资源，是养老机构最宝贵的资源。人力资源对生产力的发展起着决定性的作用，对养老机构经营战略的实施起着保证作用。养老机构能否在竞争日趋激烈的环境中生存和发展，关键在于是否具备核心竞争力，而核心竞争力主要来自养老机构中的人力资源。

人力资源管理是指在经济学与人本思想指导下，通过招聘、甄选、培训、报酬等管理形式对组织内外相关人力资源进行有效运用，满足组织当前及未来发展的需要，保证组织目标实现与成员发展最大化的一系列活动的总称。人力资源管理一般分为六大模块：人力资源规划、招聘与配置、培训与开发、绩效管理、薪酬管理和劳动关系管理。

一、养老机构的组织发展和人员规划

（一）养老机构的组织结构设计和人员配置

1. 组织结构

组织结构是组织的全体成员为实现组织目标，在管理工作中进行分工协作，在职务范围、责任、权利方面所形成的结构体系，是组织内部分工协作的基本形式或框架。

组织结构是组织在职、责、权方面的动态结构体系，其本质是为实现组织战略目标而采取的一种分工协作体系。组织结构必须随着组织重大战略的调整而调整。

2. 组织结构设计

组织结构设计是指以养老机构组织结构为核心的组织系统的整体设计工作。它是养老机构总体设计的重要组成部分，也是养老机构管理的基本前提。为实现养老机构的战略目标，提高机构的竞争力，合理配置机构的各类资源，必须科学、合理地设计组织结构。设计组织结构应遵循以下原则。

（1）任务与目标原则。

组织结构设计的根本目的是实现机构的战略任务和经营目标，这是最基本的原则。衡量组织结构设计的优劣，要以是否有利于实现任务、目标作为最终的标准。从这一原则出发，当养老机构的任务、目标发生重大变化时，如从单个养老机构扩张为多个养老机构时，组织结构必须做相应的调整和变革，以适应任务、目标变化的需要。

（2）执行与监督分设原则。

在组织结构中，监督部门是一个相当重要的职能部门，在组织中不可缺少，但在设立监督部门时必须注意执行与监督分设的原则。执行部门和监督部门必须分立，监督部门只有知情权、反映权，而没有指挥、执行权。实施执行职能的部门不能同时实施监督职能，实施监督职能的部门不能同时实施执行职能，只有这样才能充分发挥监督部门的职责。一旦监督部门具备了执行权，那么监督也就失去了作用，因为监督部门较难监督自身的执行行为。

（3）专业分工和协作原则。

分工协作是提高劳动效率的基本手段。组织内部各部门之间应该是分工协作的关系，每一个部门都不能脱离其他部门承担组织所有的工作。因此，在设计组织结构时，应把握好分工协作的原则。

（4）有效管理幅度原则。

有效管理幅度是组织中一个领导者能直接有效地领导的下属人员数。受个人精力、知识、经验条件的限制，一名领导者能够有效领导的直属下级人数是有一定限度的。决定有效管理幅度的条件主要有：①问题的复杂程度和工作量的大小。②领导者及其下属的素质水平。③标准化水平和授权程度。在进行组织结构设计时，领导者的管理幅度应控制在一定水平，以保证管理工作的有效性。

（5）集权与分权相结合原则。

集权是决策权在组织系统中较高层次的一定程度的集中，分权是决策权在组织系统中较低层次的一定程度的分散。集权有利于保证组织的统一领导和指挥，有利于人力、物力、财力的合理分配和使用，而分权是调动下级积极性、主动性的必要组织条件。集权与分权是相辅相成的，是矛盾的统一。没有绝对的集权，也没有绝对的分权。

（6）稳定性和适应性相结合原则。

设计组织结构时，既要保证组织在外部环境和养老机构任务发生变化时，能够继续有序地正常运转，又要保证组织在运转过程中，能够根据情况变化做出相应的变更，具有一定的弹性和适应性。

3. 养老机构组织结构的类型

（1）直线制组织结构。

直线制组织结构是养老机构的一切管理工作均由机构负责人直接指挥和管理，不设专门的职能机构的组织结构形式。直线制组织结构如图 3-9 所示。

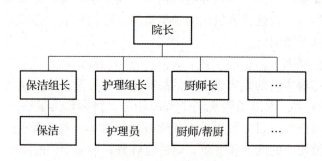

图 3-9　直线制组织结构

直线制组织结构的优点是管理结构简单，管理费用低，命令统一，决策迅速，责任明确，指挥灵活，上下级关系清楚，维护纪律和秩序比较容易；缺点是管理工作简单粗放，成员之间和组织之间横向联系差。

直线制组织结构要求机构负责人具备多种知识和技能，能亲自处理各种业务。在业务比较复杂、组织规模比较大的情况下，把所有管理职能都集中到机构最高负责人身上，显然是不适宜的。因此，直线制组织结构只适用于规模较小的养老机构，并不适用于管理人员较多、管理工作复杂的中大型养老机构。

（2）直线职能制组织结构。

直线职能制组织结构是最常见的一种结构形式，在大中型养老机构中尤为普遍。其特点是以直线为基础，在各级行政主管之下设置相应的职能部门（如护理部、财务部等）从事专业管理，作为该级行政主管的参谋，实行主管统一指挥与职能部门参谋、指导相结合。在直线职能制组织结构下，下级部门既受上级部门的管理，又受同级职能管理部门的业务指导和监督；各级行政领导人逐级负责，高度集权。因此，这是一种按经营管理职能划分部门，并由机构最高经营者直接指挥各职能部门的体制。直线职能制组织结构如图3-10所示。

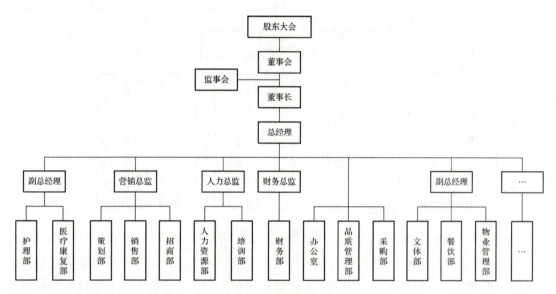

图 3-10　直线职能制组织结构

（3）事业部制组织结构。

事业部制组织结构亦称 M 型结构，是指养老机构按照地域或者服务对象在直线职能制框架基础上设置独立核算、自主经营的事业部，在总部领导下，统一政策、分散经营的组织结构方式，是一种分权化体制。事业部制组织结构是为满足养老机构规模扩大和多样化经营对组织机构的要求而产生的一种组织结构形式，常见于大型连锁养老机构。事业部制组织结构具有集中决策、分散经营的特点。集团最高层或总部只掌握重大问题决策权，从而从日常经营管理中解放出来。事业部制组织结构如图3-11所示。

总之，养老机构是为老年人提供生活照料、专业护理、医疗保健、康复理疗、营养膳食、文化娱乐等服务，内部的组织结构要根据养老机构的性质、环境、规模、战略目标、提供的服务项目等内容进行设计。

4. 养老机构的岗位设置

养老机构的岗位可以根据岗位的工作性质及特征分为以下三大序列。

（1）管理序列：指从事管理工作，具有人员管理权限（不包括师徒关系、业务辅导关系），带领团队运作指定业务的岗位，如护理组长、行政主管、人力资源经理、营销总监等岗位。

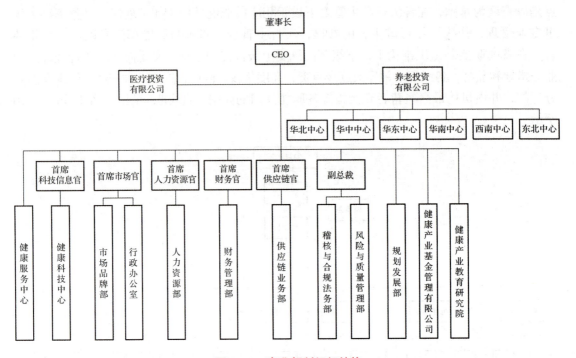

图 3-11　事业部制组织结构

（2）专业技术序列：指没有行政职务，从事专业技术工作并对专业技术业务成果负责的岗位。根据在养老机构发挥作用的不同，这类岗位进一步区分为卫生专业技术岗位和职能专业技术岗位。

①卫生专业技术序列：指医生、护士、（检验、放射等）技师、药师等岗位。

②职能专业技术序列：指从事财务、业务、市场、法律、培训、工程技术等专业特点突出的职能管理工作，为养老机构养老服务提供相应支持、保障的岗位，如会计、养老顾问、法务等岗位。

（3）服务技能序列：指从事生活照料、文化娱乐、后勤保障等直接养老服务的岗位，可分为养老护理类、文娱类、餐饮类、后勤保障类等。

5. 养老机构的人员配置

根据现有的国家及地方相关的养老机构人员配置标准，结合养老机构的现状调查结果，可总结出护理院和养老院这两种类型的养老机构常设的主要岗位人员的配置标准。

（1）护理院。

①行政管理人员总数占员工总人数的比例为 10%~15%。

②全院至少有 1 名具有副主任医师以上专业技术职称的医师，至少有 3 名具有 5 年以上工作经验的医师。

③每床至少配备 1 名护理人员，且注册护士与护理人员之比为 1∶2~1∶2.5。

④每10张床或每病区至少配备1名具有主管护师以上专业技术职务任职资格的护士，每病区设护士长1名。

⑤应当配备与开展的诊疗业务相应的药师、技师、临床营养师、康复治疗师等医技人员。配置比例：医生1∶10、护士1∶10、护理员1∶1.25。

（2）养老院。

①行政管理人员总数占员工总人数的比例为10%~15%。

②全机构领导应具备相关专业大专以上学历。

③应有1名大专以上学历、社会工作类专业毕业的专职社会工作人员和专职康复人员。

④为介护老年人服务的机构有1名医生和相应数量的护士。

⑤护理人员及其他人员的数量以能满足服务对象需要为原则，配置比例：医生无要求、护士1∶50、护理员1∶4~1∶10。

养老机构可根据自身的规模、类型设置相应的岗位，配置相应的人员。一般小型养老机构设置的岗位较少，人员配置比例低，设立养老护理员、保洁、厨师等岗位；中大型养老机构实行专业化管理，部门较多，岗位齐全，人员配置比例较高。

（二）养老机构的人力资源规划

1. 人力资源规划的定义

人力资源规划，也称人力资源计划，是以养老机构的战略发展及业务发展规划为目标导向，通过科学预测养老机构在未来环境变化过程中的人力资源需求及供给状况，制定必要的人力资源获取、利用、保持及开发的策略，满足养老机构对人力资源在质量及数量上的需求，使得养老机构及个人得到相应的短、中、长期利益。

2. 人力资源规划的原则

（1）动态原则。

①人力资源规划应根据养老机构内外部环境的变化而调整。

②人力资源规划具体执行中的灵活性。

③人力资源具体规划措施的灵活性及规划操作的动态监控。

（2）与环境相适应原则。

①内外部环境适应。

②应充分考虑养老机构内外部环境因素以及这些因素的变化趋势。

（3）与战略目标相适应原则。

人力资源规划应与养老机构的战略发展目标相适应，确保二者相互协调。

（4）保障原则。

①应有效保证对养老机构人力资源的提供。

②应能够保证养老机构和员工共同发展。

（5）系统原则。

人力资源规划要反映出人力资源的结构，使各类不同人才恰当地结合起来，优势互补，实现组织的系统性功能。

3. 人力资源规划的期限

人力资源规划期限分为短期（1年）、中期（3~5年）、长期（5~10年），一般来说要与养老机构总体规模相一致。它主要取决于养老机构所处环境的确定性、稳定性以及对人力素质的要求。通常，经营环境不确定、不稳定，或人力素质要求低，能随时从劳动力市场补充时，可以以短期规划为主；相反，若经营环境相对确定和稳定，而对人力素质要求较高，补充比较困难时，则应当制定中长期规划。人力资源规划期限与经营环境的关系参见表3-2。

表3-2 人力资源规划期限与经营环境的关系

短期规划——不确定/不稳定	长期规划——确定/稳定
出现许多新的竞争者	很强的竞争优势
社会、经济、技术条件飞速变化	渐进的社会、政治、技术变化
不稳定的产品/服务需求	稳定的需求
组织规模较小	有效的管理信息系统
恶化的管理实践	强有力的管理实践

4. 人力资源规划的步骤

人力资源规划有下列七个步骤：收集分析有关信息资料、预测人力资源需求、预测人力资源供给、确定人员净需求、确定人力资源规划目标、人力资源方案制定、对人力资源计划的审核与评估。

（1）收集分析有关信息资料。

收集与人力资源规划有关的信息资料，如养老机构的经营战略和目标、组织结构的检查与分析、岗位说明书、现有人力资源状况（包括人力资源的数量、质量、结构及分布状况等）。

（2）预测人力资源需求。

主要是根据养老机构发展战略规划和养老机构的内外部条件选择预测技术，然后对人力资源需求的结构和数量进行预测。人力资源需求预测分为现实人力资源需求预测、未来人力资源需求预测和未来流失人力资源预测三部分。其具体步骤如下：

①根据岗位分析的结果，来确定岗位编制和人员配置。

②进行人力资源盘点，统计出人员的缺编、超编以及是否符合岗位资格要求。

③将上述统计结论与相关负责人进行讨论，修正统计结论。

④根据养老机构发展规划，确定各部门的工作量。

⑤根据工作量的增长情况,确定各部门还需增加的岗位及人数,并进行汇总统计,该统计结论为未来人力资源需求。

⑥对预测期内退休的人员进行统计。

⑦根据历史数据,对未来可能发生的离职情况进行预测。

⑧汇总上面的统计和预测结果,得出未来流失人力资源预测。

⑨将现实人力资源需求、未来人力资源需求和未来流失人力资源汇总,即得到养老机构整体人力资源需求预测。

(3)预测人力资源供给。

人力资源供给预测包括两方面:一方面是内部人员拥有量预测,即根据现有人力资源及其未来变动情况,预测出规划期内各时间点上的人员拥有量;另一方面是外部人员供给量预测,即确定在规划期内各时间点上可以从养老机构外部获得的各类人员的数量。养老机构在进行人力资源供给预测时,应把重点放在内部人员拥有量的预测上,外部人员供给量的预测则应侧重于关键人员,如中高层人员和医疗、康复、护理等专业技术骨干人员等。其具体步骤如下:

①进行人力资源盘点,了解养老机构员工现状。

②分析养老机构的岗位调整政策和员工调整历史数据,统计出员工调整的比例。

③向各部门负责人了解可能出现的人事调整情况。

④将上述情况汇总,得出养老机构内部人力资源供给预测。

⑤分析影响外部人力资源供给的地域性因素,包括养老机构所在地的人力资源整体现状、有效人力资源的供给现状、养老机构能够提供的薪资福利对人才的吸引程度、养老机构所在地周边范围内从业人员的薪酬水平和差异。

⑥分析影响外部人力资源供给的地区性和全国性因素,包括国家关于就业的法规和政策、养老行业全国范围的人才供需状况、全国养老相关专业大学生毕业人数及分配情况。

⑦根据上述情况的分析,得出养老机构外部人力资源供给预测。

⑧将养老机构内部人力资源供给预测和外部人力资源供给预测汇总。

(4)确定人员净需求。

人力资源需求和供给预测完成后,就可以将养老机构人力资源需求的预测数与同期内养老机构内部可供给的人力资源数进行对比分析,从比较分析中可预测出各类人员的净需求数。人员净需求数如果是正的,则表明养老机构需要招聘新的员工或对现有的员工进行有针对性的培训;人员净需求数如果是负的,则表明养老机构这方面的人员是过剩的,应精简或对人员进行调配。人员净需求既包括人员数量,又包括人员结构、人员标准,即既要确定"需要多少人",又要确定"需要什么人",数量和标准需要对应起来。

(5)确定人力资源规划目标。

人力资源规划目标是随着养老机构所处的环境、养老机构战略、组织结构与员工工作行为的变化而不断改变的。可以依据养老机构的战略规划、年度计划,在摸清养老机构的人力资源需求与供给的情况下来制定养老机构的人力资源规划目标。

（6）人力资源方案制定。

人力资源各方面的计划包括配备计划、退休解聘计划、补充计划、使用计划、职业计划、绩效与薪资福利计划、劳动关系计划、培训开发计划等。计划中既要有指导性、原则性的政策，又要有可操作性的具体措施。人力资源费用预算包括招聘费用、培训费用、薪酬激励费用、福利费用等费用的预算。

（7）对人力资源计划的审核与评估。

负责人力资源管理的部门可以通过审核和评估，调整有关人力资源方面的项目及其预算。

二、养老机构的人员管理

（一）招聘与配置

员工招聘与配置的目的是满足养老机构经营管理所需要的人员，以实现人、岗和组织的最佳匹配，最终达到因事设岗、人尽其才、才尽其用、人事相宜，最大限度地发挥人力资源的作用。

1. 招聘录用原则

（1）用人唯贤，德才兼备，以德（指认同企业文化）为先原则。

（2）能者上、庸者下原则。

（3）学历、经验及技能相结合原则。

（4）岗位匹配原则。

（5）公平、平等、竞争、择优原则（同等条件内部员工优先）。

（6）亲属回避原则。

2. 聘用限制

有下列条件之一者，不得聘用：

（1）曾被原服务单位开除者。

（2）对本机构造成重大负面影响的人员。

（3）在本机构因经济问题离职者。

（4）在本机构范围内辞职3次及以上者。

（5）凡被剥夺政治权利尚未复权者。

（6）通缉在案者。

（7）刑期未满者。

（8）身体和心理的原因与岗位不适者。

（9）未满16周岁者。

3. 招聘缘由

（1）缺编补充：因员工异动，按现编制需要予以补充。

（2）突发人员需求：因不可预测的业务、工作变化，急需人员。

（3）扩大编制：因业务发展壮大，需扩大现有的人员规模及编制。

（4）新规划发展：因养老机构发展，需设置新的机构或新的部门。

（5）储备人才：为了保障养老机构的长远发展，需储备一定数量的各类专业人才。

4. 养老机构招聘现状及措施

员工招聘与配置的重要性不言而喻，但在现实的养老机构管理工作中，很多人力资源管理者都会面临"招人难，留人难"的难题，从而造成各养老机构的人才队伍无论是从整体数量上，还是从质量上与其他行业相比较，都存在较大的缺口和不足。

养老机构需要一大批具有专业知识能力的人员，特别是养老护理人员和专业养老管理人员的社会需求越来越大。在人才引进方面，各养老机构应着重引进综合素质高、专业性强、管理经验丰富的中高层人才；引进一批年轻、专业、有活力的大学生，逐步提高养老行业人员的学历和专业水平，降低养老从业人员的年龄，优化人力资源结构。养老机构可采取"顶岗实习""现代学徒制""产教合作""订单班"等多层次、多形式的校企合作模式，选用优秀大学生，在养老机构培养锻炼后，成为未来的核心人才和管理骨干。在养老护理人员引进方面，可与当地民政部门和政府老龄就业支持项目的输出机构，如护工培训项目机构，建立长期合作关系，从而保障各养老机构护理人员的用工需求。养老机构可根据自身的服务定位、招聘的岗位性质等实际情况灵活选用招聘配置渠道，如图3-12所示。

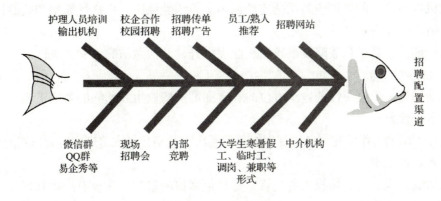

图3-12 招聘配置渠道

5. 招聘流程

（1）招聘准备。

人力资源部门根据养老机构年度工作计划，进行招聘需求分析，再结合岗位说明书，制订详细的年度人力资源招聘计划。用人部门在年度人力资源招聘计划编制内或编制外，根据本部门工作需要和岗位情况，提出人员需求申请。

（2）招聘实施。

根据招聘的岗位性质及专业要求，人力资源部门择优选定招聘渠道，有效发布并时时跟进招聘信息及反馈。在选择招聘渠道时，应首先在养老机构内部进行选聘，审定养老机构内部是否有合适和富裕的人员；再选择网络招聘、校园招聘、现场招聘会、中介机构、员工/熟人推荐等方式的外部招聘渠道。人力资源部门甄选出可以参加面试的人员后，与用人部门责任人确定最终候选人，并及时组织实施面试工作。面试后被录取人员，由人力资源部门填发《录用通知书》或口头通知当事人，并知会用人部门。

（3）招聘效果评估。

招聘效果评估是招聘过程中必不可少的一个环节，其不仅有助于检验招聘工作的有效性，提高招聘质量，降低招聘费用，改进今后的招聘工作，而且可以提高养老机构整体的经营绩效。一般来说，招聘效果评估包括对招聘结果、招聘成本和招聘方法等方面的考察，具体包括三个方面：数量、质量、时间。数量评估：人数招够了没有？对录用员工数量的评估是检验招聘工作有效性的一个重要方面。质量评估：招的人合格吗？招聘质量评估是对所录用的员工入职后的工作绩效、实际能力、工作潜力的评估。时间评估：人招得够快吗？招聘时间评估也就是招聘的及时性评估，或者叫招聘周期评估。

（二）员工培训

在养老机构的人力资源管理中，员工培训具有十分重要的意义，可以为养老机构打造出一支能力强、技术精、素质高，适应市场经济发展的员工队伍，使其更好地从事为老服务工作，为养老机构的可持续发展提供动力和保障。

1. 培训原则

养老机构对员工的培训应遵循适应性原则、系统性原则、多样性原则和效益性原则。

（1）适应性原则。

员工培训要符合机构战略发展与组织能力提升，并注意前瞻性和系统性。

（2）系统性原则。

员工培训是一个全员性的、全方位的、贯穿员工职业生涯始终的系统工程。

（3）多样性原则。

开展员工培训工作要充分考虑受训对象的层次、类型，考虑培训内容和形式的多样性。

（4）效益性原则。

员工培训是人、财、物投入的过程，是价值增值的过程，应该有产出和回报，应该有助于提升机构的整体绩效。

2. 培训内容

培训内容包括知识培训、技能培训和素质培训。

（1）知识培训。

不断实施员工本专业和相关专业新知识的培训，使其具备完成本职工作所必需的基本知识和迎接挑战所需的新知识。

（2）技能培训。

不断实施在岗员工岗位职责、操作规程和专业技能的培训，使其在充分掌握理论的基础上，能熟练地应用、发挥、提高。

（3）素质培训。

不断实施价值观、人际关系学、社会学、心理学的培训，建立组织与员工之间的相互信任关系，使员工认同养老机构的企业文化，满足养老机构发展与员工自我实现的需要。

3. 培训形式

培训形式分为内部培训、外派培训、员工个人进修和员工交流论坛。

（1）内部培训。

员工的内部培训是最直接的培训方式，主要包括新员工培训、岗位技能培训、转岗培训、部门内部培训和继续教育培训。

（2）外派培训。

员工外派培训是养老机构具有投资性的培训方式。养老机构针对员工工作需要，安排员工暂时离开工作岗位，在养老机构以外进行培训。

（3）员工个人进修。

员工的自我培训是最基本的培训方式。养老机构鼓励员工根据自身的愿望和条件，利用业余时间通过自学积极提高自身素质和业务能力。

（4）员工交流论坛。

员工交流论坛是员工从经验交流中获得启发的培训方式。养老机构可以在内部局域网上设立员工交流论坛。

4. 培训分类

根据受训对象和培训课程的不同，培训可分为岗前培训、在职培训和专题培训三种类型。

（1）岗前培训。

岗前培训是指对新员工和调岗员工的培训。养老机构通常对新录用的员工和调岗员工，在进入岗位之前进行养老机构概况、企业文化、安全管理及操作技能等方面的培训，以培养员工应具备的素质、掌握必要的知识和基本工作技能，使之能尽快适应新的工作环境。岗前培训包括新员工岗前培训和调岗员工岗前培训。

（2）在职培训。

在职培训是指为提高在职员工的技术技能水平，由养老机构直接或委托其他培训机构对员工实施的培训。

（3）专题培训。

专题培训是指为达到某一专门目的或解决某一专门问题而对员工就某个专项课题进行的培训。专题培训的方式和内容可以是灵活多样的，如培训方式可以为专题讲座、业务竞赛和系列教程等，培训内容可以是认知症专题、老年人评估专题、慢病管理专题和安宁疗护专题等。

5. 培训层次

根据各岗位不同等级的能力要求、培训目的和内容的不同，培训可分为高层管理人员培训、中层管理人员培训和基层员工培训三个层次。

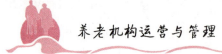

（1）高层管理人员是对养老机构战略决策有重要影响的人员，包括总监、总经理助理及以上级别的人员。

（2）中层管理人员是指养老机构主管级及以上人员。

（3）基层员工是指在养老机构中除中高层管理人员以外的员工。

不同层次人员的培训内容和培训方式是不相同的，培训层次详见表 3-3。

表 3-3 培训层次

人员层次	培训内容	培训方式
高层管理人员	应侧重观念、理念、思维方面。另外还要包括有关市场经济所要求的系统管理理论和技能，如市场营销、经营战略、经营过程控制、领导科学与艺术等	高级研习班、研讨会、报告会、企业间的交流、热点案例研究，到相关院校参加在职高等学历教育和 MBA、EMBA 等教育，国内外考察、业务进修等
中层管理人员	业务知识与技能、管理知识与技能、工作方法流程的改善等	内部研讨会、邀请专家授课、参观学习、轮流任职、到相关院校参加在职高等学历教育，参加业务知识、MBA、EMBA 等方面的研修班
基层员工	岗位职责、专业技能、操作规程、业务流程等岗位技能知识，有关资格证书方面的培训，基础管理知识等	部门内部培训、专题培训班，到高等院校、科研机构脱产进修等

6. 岗位专业培训

岗位专业培训就是养老机构根据岗位所应具备的知识、技能而为在岗员工安排的分岗位分专业的培训活动。其目的是提高在岗员工的业务知识、服务态度和专业技能。岗位专业培训主要分为管理岗位培训和专业技术技能岗位培训两种培训类别。

（1）管理岗位培训，应重点使管理者了解全球化的社会背景、我国养老政策和相关法律法规、老年服务事业的现状和发展、养老机构的境遇与管理、养老服务内容的拓展和服务水平的提高、管理者创新意识等知识。

（2）专业技术技能岗位培训，是对各岗位应具备的业务知识、服务态度和专业技能分别培训，养老机构重点要对护理员、护士、医生、康复治疗师、保洁员、业务员等岗位分类培训。例如，护理员应以基本的护理知识及生活照料的培训为主，使护理员在基本护理理论知识的指导下，为老年人提供规范、合理的生活照料。护士应以更新知识、完善知识结构的培训为主，加强老年医学和老年护理学的基本理论和技能的培训以及心理学、人际沟通等科学知识的学习，提高实施整体护理的能力。

7. 培训讲师

培训讲师应以内部培训师为主，外部培训师为辅。内部培训师是养老机构培训体系建设、完善并有效运行的重要保障，承担着课程开发与授课的重要职责，是养老机构文化传承、员工知识技能学习的桥梁。养老机构应组建一支高效的内部培训师队伍，致力于组织系统建设，挖掘机构内部的隐性知识，服务组织力的提升。

8. 培训体系

养老机构要建立以培训管理体系、培训课程体系以及培训实施体系为主的员工培训体系。培训管理体系包括培训制度、培训政策、培训职责管理、培训评估体系、培训预算及费用管理、培训与绩效考核管理等。培训课程体系包括通用类、专业知识、专业技能等培训课程。培训实施体系包括确保培训制度实施的一整套控制流程。

9. 培训流程

（1）培训计划。

培训主管部门于每年年底将下一年度的《培训需求调查表》分发至各部门，各部门根据需求制订本部门的下一年度培训计划，最后将其报送培训主管部门评审。

培训主管部门评审各部门年度培训计划，并根据调查访谈信息、养老机构的发展规划、上年度培训实施情况等资料，编制养老机构年度培训计划。

培训主管部门根据领导对年度培训计划的批示意见，制订培训实施方案，然后发布年度培训计划及实施方案。

（2）培训实施。

培训实施过程原则上依据培训主管部门制订的年度培训计划进行，如果需要调整，应该向培训主管部门提出申请。对于参加各类外部培训或进修的员工，均要经所在部门负责人同意，报领导批准后，方可参加培训。

各部门组织培训时，需指定专人做好培训记录及签到工作，在培训结束后组织培训效果评估，并将相关培训资料（培训记录表、培训登记表、培训效果调查表等）交培训主管部门备案存档。

（3）培训效果评估。

为了检验培训的有效性，培训进行中或结束后要进行必要的培训评估工作。

①培训评估实施者。

培训组织者为培训评估实施者。培训主管部门组织的培训，由培训主管部门负责组织培训的评估工作。各部门组织的培训，由各部门自行组织培训评估，培训主管部门可协助进行。

②培训评估内容及方法。

培训评估内容及方法详见表3-4。

③培训评估的执行。

培训评估对象可分为培训课程、培训讲师、培训组织者、受训人员行为技能改善等，以检验受训人员受训后的工作技能改善、职责履行情况。

表 3-4 培训评估内容及方法

	评估层次	评估内容	评估方法	评估时间	评估部门
1	反应评估	受训者对培训的满意度、建议	培训满意调查、访谈法、观察法等	培训结束时	培训组织者
2	学习评估	受训者对培训内容、技巧、概念的吸收与掌握程度	提问法、书面考试、实际操作、心得报告、讨论、工作日记等	培训进行时或结束时	培训组织者
3	行为评估	受训者在培训后的行为改变是否由培训所致	日常工作应用(有记录或成果)、授课或主持研讨会、行为观察等	三个月或半年以后	受训者的直接主管
4	结果评估	培训给机构和受训者的业绩带来的影响	工作绩效状况、成本效益分析、日常工作表现等	半年及以上时间、机构绩效考核时	受训者的部门主管

受训人员填写《培训效果调查表》,对此次的培训课程、培训讲师、培训教材、培训组织者进行评价;受训人员需根据各自体会,填写《培训心得报告》,对此次培训的内容、培训课程的感受、取得的收获以及想法建议进行书面总结。

受训人员的《培训效果调查表》和《培训心得报告》将作为培训课程的重要评估数据存档,组织培训的部门汇总、统计后撰写培训评估报告。

(4)培训工作总结。

培训主管部门每季度都要稽核一次各部门培训计划的执行情况,并根据执行情况给予奖励和处罚。

培训主管部门在下年度一月份上旬编写年度培训工作总结报告,报机构领导审批。

(三)薪酬管理

1. 薪酬的概念

薪酬是员工因向所在的组织提供劳动而获得的各种形式的酬劳或答谢,是员工在向组织让渡劳动或劳务使用权后获得的报偿。薪酬分为经济性薪酬和非经济性薪酬两种。经济类薪酬是指员工的工资、津贴、补助、奖金、福利等,非经济类薪酬是指员工获得的成就感、满足感或良好的工作气氛等。本教材中的薪酬仅指经济类薪酬。薪酬内容如图 3-13 所示。

2. 薪酬设计的原则

薪酬的设计应遵循按劳分配、效率优先、体现公平及可持续性发展原则,具体如下。

(1)公平性原则:公平是薪酬系统的基础,只有在员工认为薪酬系统是公平的前提下,才会产生认同感和满意度,才可能产生薪酬的激励作用。

项目三 养老机构服务保障管理

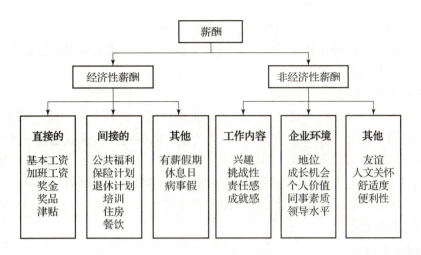

图 3-13 薪酬内容

（2）竞争性原则：薪酬以提高市场竞争力和对人才的吸引力为导向。

（3）激励性原则：薪酬以增强工资的激励性为导向，通过绩效奖金、创新奖金等激励性薪酬结构的设计，激发员工工作积极性。

（4）适宜性原则：薪酬水平需与养老机构的经济效益和承受能力相适应。

（5）合法性原则：薪酬设计必须符合国家的相关法律法规。

3. 薪酬构成

经济性薪酬构成一般包括工资、奖金、福利、津贴补贴等项目。养老机构可根据自身的实际情况选择相应的构成项目。

（1）工资。

工资是薪酬的主要形式，是养老机构依据国家法律规定和劳动合同等，以货币形式直接支付给员工的劳动报酬。工资可以分为基本工资、岗位工资、工龄工资、绩效工资等。

（2）奖金。

奖金是养老机构对员工超额劳动部分或绩效突出部分所支付的激励性报酬，是养老机构为鼓励员工提高劳动效率和工作质量给予员工的货币奖励。奖金的表现形式包括全勤奖、年终奖、红利、利润分享及其他即时奖励金。

（3）福利。

福利是指养老机构支付给员工的除工资和奖金之外的劳动报酬，往往不以货币形式直接支付，而多以实物或其他方式支付，如社会保险、商业保险、住房公积金、班车、免费工作餐、带薪休假、节日礼品、通信费、健康体检等。

从支付对象的角度看，福利可以分为全员性福利、只供某一特殊群体享受的特种福利以及特困福利。全员性福利是所有员工都能够享受的待遇，其分配基础就是平均率。特种福利是针对养老机构里的高级人才设计的，如高层管理人员或者具有专门技能的专业人员等，这种福利的依据是贡献率，是对这些人员特殊贡献的回报，如住宅津贴、股票优先购买权、专车服务等。特困福利则是面向有特殊困难的员工的，如特困抚恤金等，这种福利的基础是需要率。

福利对吸引、激励和留住优秀人才有至关重要的作用,养老机构可根据自身实力和情况确定自己的福利项目。

(4)津贴补贴。

津贴,是指补偿员工在特殊条件下的劳动消耗及生活费额外支出的工资补充形式,如高温津贴、生育津贴等。补贴,是指养老机构为了战略发展,保证战略目标的实现而实施的薪资补偿型策略,如住房补贴、加油补贴、学历补贴、职称补贴、职业资格补贴等。

此外,对于股份制养老机构来说,还可以将股权作为员工薪酬的一部分,以此作为一种长期的激励手段;如果制度设计合理,分配体系安排得当的话,股权可以让员工为机构的长期利润最大化而努力。

4. 薪酬体系类型

本部分仅介绍目前适合养老机构的三种比较流行通用的薪酬体系,即年薪制、岗位绩效薪酬制和提成薪酬制。

(1)年薪制。

年薪制以会计年度为时间单位支付薪酬,主要用于养老机构高层管理者的收入发放,称为经营者年薪制。年薪制是一种国际上较为通用的支付企业经营者薪金的方式,它是以会计年度为考核周期,把经营者的薪酬与企业经营业绩挂钩的一种薪酬分配方式。

在薪金构成上,年薪制有两种常见的形式:一种是基本收入(基本薪酬)和效益收入(风险收入),另一种是年薪加年终奖金。

基本收入加效益收入这种形式下的基本收入要根据市场薪酬水平和机构经济效益水平、经营规模、床位数、员工人数、员工平均工资水平而定;效益收入则是按基本收入的一定倍数支付,具体倍数根据年终机构的经济效益情况、生产经营责任大小、风险程度等因素确定。另外,可以在效益收入中引入股权激励的方式,将部分效益收入通过各种方式转化为机构股份,由经营者持有。两部分收入的发放方式不同,效益收入一般以日历年作为计发的时间单位;基本收入则采取分月预付,最后根据年终考核情况进行统一结算,超出应得年薪而预支的部分退回。

年薪加年终奖金这种形式下的年薪是根据机构规模、经济效益水平、经营者的能力、员工平均工资水平而定,年终奖金则视年终经济效益各项指标的完成状况而定。

养老机构可根据自身的实际情况,选择适合的年薪形式。

(2)岗位绩效薪酬制。

岗位绩效薪酬制根据岗位技术含量、责任大小、劳动强度和环境优劣确定岗级,以机构经济效益和劳动力价位确定工资总量,以员工的劳动成果为依据支付劳动报酬,是劳动制度、人事制度与工资制度密切结合的薪酬制度。岗位绩效薪酬制是基于岗位价值和业绩导向的薪酬结构,体现了以岗定薪、岗变薪变,岗位管理、绩效考核,效率优先、兼顾公平的原则,是当前薪酬设计的主流,适用于除业务人员、高层管理者以外的养老机构中的众多岗位。

岗位绩效薪酬制一般是由基本工资、岗位工资、绩效工资、福利和津贴补贴等项目构成。岗位工资是体现岗位责任、岗位技能、岗位强度、岗位环境等劳动差别的工资单元，只对岗位不对人，是岗位绩效薪酬制的主体部分。绩效工资是根据机构的经济效益和员工的业绩而确定的工资单元，体现了"按劳分配、多劳多得"的原则，是岗位绩效薪酬制的重要部分。

（3）提成薪酬制。

提成薪酬制是养老机构根据员工业绩的一定比例计发员工劳动报酬的薪酬计算方式。该薪酬制度有利于激发员工的工作积极性，提高工作效率，对于养老机构而言，可以减轻一定的经济负担，减少机构运营成本。该薪酬制主要适用于养老机构中的业务人员。

一般来说，业务人员的工资分为固定工资和浮动工资。固定工资包括基本工资、福利、津贴补贴等，属于保障性工资；浮动工资包括提成、绩效工资等，属于激励性工资。这种薪资结构设计既保证了业务人员基本的生活水准，又能激励业务人员提高业绩。适合业务人员的提成薪酬制的具体模式有以下几种：

①纯工资模式。"纯工资"指的是业务人员的工资为由养老机构核定给予其的基本工资，不存在与其业绩挂钩的收入部分。这种薪资结构能给业务人员带来极大的安全感，适合于以下几种情况：初创型养老机构需要开拓市场；新产品、新服务模式刚上市，面临着多变的市场而难以预测；新进业务人员由于对市场不了解，为了保证其生活水准而设置过渡期。

但"纯工资"与业务人员的业绩不存在联系，不能够有效调动业务人员的主观能动性，且其平均式的分配方式会造成团队内部出现消极行为，不利于业务目标的顺利达成。

②底薪+业务提成模式。"底薪+业务提成"是指业务人员的工资收入由养老机构按期支付的基本工资和与其业绩直接挂钩的业务提成两部分构成。一般情况下，业务越是困难，业绩对业务人员的主观能动性依赖越大，相应的业务提成比例越高。

该薪酬模式在为业务人员生活提供基本保障的同时，对业绩良好的业务人员具有很大的激励性，是目前许多养老机构广泛采用的一种业务人员的薪酬模式。但是，该薪酬模式会导致业务人员时刻关注自身利益，而忽视了业务团队的凝聚力和养老机构的整体利益。

"底薪+业务提成"的薪酬模式又可区分为"高底薪+低提成"与"低底薪+高提成"两种薪酬模式。前者更注重业务人员的稳定性，用较高的稳定薪酬收入，稳定业务人员与养老机构之间的工作关系；后者则以业务人员的工作业绩为导向，以业务人员的业绩核定其绝大部分的薪酬收入。

③底薪+奖金模式。"底薪+奖金"指的是业务人员的薪酬收入由养老机构按期支付的基本工资和完成一定业务目标的奖金两部分构成。基本工资是稳定的，奖金是在业务人员完成制定的业务目标之后给予的激励奖赏。

这种薪酬模式的优点是在确保业务人员有保障收入的基础上，通过奖金激励为业务人员设定一系列与养老机构发展相关的指标，引导其合理的业务行为，促进养老机构的和谐、持续发展。但由于该薪酬模式下业务人员的当期业务额与薪酬并不直接关联，业务人员对业务额的获得缺乏必要的动力。

这种模式主要适用于以下情形：品牌知名度低，市场开拓存在一定的困难；养老机构发展到较为成熟的阶段，主要依靠品牌和业务渠道铺设来开展业务；业务周期比较长；在当地具有垄断性。

④底薪＋业务提成＋奖金模式。"底薪＋业务提成＋奖金"是指业务人员的薪酬收入由养老机构按期支付的基本工资、按期根据业绩发放的业务提成及完成养老机构一定业务目标的奖金三部分构成。

该薪酬模式综合了基本工资、业务提成和奖金三种报酬的优势，能充分发挥薪酬在调动业务人员主观能动性方面的激励性。其中，业务提成能激励业务人员追求优秀的业绩，而奖金则会促使业务人员更加关注其业务行为。但是该薪酬模式在无形中增加了养老机构的薪酬管理成本，增加了薪酬制度操作的专业性，并且业务额的核定、业务提成率、奖金发放率等方面的核定也存在较大的困难。

这种模式是应用最广的，比较适用于养老机构计划快速开拓市场，需要加大激励力度，同时对协作性要求比较高的业务团队。

⑤纯业绩提成模式。"纯业绩提成制"也叫佣金制，指的是业务人员的工资收入没有固定的部分，全部由浮动工资部分组成，即由业务人员一定比例的业务提成构成。

该薪酬模式的优点显著，激励性很强、操作简便，维护成本低。但是在该薪酬模式下，业务人员面临着全部的业务风险，一旦受经济和市场因素影响，其收入会非常不稳定，并且此种情况下业务人员会受经济利益驱使，热衷于进行有利可图的交易，为了其个人的短期收益甚至会出现损害养老机构形象及长远利益的情况。同时，该薪酬模式易导致业务人员之间的恶性竞争，削弱业务团队的稳定性和凝聚力。

这种模式比较适用于兼职业务人员和购买者分散、产品同质化程度高、市场广阔、推销难度较低的组织。

5. 薪酬体系设计流程

（1）工作分析。

展开工作分析，确定需要什么样的岗位，并建立相关岗位的岗位说明书，这是薪酬体系设计的基础。

（2）岗位评估。

建立一套科学的岗位评价方法，评价各个岗位的重要性或相对价值，并将所有的岗位都纳入一个工资级档系统中，以形成养老机构的工资级别。

（3）市场薪酬调查。

展开市场薪酬调查，调查周边类似规模养老机构的薪资、福利信息，调查行业相关数据，并根据自己的薪酬政策确定每个工资级别的薪酬定位。

（4）薪酬结构确定。

根据薪酬目标以及岗位评估结果确定薪酬结构，即工资、奖金、福利、津贴补贴等。

（5）薪酬水平确定。

根据薪酬调查、内部薪酬结构数据以及公司具体情况确定各岗位薪酬水平。

(6) 薪酬管理。

建立适合的薪酬管理制度,并在今后的工作中不断完善。

(四)绩效管理

绩效管理是人力资源管理的核心。成功实施绩效管理,不但能帮助组织提高管理效率,帮助管理者提升管理水平,而且能够通过有效的目标分解和逐步逐层绩效任务落实,实现组织的战略目标,提升每个员工的绩效,留住优秀人才。

1. 绩效管理概念

组织的绩效管理是指各级管理者和员工为了达到组织的目标,共同参与绩效计划、绩效沟通、绩效考核评价、绩效结果应用、绩效目标提升的持续循环过程。绩效管理的最终目的是持续提升个人、部门和组织的绩效。

绩效管理讲求利用科学的理论、工具和方法对绩效进行计划、监控、评价和反馈,并不断提升绩效水平。绩效管理不仅是养老机构人力资源管理的重要组成部分,更是养老机构强有力的管理手段之一。绩效管理就是要通过考核提高员工个体的效率,最终实现养老机构的战略目标。

2. 绩效考核工具和方法

(1) 等级评估法。

等级评估法是绩效考评中常用的一种方法,就是根据工作分析,将被考评岗位的工作内容划分为相互独立的几个模块,在每个模块中用明确的语言描述完成该模块工作需要达到的工作标准。同时,将标准分为几个等级选项,如"优、良、合格、不合格"等,考评人根据被考评人的实际工作表现,对每个模块的完成情况进行评估。总成绩便为该被考评人的考评成绩。

(2) 量表评价法。

量表评价法是根据所设计的等级评价量表来对被评价者进行评价的方法,是应用最广泛的绩效评估法。无论被评价者的人数多少,这种方法都适用;而且这种评价方法的定性定量考核较全面,故多为各类型的组织所选用。

(3) 强制分布法。

强制分布法是在考核进行之前就设定好绩效水平的分布比例,然后将员工的考核结果安排到分布结构里去。强制比例法可以有效地避免由于考评人的个人因素而产生的考评误差。根据正态分布原理,优秀的员工和不合格的员工的比例应该基本相同,大部分员工应该属于工作表现一般的员工。所以,在考评分布中,可以强制规定优秀员工的人数和不合格员工的人数,如优秀员工和不合格员工的比例均为20%,其他60%属于普通员工。强制分布法适合相同职务员工较多的情况。

(4) 关键事件法。

关键事件法是一种通过员工的关键行为和行为结果来对其绩效水平进行考核的方法,

一般由主管人员将其下属员工在工作中表现出来的非常优秀的行为事件或者非常糟糕的行为事件记录下来，然后在考核时与该员工进行一次面谈，通过共同讨论来对其绩效水平做出考核。该考评方法一般不单独使用。

（5）行为锚定等级考核法。

行为锚定等级考核法是基于对被考核者的工作行为进行观察、考核，从而评定其绩效水平的方法。在实际绩效考核中，最为常用、流行的绩效考核工具/方法主要是KPI（关键绩效指标）、MBO（目标管理）、BSC（平衡计分卡）、360度考核法（全方位考核法）。

① KPI（关键绩效指标）。

KPI（Key Performance Indicator，关键绩效指标）的理论基础来源于"二八法则"，即80%的工作成果是由20%的关键行为产生的，所以考核时抓住这20%的关键，就抓住了主体。

KPI来源于组织目标，是将组织目标层层分解、细化为具体可执行的工作的关键性指标。因此，KPI能够将组织目标、部门目标和个人目标串起来，实现上下的高度统一。在日常考核中，不是将被考核者的每一项工作都制定指标进行考核，而是选出对业绩达成影响最大的、较为关键的指标来进行考核即可。KPI一定要抓住那些能有效量化的指标或者将之有效量化。而且，在实践中，可以"要什么，考什么"，应抓住那些亟需改进的指标，提高绩效考核的灵活性。

② MBO（目标管理）。

MBO（Management by Objective，目标管理）是管理大师彼得·德鲁克提出来并率先在GE公司实行，取得了巨大的成功。MBO主要是针对成果和行为难以量化的工作。MBO强调员工的参与，管理者与员工通过协商达成共识，共同制定目标，共同承担责任。

③ BSC（平衡计分卡）。

BSC（Balance Score Card，平衡计分卡）是由哈佛商学院罗伯特·卡普兰和戴维·诺顿于1992年发明的一种绩效管理和绩效考核的工具。平衡计分卡从财务、客户、内部流程、学习成长四个维度进行考核。与其他考核不同，BSC考核不仅包含了财务因素，也包含了非财务因素，不仅考虑了外部客户因素，也考虑了内部因素，不仅考虑了短期效益因素，也考虑了长期利益。由于平衡记分卡所涉及的要素较多，实施的工作量较大、专业度较高。同时，平衡计分卡关注组织的全面发展，在资源一定的情况下，很难在短时间内看到效果。因此，平衡计分卡不适合中小型养老机构。

④ 360度考核法

360度考核法（全方位考核法）。是对员工个人进行考核的方法。在养老机构中，此种方法综合员工个人，员工上级、同事、下属和老年人的全方位维度，从不同层次的员工中收集考核信息，从多个视角对员工综合能力素质进行考核，因此叫作360度考核法。它适用于对养老机构中层以上的人员进行考核。

以上四种常用绩效考核方法优缺点比较见表3-5。

表 3-5　四种常用绩效考核方法优缺点比较表

考核工具/方法	优点	缺点
KPI	1. 目标明确，有利于公司战略目标的实现。 2. 提出了客户价值理念。 3. 有利于组织利益与个人利益达成一致	1. 指标难以界定，指标提取困难。 2. 倾向于定量考核，并不适合所有岗位的考核。 3. 指标缺乏弹性，容易误入机械的考核方式，容易失去组织运作的效率和活力
MBO	1. 直接反映员工的工作内容，结果易于观测，所以很少出现评价失误，也适合对员工提供建议，进行反馈和辅导。 2. 员工共同参与度高，提高了员工工作积极性，增强了其责任心和事业心。 3. 易于操作，考核成本低，有助于改进组织结构的职责分工。 4. 利于部门内部的沟通协作以及良好氛围的建立	1. 容易导致过程失控。 2. 难以对员工和不同部门的工作绩效做横向比较。 3. 目标难以长期化
BSC	1. 能克服财务评估方法的短期行为。 2. 能使整个组织行动一致，服务于战略目标。 3. 能有效地将组织的战略转化为组织各层次的绩效指标和行动。 4. 有助于各级员工对组织目标和战略的沟通和理解。 5. 利于组织和员工的学习成长和核心能力的培养。 6. 能实现组织长远发展。 7. 能提高组织整体管理水平	1. 实施难度大，管理基础差的组织无法直接引入。 2. 指标体系的建立较困难。 3. 指标数量过多。 4. 各指标权重的分配比较困难。 5. 部分指标的量化工作难以落实。 6. 实施成本大
360度考核法	1. 可以避免传统考核中考核者极容易发生的"光环效应""居中趋势""偏紧或偏松""个人偏见"和"考核盲点"等现象。 2. 管理层获得的信息更准确。 3. 可以反映出不同考核者对同一被考核者不同的看法。 4. 可以防止被考核者急功近利的行为（如仅仅致力于与薪金密切相关的业绩指标） 5. 较为全面的反馈信息有助于被考核者多方面能力的提升。 6. 通过让员工参与管理，能在一定程度上增强员工的自主性和对工作的控制，提高员工的积极性、对组织的忠诚度和工作满意度	1. 考核成本高。 2. 信息不真实。 3. 考核培训难度大。 4. 高级管理者主观意志影响大

在实际工作中，养老机构很少使用单独一种绩效考核方法来实施绩效考评工作，而是根据养老机构的实际情况，选择数种适合自身的绩效考核方法。

3. 绩效管理实施环节

绩效管理的过程通常被看作一个循环（PDCA循环），这个循环分为四个环节，即绩效计划、绩效辅导、绩效考核与反馈以及绩效结果运用。绩效管理的四个环节如图3-14所示。

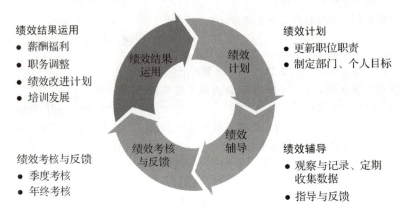

图3-14 绩效管理的四个环节

（1）绩效计划。

绩效计划制定是绩效管理的基础环节，不能制订合理的绩效计划就谈不上绩效管理。

养老机构应成立绩效考核委员会，专门负责绩效管理工作。绩效考核委员会应编制绩效考核体系，然后根据养老机构的战略目标和年度计划，编制组织绩效指标及达成的目标值。各部门负责人根据分管目标和部门主要工作职责制定部门绩效指标，并提交人力资源管理部门，人力资源管理部门就指标、指标考核标准、指标定义（公式）、建议目标值与各部门负责人沟通后，上报审定。各部门绩效指标的目标值经审定后下达，绩效指标一经下达，一般不做调整，如有特殊原因确需调整或剔除的，可根据实际情况，由部门负责人提出申请，经最终审核批准方可进行。部门目标确定后，部门各岗位员工根据部门目标和本岗位职责分解部门目标，制订个人目标计划，经与部门领导协商确认后实施。各部门年度目标计划、绩效指标确定后，机构应与各部门负责人签订年度目标责任书。年度目标计划要分解到季度、月、周，以确保年度目标计划的完成。

（2）绩效辅导。

绩效辅导是绩效管理的重要环节，这个环节工作不到位，绩效管理将不能落到实处。有效的绩效辅导主要有三种方式：上级对下级的日常指导、定期的绩效会议制度、绩效指导与反馈表单。

在绩效计划制定完毕后，各部门、所属员工就开始按照绩效计划开展工作。在工作过程中，对发现的问题要及时予以指导解决，记录日常绩效实施情况；要及时进行日常考核信息记录，填写相关的绩效指标考核信息记录表，包括数据记录和事实记录等，作为指标完成情况的辅证依据。另外，要定期召开绩效会议，及时评估当前的绩效工作，分析、解决绩效考核工作中存在的问题，不断改进绩效。

(3)绩效考核与反馈。

绩效考核（评价）通过在绩效监控期间收集到的能够说明被评价者绩效表现的事实和数据，判断被评价者的绩效是否达到绩效目标要求。绩效考核（评价）是绩效管理过程的核心环节，也是技术性最强的一个环节。每季度（年度）末，人力资源管理部门负责对组织的绩效指标完成情况及各部门的绩效指标完成情况进行分析记录，统一核算出各部门的绩效考核系数，组织进行季度/年度绩效指标的核算工作，并提交绩效考核委员会审定。

绩效反馈是指绩效周期结束时，管理者与员工进行绩效评价面谈，使员工充分了解和接受绩效评价的结果，并由管理者指导员工在下一周期如何改进绩效的过程。由于绩效反馈在绩效考核结束后实施，而且是考核者和被考核者之间的直接对话，因此，有效的绩效反馈对绩效管理起着至关重要的作用。

(4)绩效结果运用。

绩效结果运用是绩效管理取得成效的关键，如果对员工的激励与约束机制存在问题，绩效管理就不可能取得成效。人力资源管理部门通报各部门的绩效考核结果，对于绩效完成不佳的情况要予以分析，制订下季度/下半年/明年的调整计划；对于绩效完成不佳的部门，要予以警示，并分析原因，形成书面报告，调整下季度/下半年/明年的计划。绩效考核的结果应用于员工的绩效工资、业绩奖金、年终奖、薪酬调整、员工培训与晋升计划等方面。

（五）员工关系管理

任何一家养老机构想要发展壮大都需要做好机构的员工管理工作，使员工形成一定的向心力和凝聚力。机构的发展过程中，员工关系好，向心力和凝聚力强，员工的整体水平高，那么机构就会越来越好。

1. 员工关系管理的概念

员工关系是指管理方与员工及员工团体之间产生的，由双方利益引起的表现为合作冲突力量和权利关系的总和。它受到一定社会中经济技术、政策法律制度和社会文化背景的影响。

员工关系管理作为养老机构人力资源管理的一个重要环节，贯穿于养老机构人力资源管理的多个方面。广义上讲，员工关系管理是在养老机构人力资源管理体系中，人力资源管理人员及其他各级管理人员，通过拟订和实施各项人力资源政策和管理行为，以及其他的管理沟通手段调节机构和员工、员工与员工之间的相互联系和影响，从而实现机构的目标和员工、社会的增值。狭义上讲，员工关系管理就是机构和员工的沟通管理，这种沟通更多采用柔性的、激励性的、非强制的手段，从而提高员工满意度，支持机构目标的实现。其主要职责是协调员工与机构、员工与员工之间的关系，引导建立积极向上的工作环境。

员工关系的好坏直接关系到养老机构经营和管理的顺畅性。积极的员工关系是养老机构吸引人才和留住人才最有效的手段，也意味着机构内部管理方式比较符合员工心理要求，机构内部可以保持信息畅通。机构对员工个体的信任也会反馈到员工的工作效果中，员工关系管理的科学化同样会激发员工对机构的责任感和认同感，促使员工为机构最大化地贡献才智，推动机构的良性发展。

2. 员工关系管理的内容

从人力资源管理职责来看，员工关系管理至少应包括以下八个内容。

（1）劳动关系管理：包括劳动合同管理、劳资纠纷管理、员工异动管理、离职管理、人事档案管理、处理突发意外事件等。

（2）员工纪律管理：制定、实施各项规章制度、流程、规范或标准作业程序；通过实施过程中的宣传、引导、纠偏、奖惩等方式，提高员工行为的统一性和组织纪律性。

（3）员工人际关系管理：引导员工建立良好的工作关系，创建利于员工建立良好人际关系的环境。

（4）沟通管理：建立并维护员工上下级之间畅通的沟通渠道，建立并维护合理化建议制度，建立并维护员工参与组织部分决策的方式，引导并帮助员工在工作中建立良好的人际关系等。

（5）员工情况管理：组织员工心态、满意度调查，谣言、怠工的预防、检测及处理，解决员工关心的问题。

（6）企业文化建设：建立并维护健康向上的组织文化；鼓励员工参与组织文化的建立和维护工作；引导员工认同组织的愿景和价值观，维护组织的良好形象。

（7）服务与支持：为员工提供有关国家法律法规、组织政策、个人身心等方面的咨询服务，协助员工平衡工作与生活。

（8）员工关系管理培训：组织员工进行人际交往、沟通技巧等方面的培训。

3. 劳动合同管理

（1）劳动合同的定义。

劳动合同是养老机构与所聘员工确定劳动关系、明确双方权利和义务的协议。

（2）劳动合同的签订。

养老机构应当遵循合法、公平、平等、自愿、协商一致、诚实信用的原则，在新员工入职30天内与其以书面形式签订劳动合同。

新员工必须在出具能证明其与上一家用人单位解除、终止劳动关系的证明资料，或其他能证明其与任何用人单位不存在劳动关系的证明后，养老机构方可与之签订劳动合同。

养老机构聘用员工时，要有具体的书面录用条件及客观的考核标准，并告知应聘者。

养老机构聘用员工时，应当如实告知工作内容、工作条件、工作地点、职业危害、安全生产状况、劳动报酬以及应聘者要求了解的其他情况；应了解应聘者与劳动合同直接相关的工作经历、劳动关系现状、社会保险缴纳情况、户籍、住址、档案状况、家庭婚姻状况、学历、健康状况、职业技能水平等信息。

劳动合同统一由人力资源管理部门组织签订及存档。劳动合同应由员工本人签署，签字后在签字处加印右手食指指印；人力资源管理部门应验证员工签名与身份证信息相一致。劳动合同加盖机构及法定代表人印章。《劳动合同书》一式两份，由机构及员工本人各保存一份。

退休返聘人员不签订劳动合同，但应就其返聘期间有关报酬、福利待遇签订返聘协议。

凡违反劳动合同签订规定，擅自用工，造成事实上的劳动关系及发生赔偿等连带问题的，应当追究相关责任人的责任，并视情节轻重与后果给予责任人处罚。

劳动合同应约定生效时间。没有约定的，应以当事人签字或者盖章的时间为生效时间。当事人签字或者盖章的时间不一致的，应以最后一次签字或者盖章的时间为准。

（3）劳动合同的期限与试用期。

养老机构应在遵守国家劳动政策法规的前提下，根据各自经营管理特点和需要按下述原则与员工协商确定劳动合同期限，保证管理、业务骨干队伍的相对稳定：①引进的中高级管理人才、专业技术人才等，可协商签订较长期限或无固定期限劳动合同，可不约定试用期。②主要岗位上的骨干员工，可协商签订较长期限或无固定期限的劳动合同。一般岗位上的员工，应签订有固定期限的劳动合同，但符合《中华人民共和国劳动法》《中华人民共和国劳动合同法》签订无固定期限劳动合同规定，劳动者提出签订无固定期限劳动合同的，应当签订无固定期限劳动合同。③新聘用人员，初次签订劳动合同一般可签2~3年期。合同期满，对经考评符合工作需要的人员，经与本人协商一致，可续订较长期限的劳动合同。

劳动合同中的劳动合同期限不得空值，应填写起止年、月、日，或注明无固定期限劳动合同，或注明完成某工作为期限劳动合同。

劳动合同期限3个月以上不满1年的，试用期1个月；劳动合同期限1年以上不满3年的，试用期2个月；3年以上固定期限和无固定期限的劳动合同，试用期3~6个月。

（4）劳动合同内容。

劳动合同书具体内容以当地社保部门提供的格式样本为准，主要包括：①合同期限；②工作岗位和内容；③劳动保护和劳动条件；④劳动报酬；⑤福利保险；⑥劳动纪律；⑦劳动合同的变更、终止和解除条件；⑧违约责任；⑨劳动争议；⑩法律、法规规定应当纳入劳动合同的其他事项。

劳动合同书中双方没有约定或未填写内容的部分，应用斜线予以封闭，不得留有空白处。岗位聘任书中约定的聘任期限不得长于劳动合同期限。

养老机构对员工的劳动合同管理、选拔聘任管理、绩效管理、薪酬管理、考勤管理、休息休假、奖惩条例、保险福利、职工培训等各项规章制度以及岗位说明书、聘任书等应作为劳动合同附件。劳动合同附件应按文件名称据实填写。养老机构应要求员工阅读学习上述规定，并在合同中注明"附件中所列制度规定乙方已知悉并认可"。

养老机构应根据本机构实际情况制定补充协议，补充协议应为劳动合同附件。补充协议应包括以下内容：①培训服务协议。养老机构支付专项培训经费对员工进行专业技术培训的，应在培训前与其签订培训服务协议。培训服务协议应明确培训目标、内容、形式、期限、双方的权利和义务、培训费包括的具体项目以及违约责任与违约赔偿计算办法。服务期协议约定的违约金最高不超过养老机构支付的培训费用。②保密协议。对掌握经营、管理、技术等保密信息的员工，在其从事相关工作第一个工作日前，应与其协商签订保密协议，约定相关保守经营管理、技术等秘密的内容。③竞业禁止协议。对在经营、管理、技术重要岗位上工作的员工,应在其入职或工作岗位变动时约定离职竞业禁止内容和期限,签订竞业禁止协议。竞业禁止协议应约定竞业禁止补偿金在解除或终止劳动合同后按月支付,并约定"自甲方第一次支付乙方竞业禁止补偿金时此合同生效"。④其他需要签订补充协议的情形。

(5)劳动合同的履行和变更。

因工作需要,员工职务或岗位或工种等发生变动时,养老机构应与员工协商变更劳动合同。养老机构提出变更劳动合同或员工提出变更劳动合同时,均应采用书面形式提出申请,并应明确变更劳动合同申请的提出方。养老机构应与员工协商一致后方可变更劳动合同,变更相关内容后的劳动合同文本由机构和员工各持一份。员工变更劳动合同申请的签名应为手签并加盖本人右手食指指印,打印的签名无效。

劳动合同期限届满,用人单位(部门)同意与员工续订劳动合同的,应提前30日告知本人,征求意见;劳动合同期限届满,员工未做出答复的按续订劳动合同办理,并办理续订手续;员工符合签订无固定期限劳动合同规定的条件,而主动提出签订固定期限劳动合同申请的,应由员工出具书面申请,签名并加盖本人食指指印后予以长期保存。

员工在试用期间提出而又必须给予休假的,应当向员工发放试用期中止通知书,保证劳动合同对员工试用期限考察的有效性。

(6)劳动合同的终止和解除。

劳动合同期满,劳动合同即行终止,终止时间按劳动合同期限最后一日的24时为准。第一次签订的劳动合同到期时,养老机构应对员工在劳动合同期间工作绩效进行认真考评,根据考评成绩慎重研究是否续签劳动合同。

养老机构应对员工在试用期内的表现进行客观的记录和评价。员工在试用期内不符合录用条件的,养老机构应当在试用期内提出,避免在试用期过后以试用期间不符合录用条件为由解除劳动合同。

员工符合国家有关解除劳动合同规定情形之一的,养老机构可以与其解除劳动合同,制发《解除劳动合同通知书》并送达本人。需提前30日下达通知书告知本人,《解除劳动合同通知书》应送达本人签收,并要求其在送达通知书上签字。事前了解当事人有拒绝签字倾向的,应安排公证人员一同到场,并由公证人员出具送达证明。无法当面送达本人时,应采用报纸公告等形式送达。

员工提出解除劳动合同,应提前30日以书面形式向养老机构提交解除劳动合同申请,并注明提交日期,本人应在解除劳动合同申请上签名,加盖右手食指指印。员工以口头、电子邮件等形式提出解除劳动合同申请的无效。试用期内养老机构解除劳动合同或员工提出解除劳动合同的,均应提前3日书面通知对方。

劳动合同当事人双方协商解除劳动合同时,应就解除劳动合同、解除劳动合同的条件进行协商并达成一致意见,提出方应采取书面形式提出解除劳动合同,双方协商解除劳动合同的书面协议中应将这一事实予以确认。

劳动合同终止、解除后,养老机构在办理完毕人事档案关系和社会保险关系转移手续后,让员工签字确认。对已经解除或者终止劳动关系的人员的劳动合同文本,人力资源管理部门保存备查。

（7）劳动合同管理。

劳动合同管理工作政策性强，涉及机构、员工的利益。养老机构要加强领导，规范管理，依法办事，避免劳动争议。

养老机构应严格劳动合同签订纪律，设立过错追究制度，杜绝员工不与养老机构签订劳动合同的行为。

养老机构要指定专职人员负责养老机构劳动合同的日常管理工作。劳动合同管理人员要熟悉和掌握有关法律、法规，不断提高管理水平，做到依法管理劳动合同。人力资源管理部门应建立劳动合同管理信息档案，实行动态管理。

人力资源管理部门应将订立、履行、变更、解除和终止劳动合同的通知、回执、存根、申请等文件长期妥善保管。

4. 员工沟通管理

员工沟通管理是养老机构管理者进行员工关系管理的重点。员工的内部沟通主要分为正式沟通与非正式沟通两大类，正式沟通可以细分为入职前沟通、岗前培训沟通、试用期间沟通、转正沟通、工作异动沟通、定期考核沟通、离职面谈、离职后沟通等八个方面，从而构成一个完整的员工沟通管理体系，以改善和提升员工关系管理水平，为养老机构重大决策提供重要参考信息。

（1）入职前沟通。

在招聘选拔面试时，由人力资源管理部门和人员需求部门对养老机构基本情况、企业文化，所竞聘岗位工作性质、工作职责、工作内容、薪资待遇等情况进行客观如实介绍。

由人力资源管理部门负责引领新员工认识所在部门，由入职指引人介绍养老机构相关的沟通渠道、各部门同事、后勤保障设施等，帮助新员工尽快适应新的工作环境。

（2）岗前培训沟通。

岗前培训沟通指对员工上岗前必须掌握的基本内容进行沟通培训，以使其掌握养老机构的基本情况，提高对企业文化的理解和认同，全面了解养老机构的管理制度，知晓员工的行为规范，知晓自己本职工作的岗位职责和工作考核标准，掌握本职工作的基本工作方法，从而比较顺利地开展工作，尽快熟悉、融入养老机构的环境。

（3）试用期间沟通。

由人力资源管理部门、新员工直接和间接上级、入职引导人与新员工进行定期或不定期的沟通交流。沟通交流方式可以是面谈、座谈会、电话等。

（4）转正沟通。

由新员工直接上级、所属部门负责人和人力资源管理部门在新员工转正时，与新员工沟通交流，以便肯定新员工在试用期的成绩，让新员工发现自己在工作中的不足，给予今后工作方面的改进建议和措施，激励新员工转正后更好地工作。

（5）工作异动沟通。

为让员工明确工作异动的原因和目的、新岗位的工作内容、责任，更顺利地融入新岗位中去，同时为达到员工到新岗位后更加愉快、敬业地工作的目的，应由人力资源管理部门、异动员工原部门直接上级和异动员工新到部门直接上级与员工进行沟通交流。

（6）定期考核沟通。

①沟通目的：通过坦诚的沟通，让被考核人了解工作的目标和标准，消除对考核的误解，也让考核人了解被考核人的需求和困难，以便进行正确有效的引导。

②沟通频率：每月/季度由被考核人的直接上级根据被考核人的实际情况与被考核人进行一次详细的绩效面谈。

③沟通内容：对被考核人本期工作、行为的评价以及考核的标准；个人绩效改进措施建议；未来机构、部门以及被考核人工作目标；肯定过去的成绩，指出被考核人工作中出现的问题以及改进的方法；了解被考核人的困难及其对上级、机构的支持性需求等。

（7）离职面谈。

本着善待离职者原则，对于主动离职员工，通过离职面谈挽留优秀的员工，了解员工离职的真实原因，以便今后改进管理；对于被动离职员工，通过离职面谈提供职业发展建议，消除抱怨情绪，并诚恳地希望离职员工留下联系方式，以便跟踪管理。离职面谈人由人力资源管理部门和员工直接上级、部门负责人组成。

（8）离职后沟通。

①管理对象：属于中高级管理人员、关键技术人员或具有发展潜力的员工、营销一线骨干岗位员工，并且不是因人品、工作失职等离职，养老机构希望其有机会再回来的离职员工。

②管理目的：与离职人员建立友善的关系，使其能成为养老机构外部可供开发的人力资源，以及组织文化、组织形象的正面宣传窗口。

③管理负责部门：由人力资源管理部门负责离职后的沟通管理。另外，高层领导、人力资源管理部门、离职员工原所在部门还可以通过茶话会、畅谈会、工作间隙沟通、旅游、非正式会议（聚餐、联欢会、节日活动等团体活动）、访谈等非正式沟通形式与离职员工沟通交流，帮助机构获得许多无法从正式沟通取得的信息，在达成理解的同时解决潜在的问题，从而最大限度提升机构内部的凝聚力，发挥整体效应。

（六）员工职业生涯规划

为充分、合理、有效地利用养老机构内部的人力资源，调动员工积极性，促进员工发展，留住人才，为养老机构的持续发展提供人才保障和智力支持，养老机构应为员工制定职业生涯规划。

1. 员工职业生涯规划的概念

员工职业生涯规划也叫员工职业规划、员工职业生涯设计，是指员工和组织相结合，在对员工职业生涯的主客观条件进行测定、分析、总结研究的基础上，对员工的兴趣、爱好、能力、特长、经历及不足等各方面进行综合分析与权衡，根据员工的职业倾向，确定其最佳的职业奋斗目标，并为实现这一目标做出行之有效的安排。职业生涯规划就是对职业生涯乃至人生进行持续的系统的计划的过程。一个完整的职业生涯规划由职业定位、目标设定和通道设计三个要素构成。职业定位是决定职业生涯成败的最关键的一步，也是职业生涯规划的起点。

2. 员工职业生涯规划的基本分类

员工职业生涯规划按期限可以划分为短期规划、中期规划、长期规划和人生规划。

（1）短期规划：为三年以内的规划，主要是确定近期目标，规划近期完成的任务。

（2）中期规划：一般为三至五年，在近期目标的基础上设定中期目标与任务。

（3）长期规划：一般为五至十年，主要设定长远目标。

（4）人生规划：是整个职业生涯的规划，时间达40年左右，设定整个人生的发展目标。

3. 员工职业生涯规划的设计原则

（1）系统性原则。

针对不同类型、不同特长的员工设立相应的职业生涯发展通道。

（2）长期性原则。

员工的职业生涯规划要贯穿员工的职业生涯始终。

（3）动态原则。

职业生涯规划要根据养老机构的发展战略、组织结构的变化与员工不同时期的发展需求进行相应调整。

4. 职业发展通道

（1）职业发展通道设计。

①职业发展通道类别。

职业发展通道（晋升通道）可分为三大类别：管理序列、专业技术序列和服务技能序列。具体内容详见"养老机构的组织发展和人员规划"中"养老机构的岗位设置和人员配置"内的岗位序列内容。

②职业发展方向。

员工职业发展通道包括纵向的职级晋升和横向的跨序列拓展。通过纵向、横向的发展，丰富员工职业发展的通道，使员工获得更多的发展机会。养老机构管理人员、医疗卫生专业技术人员、生活护理人员等的职业发展通道如图3-15所示。

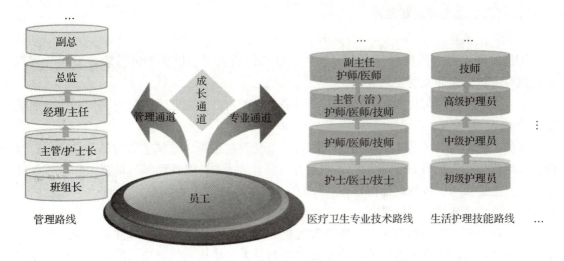

图3-15 员工职业发展通道

a. 纵向发展：主要指养老机构内部职级的晋升路径。养老机构鼓励员工努力工作并提升自己的能力水平，在上级职位出现空缺或员工个人能力获得较大提升时，养老机构考虑员工的发展意愿，结合员工本人能力特点和养老机构对人才的需求状况，帮助员工规划个人发展方向。管理人员沿管理通道晋升，意味着其享有更多的参与制定决策的权力，同时需承担更多的责任；专业技术人员、服务技能人员分别沿技术类、技能类通道晋升，意味着其具有更强的独立性，更高的技能/能力，同时拥有更多从事专业活动的资源。

b. 横向发展：员工除了在本岗位通道内按照岗位层级的要求晋升外，考虑到员工的不同发展意愿和养老机构对人才的需求情况，养老机构也提供跨通道发展的平台和机会。横向发展主要以内部调配和内部招聘方式体现。

（2）设置相应的晋升标准。

养老机构根据每个岗位的性质、任职要求等因素确定岗位的晋升标准，主要包括绩效考核标准、资格与能力素质标准等方面的内容。

（3）晋升评价。

晋升评价包括评价、面谈与试用、结果公布等内容。

（4）晋升通道设计与改善。

①晋升通道设计。

晋升通道设计可以应用于以下三个方面。

a. 职务晋升：是对员工工作能力的肯定和进一步期待，对员工的努力起到回报和奖励的双重作用。

b. 薪酬调整：员工职业的发展应与薪资福利相对应。

c. 激励员工：让员工看到工作的希望，激励员工发挥潜能，实现养老机构与员工双赢。

②晋升通道改善。

晋升通道改善包括以下两个方面：

a. 晋升通道设计和评价标准的完善。

b. 通过培训和自我学习提高员工的能力。

5. 员工职业生涯规划流程

（1）员工调查。

①员工新进养老机构时，由人力资源管理部门负责对新进员工进行职业发展计划调查，填写《员工职业发展规划表》。

②人力资源管理部门根据员工岗位说明书及员工自己的职业发展规划进行职业发展通道划分。

③员工将填写的《员工职业发展规划表》上交直接主管，直接主管与员工沟通后，帮助员工制订能力发展计划，填写《员工能力发展计划表》，然后经部门负责人和分管领导审批后，报送人力资源管理部门审核。

（2）员工职业发展培训计划。

人力资源管理部门根据员工的职业发展规划和员工能力发展计划建立员工职业发展档案，培训管理部门结合养老机构战略发展需要对员工素质提高的要求，制订员工职业发展培训计划。

（3）职业生涯规划实施与修正。

①培训管理部门对所有员工的培训结果进行考核，将考核结果作为员工年度工作绩效考核的依据之一。

②人力资源管理部门根据绩效考核结果，对考核成绩优秀的员工施以相应的奖励或晋升；对考核成绩不合格的员工施以相应的处罚，对不能胜任本职工作的员工进行降级、辞退等处理。

③对于工作中存在不足、需要改进或者不适应本职工作的员工，人力资源管理部门应及时组织面谈，根据面谈结果及员工个人期望，修订其职业生涯规划和职业发展路径。

（4）绩效考核后处理。

①晋升与奖励。

a. 绩效考核完成后，选择工作当中表现出色的且具备相应管理能力的人员作为养老机构储备人才，重点培养。当养老机构相关岗位出现空缺时，则由储备人才竞争该岗位。只有在养老机构没有适合该岗位的储备人才时，才考虑外部招聘。

b. 竞岗通过，晋升者办理原岗位工作交接手续后，到新岗位报到并办理相关上岗手续。

②降级与处罚。

通过绩效考核，对不能胜任本职工作或绩效考核不合格的员工予以处罚或降级处理。

（七）人才培养与人才梯队建设

人才队伍素质的高低、人才的专业化程度，直接关系着养老产业的服务质量，关系着老年人的切身利益。目前养老产业需要一大批具有专业知识能力的人员，特别是养老护理员和专业养老管理人员的社会需求越来越大。因此，建立具有养老产业特点的人才培养与人才队伍建设体系已成为加快推进我国养老产业健康发展的重要保障。

1. 人才梯队建设的概念

人才梯队建设，就是当现在的人才正在发挥作用时，做好人才储备，在人才变动时能及时予以补充，并以此形成不同水平及层次的人才队伍，从而形成有高有低的梯队，避免人才断层。人才梯队建设能够引导养老机构从内部和市场中发现优秀人力资源，在实践中培养大批人才，同时激发人才的创造精神，形成继任者的人才源泉，为实践养老机构的愿景和战略目标提供坚实的人才保障。人才梯队建设的本质是建立一套动态的、例行化运作的人才考察、选拔、培养、淘汰、使用的机制。

2. 人才培养与人才梯队建设原则

（1）内部培养为主，外部引进为辅原则。

对于关键岗位，优先考虑内部人才，内部没有适合的人选时，再考虑外部引进。

（2）突出重点关键岗位原则。

对中高层管理岗位、市场紧缺的专业岗位重点培养。

（3）选人重于育人原则。

注重人才标准建设和对梯队人员个人的判断。

（4）公平公正、择优选取原则。

（5）早期发展培养原则。

注重新员工入职一年内的评估和培养，或从学生开始培养。

（6）能上能下、动态管理原则。

3. 人才培养目标

养老机构应坚持"专业培养和综合培养同步进行"的人才培养政策，即培养专家型技术人才和综合型管理人才。专家型技术人才指在养老行业内拥有较高医疗、护理、康复等技术水平的人才，综合型管理人才指在养老机构或本部门工作领域具备全面知识，有较高管理水平的人才。

4. 人才梯队分类

人才梯队（人才库）由高到低依次分为一梯队（A库）、二梯队（B库）和三梯队（C库）。

（1）一梯队（A库），指行政职务为总监及以上的高层管理人员，以及受聘的具有正高级职称的卫生专业技术人才、学科带头人或学术骨干；凡是有潜力在1~3年内发展为一梯队的人才，称为A库人才。

（2）二梯队（B库），指行政职务为部门经理级别的管理人员，以及受聘的具有副高级职称的卫生专业技术人才；凡是有潜力在1~3年内发展为二梯队的人才，称为B库人才。

（3）三梯队（C库），指行政职务为主管级别的管理人员、受聘的具有中级职称的卫生专业技术人才以及各专业的骨干人员；凡是有潜力在1~3年内发展为三梯队的人才、年龄在30岁以下，专科及以上学历的人才，称为C库人才。

5. 人才培养与人才梯队建设流程

（1）人才甄选。

①人才甄选条件。

甄选具备优秀潜质的可塑人才，主要侧重以下四个方面：

a. 知识经验和工作业绩：选择具有积极进取精神，知识全面、经历丰富、业绩出色的，具有较强综合素质的员工。

b. 关键资质：具备良好的沟通能力和较强的分析判断能力；具备对工作的计划性和执行力，管理控制相关工作全局的能力；对危机事件冷静应变的能力；良好的人际关系能力；较强的团队合作能力；较强的抗压能力等。因每个岗位对人才关键资质的侧重点不同，故不同类别的岗位可选择相应的关键资质。

c. 综合素质和潜质：主要从性格特征、职业倾向、综合能力和心理测试四个方面进行岗位匹配的甄选。

d. 后备人才的核心素质：

一梯队和A库人才：资源整合能力、事业心（含工作动机、品德、态度、价值观）、影响力、决策力、系统思考能力等。

二梯队和B库人才：团队管理能力、持续改进能力、专业及学习能力、敬业及责任心、目标导向、独当一面的能力等。

三梯队和C库人才：专业及学习能力、解决问题能力、敬业与责任心、环境适应能力、团队协作意识等。

②人才甄选范围。

要甄选合适的培养对象，就需要通过对培养对象的知识、能力、经验、基本素质等资质进行判定，通过层层测评，选拔具备培养潜质的人才。重点考虑以下三类人员：

a. 工作经验丰富、工作能力和业绩好、稳重成熟的老员工。

b. 积极上进、充满热情、乐于学习的新入职员工。对这类员工要加强培养力度，使其尽快成为部门核心骨干。

c. 复合型人才。可为特定岗位重点培养，使其逐步成为部门特定岗位的战略人才。

③后备人才选拔程序。

a. 人才盘点，确定关键岗位。部门根据工作需要，对本部门人才的现状及发展需要进行盘点，并确定需要储备后备人才的关键岗位。关键岗位确定后，人力资源管理部门建立关键岗位人员档案，记录其基本信息情况。

b. 各部门每年年底根据发展目标和业务拓展情况，向人力资源管理部门提交《后备人才推荐表》和《关键岗位及继任者汇总表》，人力资源管理部门负责组织对候选人进行综合素质测评，确定后备人才库名单，制定后备人才建设培养实施方案，报机构领导批准后实施。

c. 后备人才人数一般按一、二梯队和A、B库以1∶1的比例确定；三梯队和C库关键岗位以1∶2的比例确定。特殊岗位，经人力资源管理部门和机构领导同意，其比例可以灵活把握。

（2）后备人才培养。

人力资源管理部门根据年度后备人才库名单，结合各部门人才需求时间和培养计划，制订养老机构整体的各梯队、后备人才库不同层次的人才培养计划，具体分为内部培养和外部招聘两种方式，报机构领导批准后实施。

①内部培养。

关键岗位员工确定好自己的继任者/接班人，以防止工作变动造成职位空缺。没有合格接班人的关键岗位员工，原则上不予升迁。内部培养主要指通过教育培训、导师辅导和岗位业务实践等，使后备人才的能力和业务水平不断提升。

a. 教育培训：一般通过课堂培训、模拟训练、外部考察、交流研讨、参加高等课程研修等方式实现专业知识、能力的提高。培训管理部门要建立培训体系，制订培训计划，组织实施培训工作。

b. 建立导师辅导制度：通过与导师/师傅签订培训协议、制订辅导培训计划，提高后备人员理论水平和实际操作能力。

c. 岗位业务实践培养：是指安排后备人才一定的工作任务，使其在业务实践中得到自身能力和业务水平的提高。岗位业务实践培养主要包括工作历练、离岗测试、见习培养、内部兼职和轮岗等方式。

d. 培训积分制管理：凡列入人才培养计划的员工必须按培训管理部门培训积分管理方面的制度完成相应的积分。规定期限内没有积满培训积分的，将不再作为养老机构战略人才进行培养。

②外部招聘。

后备人才的外部招聘按照"招聘与配置"中的招聘规定进行。

（3）培养评估与考核。

为保质保量地完成人才培养计划，有效激励培养对象积极进取，人力资源管理部门应定期监控人才培养实施进度，根据培养目标和任务完成情况，建议各部门每季度进行综合考评，及时纠正培养过程的偏差。养老机构应每年进行一次培养考核，适时进行培养计划调整，淘汰不合格培养对象，并从养老机构人才库中吸收新培养对象，或从社会招聘中引进人才及时补充后备人才库，为培养成熟后备人才提供保障。

①考核评估。

a. 每季度培养计划实施完成后，培养部门要按照《后备人才培养评估表》的要求，对培养对象进行考核，考核结果若与预期目标相符，则实施下一步培养计划。

b. 根据岗位阶段培养目标和培养对象的工作表现确定培养对象的可培养性。

c. 根据培养岗位的培养计划及培养对象在培养过程中的表现，有效完成人才的培养。

②考核结果运用。

若培养对象季度培养考核未达标，部门可重复上季度培养计划，若连续两次季度考核结果均未达到预期目标，且在养老机构考核中岗位综合能力未达标，则延长培养期继续培养或取消培养资格。

具体考核评估等级及结果运用见表3-6。

表3-6 考核评估等级及结果运用表

考核类别	考核分数及等级	考核结果运用
A类	考核结果为优秀（≥95分）	优先享受岗位晋升和其他岗位实践锻炼机会以及各项外出培训机会
B类	考核结果为良好（≥80分）	享受岗位晋升和其他岗位实践锻炼机会
C类	考核结果为合格（≥65分）	调整培养计划，延长培养期，继续培养
D类	考核结果为不合格（<65分）	取消梯队培养资格

（4）淘汰与晋升。

通过淘汰不合格的一、二、三梯队的人员，为后备人才提供发展机会和上升空间，形成管理人员能上能下的用人机制，优化管理人员素质。

参考文献

[1] 凤磊，王英. 养老机构行政管理实用手册[M]. 上海：上海科技教育出版社，2019.

[2]周曙峰.谈谈销售人员薪酬体系的设计.2018.

任务六 养老机构的财务管理

【知识目标】

◇ 了解养老机构运营成本的构成
◇ 了解养老机构财务管理的特点
◇ 掌握养老机构财务管理制度要求

【能力目标】

◇ 能运用相关知识，进行养老机构财务预算

【素质目标】

◇ 与小组交流讨论养老机构财务管理的难点及重点

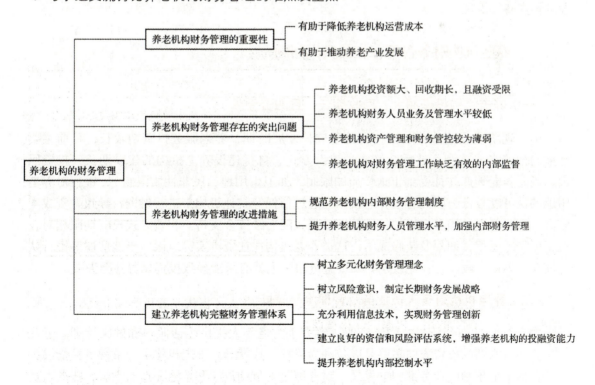

一、养老机构财务管理的重要性

养老机构财务管理是养老机构投资者、决策者、经营者、管理者均高度关注的业务内容。做好养老机构财务管理是机构运营合法合规的重要保障，也是机构运营开源节流的重要依据支撑。养老机构财务管理的重要性有以下两方面。

（一）有助于降低养老机构运营成本

近几年，随着我国密集出台养老利好政策，各行各业都把养老行业作为新的战略投资方向。然而，养老行业是一个投资期限长、回报率低的行业，养老机构很多财务管理人员涉足行业时间短，缺乏丰富的行业相关财务管理知识和从业经验，加上养老机构的运营服务成本普遍较高，导致诸多养老机构的财务人员遇到困境。因此，养老机构只有建立一套健全完整的财务管理制度，才能在漫长的投资期限中坚持并生存下来。

（二）有助于推动养老产业发展

目前，我国养老行业的财务管理总体水平参差不齐，没有系统性和代表性，无论是从行业发展角度还是从养老机构本身的经营成果角度都需要建立一套健全完善的财务成本管理制度，让更多的养老机构有据可依，有好的财务管理经验可以借鉴，这样才有可能做大做强，才能发展品牌输出、连锁运营的经营模式，并走上资本市场，进而推动我国养老产业的健康持续发展。

二、养老机构财务管理存在的突出问题

（一）养老机构投资额大、回收期长，且融资受限

由于现阶段大部分养老机构还处于成长发展时期，养老服务投资期较长，目前主要采取自建养老机构和租赁后装修两种建设方式。自行建设养老机构的建设期长，投资巨大，同时养老地产往往受到土地性质的限制（如卫生用地、民非性质限制），银行对养老用地的认可度较低，因此有些养老机构会通过信托等其他机构来进行融资，导致融资成本较高，需要养老机构有良好的信用等级及强大的后续资金支持。租赁方式投资期限相对较短，但需考虑租赁期限及装修成本，这类养老机构往往资本实力有限，土地房屋等银行认可度高的不动产较少，在建设期如果资金链跟不上就有可能导致投资搁置甚至失败。

（二）养老机构财务人员业务及管理水平较低

养老行业是一个新兴的朝阳产业，致力于为老年人提供生活照料和健康管理。近几年，养老机构新的投资方向最终是以盈利为目标，这就导致养老机构更加重视直接能够为养老机构带来盈利的业务部门的发展，财务部门人员的设置和培养还远远不够，账务人员

专业知识薄弱，甚至有些机构财务人员还需兼顾行政工作，更加无法介入有效、深入的财务管理工作。

（三）养老机构资产管理和财务管控较为薄弱

养老机构尚未实现对财务管理的全过程控制，财务控制环节单一，主要体现在以下四点：

（1）资产控制环节不当。资产管理内容不明确，对资产标识不清、分类不统一。养老机构公共区域使用的资产与老年人居所的资产没有明确区分，易造成内部固定资产管理混乱。

（2）财务收支审批等控制环节不当。这导致对外提供的财务报告、财务分析、产品模型测算不够科学合理，在真实地反映养老机构内部的财务状况上有差距。

（3）收入核算不科学。规模较大的养老机构会根据老年人健康情况，将老年人分为自理、失能老年人，根据老年人入住时间分为短期、长期等，财务管理需要针对不同情况进行严格区分，并按权责发生制原则合理分摊收入。

（4）内部成本管控环节不明确。财务人员在成本核算及成本管控上缺乏经验，无法给经营决策者提供有价值的依据。如餐饮成本管控环节，老人餐与员工餐收入、成本有时没有合理分开核算；老年人房间成本支出构成不合理，主要体现在养护照料人员成本偏高、老年人房间物料消耗大、老年人房间能源消耗成本浪费较严重等。

（四）养老机构对财务管理工作缺乏有效的内部监督

养老机构财务管理工作中常缺乏有效的内部财务监督和考核，没有建立完善的内审制度，使得各业务部门、各岗位人员之间缺乏必要的沟通、协调与监督，导致各种信息不能得到快速传递与交流；低效率的财务管理工作无法满足目前财务管理的信息化、高效化要求，导致养老机构内部财务管理缺失。这些问题的存在严重制约了养老机构，乃至养老产业的发展。

三、养老机构财务管理的改进措施

（一）规范养老机构内部财务管理制度

养老机构可以根据自身的业务特点和经营管理需要，结合实际情况建立健全内部财务管理制度，以进一步规范、有效配置财务资源，促进各项业务合理、持续、健康发展。规范养老机构内部财务管理制度可从以下几个方面着手。

1. 明确养老机构会计核算管理

收入核算管理需明确收入必须按规定计算，保证财务资料真实准确。凡属收入的各项资金必须全部入账，不得截留、挪用或做其他账务处理。成本费用核算管理需明确成本费用的审批要严格按要求执行。相关有权审批人应对审批事项承担相应责任，超出审批权限应上报上一级有权限审批人审批。

2. 明确养老机构日常费用报销管理

为加强财务支出管理，贯彻勤俭节约的精神，满足日常工作需要，应结合实际情况，制定养老机构内部日常费用报销管理规定，明确养老机构日常发生的如业务招待费、差旅费、市内交通费、劳务费、办公费等费用报销的内容、一般规定、流程及标准。

3. 明确养老机构全面预算管理

为推动养老机构整体经营管理目标的实现，规避经营风险，保证内部健康运行，为业绩评价提供依据，可制定全面预算管理办法，规范预算编制、执行监控、调整及考评等管理活动。

4. 规范养老机构内部资金管理

为规范和加强资金管理，确保资金安全，保证资金合理、有效地使用，养老机构要明确资金管理组织体系及职责权限，对融资管理、现金管理、银行存款管理、资金检查管理、资金报告制度等加以规范说明。

5. 加强养老机构内部资产管理

养老机构应对内部的固定资产、设备设施、经营物资及低值易耗品等进行分类管理，并落实到责任部门和相关人员。

6. 规范养老机构内部财务报告制度

明确制定财务报告体系，规范各类财务报告模板、编制周期、编制方法等。

7. 加强养老机构财务电算化管理

建立财务电算化岗位责任制，规范财务电算化操作管理、财务电算化安全保障、财务电算化软件的系统维护、财务电算化档案管理。

8. 明确养老机构内部发票和收据的使用管理

财务部门对发票和收据均应实行专人管理，建立领、销、存的登记制度。

9. 规范养老机构财务档案管理

会计类档案主要可分为会计凭证类、会计账簿类、财务报告类、税务资料、票据类以及电子会计档案等。管理类档案可分为计划预算类、资金管理类、合同类档案。应对财务档案的分类，财务档案的归档、立卷和保管，财务档案的查阅和销毁制定相关制度。

（二）提升养老机构财务人员管理水平，加强内部财务管理

1. 不断加强养老机构财务人员专业技能

在财务管理上可通过核算、计划、预算、经营分析及财务测算等管理工作，辅助养老机构院长/总经理提升管理效率，促进养老机构经营目标的实现。财务管理人员还可以参与养老产品设计、经营规划、价格政策制定等为业务部门提供财务专业支持。财务管理人员应具备财务模型分析的能力，以提供有效运营管理数据支持。

2. 注重价值链管理

价值链构成了养老机构的生命链，是养老机构具有生命价值的基础，价值链的每一个环节都应当增加价值。因此，养老机构应当加强价值链的管理。

一是事前算盈，对于投资项目，财务部门应根据项目的地理位置、市场环境等参与项目的前期调研，测算投资效益。二是事中谈判，本着双赢目标，业务经办部门应与财务部门合作，根据投资、合作项目，充分分析投资方、合作方内部管理、税负情况、市场前景和老年人情况等；财务部门应利用税收政策，为降低合作成本提出建议。三是过程监控，财务部门应加强合作合同审核，关注合同资金、发票、税务风险等，防范合作风险，降低成本，提升合作效益。四是事后评估，对每项投资、合作项目建立台账，定期跟进进度，保证投资、合作资金到位。定期评估合作项目，确保有效投资。

3. 强化全面预算管理

全面预算由业务预算、财务预算、投资预算和筹资预算等组成。财务预算与业务预算密切相关，财务预算在业务预算的基础上，用货币形式反映养老机构未来某一特定时期内的资金需求、财务状况和经营成果。一是在预算管理上，建立财务价值引领的全面预算管理，为养老机构挖潜增效提供强有力的支撑。二是以全面预算管理为主线，实现全员算账。从养老机构管理者到基层员工都应营造"过紧日子""算成本账"的氛围，树立"提升精细化管理，降低隐性成本，向管理要效益"的理念，在做任何决策时，都应考虑成本与效益。三是实现养老机构预算与经营的联动。预算执行情况的分析不但需要从数据中找到问题，还需要深入业务的前端，分析业务预算与财务预算完成情况、存在问题、财务资源投放与创效的关系等，使业务、财务预算融合发展，提升全面预算有效性。

4. 强化财务风险管控

养老机构账务风险最终影响养老机构的提质增效，因此，养老机构应树立全员防风险意识。一是各层级重视养老机构账务管理风险，日常加强宣传和教育。二是梳理风险清单，按重大、重要和一般风险制定防范措施。三是充分发挥养老机构内控的作用，将内控系统嵌入养老机构经营管理系统，提升系统监控的作用。四是财务部门提前涉入业务前端，从项目的立项、营销方案制定、合同签订等环节提出财税政策、资金运作和会计核算方面的风险，从源头防控风险。四是树立"谁主管，谁负责"的管理理念，避免业务部门充当风险的"甩手先生"，形成全员防控风险"关系网"，确保养老机构风险可控和提升养老机构抵御风险能力。

四、建立养老机构完整财务管理体系

（一）树立多元化财务管理理念

随着我国市场经济不断发展，养老机构发展必须立足于市场，这样才能够顺应时代发展需求。就当今我国养老机构发展方式来说，新成立的养老机构层出不穷，养老机构想要提高自身的竞争力，就必须抓住市场时机，借鉴国外养老机构的管理经验，从而提高养老机构财务管理质量，实现多元化发展。具体来说，养老机构不仅要关注人口老龄化发展趋势，也要根据外部形势（市场形势、政策形势）不断完善自身的财务管理制度，通过价值形式开展养老机构经营活动管理，将养老机构中的物质条件、经营过程、经营结果进行合理的规划与控制，这样才能够在竞争中获取经济效益。

（二）树立风险意识，制定长期财务发展战略

通常情况下，人们认为养老行业财务管理风险相比其他行业更低一些。实则不然，作为资本市场的一部分，养老机构面临着多方的竞争压力，国内养老机构之间竞争暂且不提，由于我国老龄化问题愈加严重，很多外商也清晰地看到了中国养老行业的巨大发展潜力，大力开发外企养老机构，进一步增加了我国养老机构的竞争压力。因此，养老机构必须强化财务管理风险控制工作。首先，将养老机构日常运作中所遇到的不确定因素进行计划实施，并根据养老机构内部环境和外部环境制定风险防范机制，保障经营活动计划足够周密，最大程度上降低经营风险给财务管理带来的负面作用。其次，构建灵活的长期发展策略，并根据市场环境、政策因素、国际环境的变化对发展战略进行动态调整，实现短期效益与长期效益共存。我国对养老事业的政策支持越来越多，养老机构必须充分利用优惠政策，间接降低养老机构开支，根据政策标准实施日常经营管理，从而保障养老机构长足发展。

（三）充分利用信息技术，实现财务管理创新

由于养老机构服务对象的特点，日常的分支开销多，这也是养老机构财务管理中的重点与难点。因此，养老机构要充分利用信息技术的优势，提高量化管理形式的比重，通过信息技术与计算机技术进行定量预测分析、风险预测、财务管理等，这样不仅能够全面提高养老机构财务管理效率与质量，更能够推动财务管理改革与创新。如养老机构资金流比较繁杂，不同的服务对象需求都需要进行财务开支，这时可以将一天的资金流记录在计算机中，并通过计算机软件对数据进行整合，来计算一天的开销。同时，通过信息平台，养老机构能够加强对外界市场发展变化的了解，整合外部信息，为制定长期发展战略提供有效依据。

（四）建立良好资信和风险评估系统，增强养老机构投融资能力

资金不足是制约养老机构发展的关键性问题。资金就是养老机构的血液，有了强大的资金支持才能在错综复杂的市场环境中生存下去，才能实现稳步的发展。养老机构面对较长的投资和建设期的自身特点更要做好资金筹划与安排。尤其在新项目的投资初始就要建立专门的项目评估小组，做好详细的市场调研及投资风险、盈利评测，尽可能地把资金投放到回收期短、投资风险较低的项目上，降低贷款的盲目性，把资金用到刀刃上；从提高自身的信用等级出发，通过与银行建立良好的合作关系，降低贷款审批难度的同时尽量减少筹资成本，提高养老机构的商业信用，规范财务报表的使用等手段来提高养老机构的融

资能力。合理安排使用养老机构的自有资金，使资金的利用率达到最大化，有利于缓解养老机构的资金压力。

（五）提升养老机构内部控制水平

1. 深化内控意识

养老机构的管理人员应不断深化内控意识，保证养老机构的财务管理工作能够适应当前行业的发展趋势。首先，养老机构的管理人员应当加强各部门的协作配合，努力提升财务人员的职业素养，同时积极引入一系列培训机会，对财务人员进行职业技能培训，不断优化财务人员的内控能力。另外，养老机构需要针对老年人可能出现的各类身体健康问题进行相应的风险把控，提前做好相应的应急措施，积极构建科学高效的风险控制氛围。

2. 加强养老机构的内控风险管理

养老机构的管理人员应当从内部环境着手，逐步完善当前的内部风险管理模式。要进一步优化组织控制结构，结合养老机构的实际情况，设立独立的财务风险管控部门，专门对运营中可能发生的财务风险进行调控。另外，养老机构需要调整财务人员的设置，使得财务人员的具体工作能够与自身的发展目标相适应。最后，养老机构需要加强财务人员的业务培训工作，提升财务人员职业素养，保障内部风险管理工作能够取得实效。

3. 加强内控审计工作

完善的审计工作是风险管理工作的重要前提。养老机构应当加强与审计机构的配合，及时对自身的经营状况进行审核，以充分了解当前资金在使用过程中存在的不足。养老机构要重视外部审计工作，避免自身可能出现的腐败问题，并且要建立起多方面联动的监督机制，充分发挥社会媒体和政府审计部门的监督作用，从而将风险降到最低。

任务七　养老机构的物业管理

【知识目标】

◇ 了解养老机构物业的服务范围
◇ 理解养老机构物业存在的意义
◇ 掌握养老机构物业的服务规范

【能力目标】

◇ 能运用养老机构物业服务规范，为老年人提供相应的物业服务

【素质目标】

◇ 具备团队协作意识和对老年人关爱的理念
◇ 利用案例反思为老年人服务不足的原因，通过物业服务的规范标准查漏补缺

【思维导图】

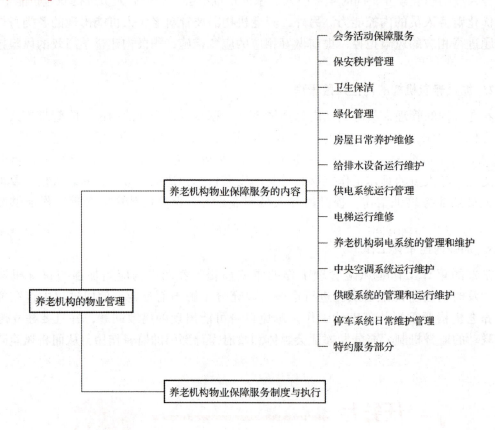

一、养老机构物业保障服务的内容

养老机构物业保障服务的范围相当广泛，服务项目多元化，除房屋的使用管理，房屋及附属设备、设施的维修养护外，还有房屋室外的清扫保洁、治安保卫、交通及车辆管理、环境绿化以及养老机构各方面的多种服务，如洗涤服务等。养老机构物业保障服务大致包括以下内容。

（一）会务活动保障服务

会务服务是指对养老机构内外举办的各类会议、活动提供各项后勤保障类服务，包括

会议设施和音响设备等的准备和使用。

（1）指定专人承担会议现场保障服务，保持室内及桌椅整洁、温度适宜、设备正常运行。

（2）会场布置整洁、大方、颜色协调，按照会务组要求布置绿植、桌签和会议手册，并摆放合理；保持室内空气清新、温度适宜，地面、墙面整洁无污物、无污渍。

（3）小型会议召开前15分钟，重要会议召开前1小时完成会议各项准备工作，具体包括请需求部门检查会场布置是否符合要求；开启照明灯具；打开门窗通风，检查室内卫生；调整空调设备、音响设备，达到主办部门要求；节约使用各种会议物品，不丢失物品。

（4）全面掌握会议室基本设施、设备使用情况，能够熟练操作会议室所有设备。定期测试音响视听设备，保证达到使用条件，发现问题及时反馈相关部门进行维修维护。

（5）工作结束时间以当天最后一个会议结束为准，会后及时提醒、协助与会人员带好随身物品，对遗留的文件和物品，及时交有关部门处理；会议结束及时完成卫生打扫工作，并及时关闭音响视频设备、空调设备及灯具。

（6）及时对茶具等用品进行消毒清洁，符合卫生防疫规范要求，茶具破损率全年一般不超过总量的千分之三。

（7）具有接待临时性会务保障的能力，在接到会议主办部门的通知后，在规定时间内能做好会议接待的准备工作。

（8）会议或活动时间内，会务保障人员定岗定位，不随意离开，不做与会议保障无关的活动。

（9）协助主办部门做好会议登记，信息全面、准确。

（二）保安秩序管理

保安秩序管理是指为保证养老机构的安全保卫管理，对来客来访进行登记、查验，确保无闲杂人员进入养老机构，防止盗窃、破坏及意外事故，同时做好养老机构内车辆、道路及环境秩序管理等。

（三）卫生保洁

卫生保洁是指为养老机构环境清洁而进行的日常清扫、清洁工作。养老机构要有明确的环境卫生服务内容、服务标准及保洁要求。

（四）绿化管理

绿化管理是指负责养老机构园区内、室内外公共区域和办公场所绿植的日常养护和管理，包括绿化基本要求和绿化养护内容及日常监管要求。

（五）房屋日常养护维修

房屋日常养护维修是指养老机构主体建筑设施的房屋日常养护维修：为保持养老机构

房屋原有完好等级和正常使用，制订年度房屋养护计划，每年进行一次房屋安全普查，按计划进行日常养护和及时修复小损、小坏等房屋维护管理工作。

房屋养护维修包括养老机构房屋地面、墙台面及吊顶、门窗、通风道等的日常养护维修，确保养老机构房屋正常使用；及时完成各项零星维修任务，零星维修合格率100%，一般维修任务不超过24小时，发现问题及时报养老机构管理部门，并将处理方法及结果以书面形式报养老机构备查；每年对防雷装置进行一次检测。

（六）给排水设备运行维护

给排水设备运行维护是指为保证养老机构给排水设备、设施的正常使用所进行的日常养护维修，如对养老机构室内外的消防泵、喷淋泵、水处理设备、消火栓、卫生洁具、排水管、透气管、水封设备、室外排水管及其附属构筑物等进行日常养护维修，保证给排水系统正常运行。每年汛期前定期对雨、污水井，排水沟，屋面排水口等设施进行检查，组织清理、疏通。重要部位、低洼处、车库出入口等容易进水部位，需要储备足够防汛沙袋。要有汛期（每年6-9月份）专项措施，对防汛设备、排水设施进行检查，确保防汛期间排水设备设施完好；严格值班规定，并做好记录。

（七）供电系统运行管理

供电系统运行管理是指对养老机构供电系统如高低压电器设备、电线电缆、强电竖井、电气照明装置等进行日常管理和养护维修。对供电范围内的电气设备进行计划性维修保养，及时处理突发故障，定期巡视维护和重点检测，建立各项设备档案，做到安全、合理、节约用电，管理和控制能源消耗，制订并落实节能计划。

（八）电梯运行维修

电梯运行维修是指为保证养老机构电梯设备正常使用所进行的日常运行管理，主要包括：

（1）确保电梯按规定时间运行。

（2）安全设施齐全有效，电梯内求救警钟保持正常工作状态。

（3）通风、照明及其他附属设施完好。

（4）电梯原始档案资料、特种设备使用标志、维保记录、电梯维修工操作证、特种设备安全管理员证件、维修保养合同等齐全完备。协助特种设备检验单位进行年检。

（5）轿厢、井道保持清洁。

（6）电梯运行正常，且安全标志明显、齐备。

（7）因故障停梯，接到报修后维修人员应在30分钟内到达现场抢修，及时排除故障。所有楼层应有明显安全标志和措施。

（8）电梯检修时摆放检修标志牌。

（九）养老机构弱电系统的管理和维护

弱电系统的管理和维护是指养老机构弱电系统（包括消防报警系统、闭路监控系统、门禁系统、电话系统、网络系统、会议音响视频系统、有线电视等)的检查、检测和弱电设备的日常维修保养工作。其主要职能如下：

（1）熟悉掌握会议设备的调试、维护及运行方式方法，如期对会议设备进行调试和维护维修。

（2）制订弱电设备维修计划，并组织实施。保证养老机构消防自动报警系统、门禁系统、闭路监控系统、电话和网络系统、会议音响系统等设备运行正常，各系统工作稳定。

（3）定期对养老机构内的各弱电系统设备进行检修，保证消防自动报警设备、闭路监控设备灵敏可靠，运行正常。

（4）制定停电、系统故障无法排除等非正常状态的应急措施，及时排除各项系统运行中的故障。一般性故障立即排除，维修合格率100%，暂时不能处理的应立即启动应急措施，应急措施必须确保有效。

（5）按时进行消防设施巡检和各级人员的消防演练，包括机构内在住老年人的消防演练。

（6）建立系统的维护保养档案，详细记录各类设备的分布、使用和检修。

（十）中央空调系统运行维护

中央空调系统运行维护是指为保证养老机构新风系统及中央空调系统正常运行所进行的日常管理和养护维修，主要包括：

（1）建立设备档案，认真做好设备运行和维修、保养记录。

（2）夏季中央空调、分体空调在运行之前要对新风机、空气处理机滤网、表冷器、箱体、风机盘管进行清洗消毒，检查各种开关设备是否完好无损。对冬季水冷空调制热系统的运行要严格按操作规程进行操作，防止冻结。

（3）空调运行值班人员应持有相应专业资格证书。

（十一）供暖系统的管理和运行维护

供暖系统的管理和运行维护是指为保证养老机构供暖设备的正常运行进行的日常管理和养护维修，主要包括：

（1）供暖系统运行人员必须持证上岗。

（2）供暖系统出现故障时，维修人员应在接到报修后15分钟内到达现场，维修合格率达到100%，一般性维修不过夜。

供暖期结束后，要对站内供暖设备进行检修，对安全阀进行检测维护，保证设备完好率100%。

（十二）停车系统日常维护管理

停车系统日常维护管理主要指保持养老机构内的机动车、非机动车的停放有序及道路的畅通，主要包括制定车库的日常管理制度、日常安全检查制度、机动车的停放安全管理制度，执行机构内人车分流，保障老年人安全。

（十三）特约服务部分

1. 洗衣服务

养老机构需对老年人个人衣物和配套设施物品，如床上用品、窗帘等进行严格分类洗涤、消毒和收纳。

2. 便民服务

便民服务主要包括自行车打气、维修、电动车充电维修、物品送家、送菜送饭上门等服务。

二、养老机构物业保障服务制度与执行

为了规范物业服务与管理活动，保障养老机构的生活和工作环境，需要建立完善的物业基础服务制度，具体包括会务保障制度、保安秩序管理制度、卫生保洁制度、绿化管理制度、房屋日常养护维修制度、给排水设备运行维护制度、供电系统运行管理制度、电梯运行维修制度、养老机构弱电系统管理和维护制度、中央空调系统运行维护制度、供暖系统管理和运行维护制度、停车系统日常维护管理制度、特约服务制度、洗衣服务制度、代办服务制度、绿化服务制度等。

参考文献

［1］李巍.养老服务商业模式设计［J］.商界：评论，2014（4）：98-100.
［2］孙超，唐海燕.养老服务产业的商业模式［J］.商学院，2014（1）：94-96.

任务八
养老机构的信息化知识和管理

【知识目标】

◇ 了解信息化的概念、特征、类型、载体与形态以及信息资源的划分和信息管理的概念
◇ 理解信息管理的作用、标准与信息安全
◇ 掌握信息管理的内容

【能力目标】

◇ 具备识别信息和运行信息的能力

◇ 能运用所学知识为养老机构设计符合其需求的信息管理体系架构

【素质目标】

◇ 增强对各类信息的敏感性，尝试在生活中寻找不同的信息源并识别其信息内容
◇ 与小组分享学习经验，以团队协作的形式尝试设计一套完善的养老机构信息管理体系

【思维导图】

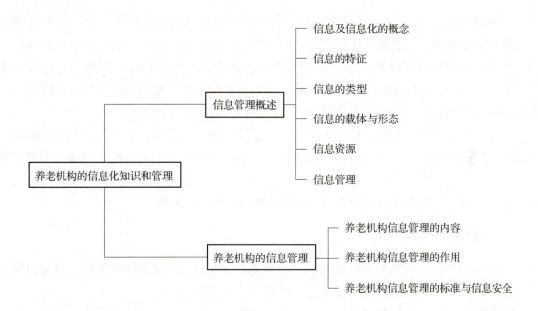

一、信息管理概述

随着我国经济的高速增长，信息化进入了快速发展阶段，大大缩小了与发达国家的差距。我国信息化已走过两个阶段，即计算机模拟手工业务，以及使用一些新的技术打破旧有的业务体制，进行产品、渠道和服务方式的融合与创新，目前我们正向第三阶段迈进。第三阶段定位为新兴社会生产力，主要以物联网和云计算为代表，这两项技术掀起了计算机、通信、信息内容的监测与控制的"4C"革命，网络功能开始为社会各行业和社会生活所全面应用。

（一）信息及信息化的概念

信息化的概念起源于 20 世纪 60 年代的日本，首先是由日本学者梅棹忠夫提出来的，而后被译成英文传播到西方。西方社会普遍使用"信息社会"和"信息化"的概念是 20 世纪 70 年代后期才开始的。

信息是指音讯、消息、通信系统传输和处理的对象，泛指人类社会传播的一切内容。信息是信息论中的一个术语，人们常常把消息中有意义的内容称为信息。信息的标准定义是：以适合于通信、存储或处理的形式来表示的知识或消息。

国内外多数学者和机构从整个社会变革来定义信息化。广义的信息化涵盖信息资源开发与信息技术广泛深入应用的一个较长的历史阶段，包括数字化、网络化、智能化、民主化等。

狭义的信息化主要强调信息资源的系统开发，并不包括智能化。在信息技术推动下，信息资源充分应用到社会各领域，信息在社会发展中起主要作用，意味着信息将成为比物质和能源更为重要的资源，开发和利用信息资源将逐渐成为发展国民经济和科技的主要内容。

信息化是指培养、发展以计算机为主的智能化工具为代表的新生产力，并使之造福于社会的历史过程。与智能化工具相适应的生产力，称为信息化生产力。信息化以现代通信、网络、数据库技术为基础，将所研究对象各要素汇总至数据库，应用到特定人群生活、工作、学习、辅助决策等和人类息息相关的各种行为中。使用该技术后，可以极大地提高各种行为的效率，为推动人类社会进步提供极大的技术支持。

信息化代表一种信息技术被高度应用，信息资源被高度共享，从而使得人的智能潜力以及社会物质资源潜力被充分发挥，个人行为、组织决策和社会运行趋于合理化的理想状态。同时，信息化也是IT产业发展与IT在社会经济各部门的广泛应用不断改造传统的经济、社会结构，从而通往如前所述的理想状态的一段持续的过程。

（二）信息的特征

（1）可识别性：信息是可以识别的。识别又可分为直接识别和间接识别。直接识别是指通过感官的识别，间接识别是指通过各种测试手段的识别。

（2）可存储性：信息是可以通过各种方法存储的。

（3）可扩充性：信息会随着时间的变化不断扩充。

（4）可压缩性：人们对信息的加工、整理、概括、归纳就可使信息精练、浓缩。

（5）可传递性：信息的可传递性是信息的本质特征。

（6）可转换性：信息可以由一种形态转换成另一种形态。

（7）特定范围有效性：信息在特定的范围内是有效的，否则是无效的。

（三）信息的类型

（1）按价值可分为：有用信息和无用信息、有害信息和无害信息。

（2）按时间性可分为：历史信息、现时信息和预测信息。

（3）按载体可分为：文字信息、声像信息和实物信息。

（4）按信息的性质可分为：语法信息、语义信息和语用信息。

（四）信息的载体与形态

信息根据载体的不同可分为四大类：文字、图形（图像）、声音、视频。

1. 文字

文字在语言学中指书面语等人们意识表达的视觉形式。古代把独体字叫作"文",把合体字叫作"字",如今联合起来叫作"文字"。文字的基本个体叫作"字"。在日常生活中,"文字"还可以指书面语、语言、文章、字等,是视觉符号形式,突破口语的时间和空间限制,如汉字、拉丁字母。

2. 图形

图形(图像)是指在一个二维空间中用轮廓划分出的若干空间形状。图形是空间的一部分,不具有空间的延展性,它是局限的可识别的形状。

3. 声音

声音是由物体振动(震动)产生的声波,是通过介质(空气或固体、液体)传播并能被人或动物听觉器官所感知的波动现象。最初发出振动(震动)的物体叫声源。声音以波的形式振动(震动)传播,是声波通过任何物质传播形成的运动。

4. 视频

视频泛指将一系列静态影像以电信号的方式加以捕捉、记录、处理、储存、传送与重现的各种技术。具体来说,连续的图像变化每秒超过 24 帧画面以上时,根据视觉暂留原理,人眼无法辨别单幅的静态画面,看上去是平滑连续的视觉效果,这样连续的画面叫作视频。

(五)信息资源

信息资源是企业生产及管理过程中所涉及的一切文件、资料、图表和数据等信息的总称。它涉及企业生产和经营活动过程中所产生、获取、处理、存储、传输和使用的一切信息资源,贯穿于企业管理的全过程。

信息资源与企业的人力、财力、物力一样同为企业的重要资源,且为企业发展的战略资源。但是,它又不同于其他资源(如材料、能源资源),是可再生的、无限的、可共享的,是人类活动的最高级财富。

按不同的划分标准,信息资源可分类如下类型。

1. 按性质划分

信息资源按性质可分为自然信息资源和社会信息资源两类。自然信息资源指产生于自然界的信息资源,如地质信息资源、地理信息资源、太空信息资源、气象信息资源、地震信息资源、生命信息资源、海洋信息资源等;社会信息资源是产生于人类生产与社会实践活动过程中的信息资源,如教育信息资源、体育信息资源、法律信息资源、物质信息资源、经济信息资源、医疗信息资源等。

2. 按载体划分

信息资源按载体可划分为人脑信息资源、实物信息资源、文献信息资源、电子信息资源。人脑信息资源是以人的大脑为载体的信息资源,是人脑资源的重要部分;实物信息资源是以自然物质为载体的信息资源,可分为自然实物信息资源,如地球、山川、河流等,以及人工实物信息资源，如雕塑、碑石、模型、建筑等；文献信息资源是以文字、图形、符号、声频、视频等方式记录在各种载体上的知识和信息资源，如书刊信息资源、声像信息资源；电子信息资源是以数字化形式把文字、图像、声音、动画等多种形式的信息存储在光、磁等非印刷型介质上，并以光信号、电信号的形式传输，通过计算机和其他外部设备再现出来的信息资源，如网络可联机存取的各类数据库、单独发行的磁带、磁盘、光盘、集成电路卡等。

3. 按表现形态划分

信息资源按表现形态可以划分为潜在信息资源与现实信息资源。潜在信息资源是指个人在认知和创造过程中储存在大脑中的信息资源，只能为个人所理解和利用，无法为他人直接理解和利用，是一种没有表达出来的、有限再生的信息资源；现实信息资源是指潜在信息资源经过个人表述后能为他人所利用的信息资源，其主要特征是具有社会性，通过特定的符号表述和传递，可以广泛地、连续反复地为人类所利用，是一种可以无限再生的信息资源。

4. 按构成要素划分

信息资源按构成要素可分为信息内容资源、信息技术资源和信息人才资源。

5. 按组成关系划分

信息资源按组成关系可划分为元信息资源、本信息资源和表信息资源。

6. 按空间位置划分

信息资源按所处的空间位置可分为国际信息资源、国家信息资源、地区信息资源、单位信息资源、个人信息资源。

（六）信息管理

信息管理是指对人类社会信息活动的各种相关因素（主要是人、信息、技术和机构）进行科学的计划、组织、控制和协调，以实现信息资源的合理开发与有效利用的过程。

信息管理是人类综合采用技术的、经济的、政策的、法律的和人文的方法和手段对信息流（包括非正规信息流和正规信息流）进行控制，以提高信息利用效率，最大限度地实现信息效用价值为目的的一种活动。

信息管理也可理解为人类为了收集、处理和利用信息而进行的社会活动。

信息管理是通过制定完善的信息管理制度，采用现代化的信息技术，保证信息系统有效运转的工作过程。它既有静态管理，又有动态管理，但更重要的是动态管理。

二、养老机构的信息管理

（一）养老机构信息管理的内容

随着我国人口老龄化的进程，传统的养老模式已不能满足需求，大力发展居家养老和社区养老是解决养老服务难题的必由之路，也是构建中国特色养老服务体系的根本基石。推进多样化的养老服务，必须加强养老机构信息化建设，而信息化建设离不开信息管理体系的搭建。养老机构一般信息化管理体系中涵盖机构运营、安全保障、生活配套、风险防控等各个方面。养老机构信息管理体系如图3-16所示。

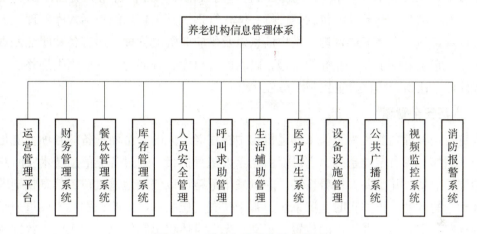

图 3-16 养老机构信息管理体系

1. 运营管理平台

运营管理平台是养老机构的核心系统，内容涵盖档案管理、营销管理、客户管理、评估管理、居住管理、收费管理、医疗照护管理、膳食管理、活动管理、服务质量管理、信息发布、健康检测、智能终端管理、数据分析、报表管理、数据接口管理等。这类平台系统目前主要有两种形式：一种是通用型平台系统，研发公司已将各功能模块开发完成，有既定的业务逻辑和流程，也可进行一定范围内的二次开发来满足特殊业务需要。这种形式的系统部署快，造价相对较低，能比较快速地搭建并投入实际应用，但缺点是功能和业务灵活性受限，只能按照系统原设计逻辑和流程来运行，或是对需求进行变通后运行。另一种方式是定制开发管理平台系统，由研发公司对养老机构进行需求调研，从而依照养老机构自身特有的业务模式和流程进行系统开发。这种形式的系统对于养老机构来说业务需求匹配度高，更符合实际的运营需要，但缺点是开发周期较长、造价较高，一般按开发进度阶段性投入使用。

2. 财务管理系统

财务管理系统是比较成熟的信息系统，是一种面向价值信息和基于会计管理活动的系统，是在计算机硬件和网络环境下，采用现代信息处理技术，对会计信息进行采集、存储、处理及传送，完成会计核算、监督、管理和辅助决策任务的系统。财务管理是对资金及其运动过程的管理，资金循环的好坏，直接取决于财务管理工作的好坏，也直接影响甚至决定养老机构的生存和发展。

3. 餐饮管理系统

餐饮管理系统是服务于老年人日常餐饮管理的系统，是为了满足餐饮部门的业务管理、费用的收取和统计的管理系统。它能帮助餐饮部门提高服务质量、工作效率，准确地考评员工绩效，及时协调处理缺货情况。

4. 库存管理系统

库存管理系统是养老机构用于决策和管理的数据库系统，可对各类商品的进货、领用消耗、库存结存、财务的收付款等进行一体化管理。其主要功能包括入库管理、出库管理、收付款管理、商品资料管理、用户信息以及供应商资料管理，还有各种明细账查询和其他功能。它主要用于库存业务的管理，以入库、出库、查询为主要应用类型并进行相应的事务处理，让物资库存数量控制在最佳状态。

5. 人员安全管理

人员安全管理主要是为了保障养老机构中在住老年人的安全而配备的各项智能化设备和系统。例如，人员定位系统，它可以由老年人随身携带，通过各类信息技术实时获取老年人的位置信息，并配备有报警按键，一旦发生危险可以快速地通过位置信息找到求助者并得到相应的救助。再如实时监测系统，基于位置定位技术、人脸识别技术或重力感应等先进的技术，实时监测老年人的位置、行动步态、身体状况等信息，一旦监测数据触发预设的报警数值，系统将及时对工作人员进行预警。

6. 呼叫求助管理

呼叫求助管理主要通过固定安装的或随身携带的各类硬件设备为老年人提供呼叫求助服务，如安装在室内的呼叫报警器，通过按键或是拉绳的方式为老年人提供呼叫服务。另外也可以采用随身无线设备的形式，由老年人随身携带，随时呼叫。

7. 生活辅助管理

生活辅助管理系统主要是为给老年人提供日常生活的便利设置的，如信息发布系统、物业服务系统、门禁管理系统、停车管理系统等。它们为老年人的日常生活提供便利服务的同时，提高了养老机构的管理效率。

8. 医疗卫生系统

医养结合是目前养老机构发展的一个趋势，越来越多的养老机构已经意识到医疗服务对于在住老年人的重要性，某些大型的养老社区已建立了自己的社区医疗机构，这就需要专业化的医疗卫生信息系统来对服务进行支撑，以满足医疗服务运转的需要。

9. 设备设施管理

在养老机构中有各类设备设施为老年人和工作人员提供着服务，这些设备设施的正常运行、维修保养、检修巡查都需要进行管理。传统的人工管理已经不能满足现代化需要，而专业化的设备设施管理系统正好解决了这个问题，越是大的养老机构越是需要这类系统来提高管理效率。

10. 公共广播系统

为了给老年人提供一个温馨舒适的生活环境，满足在住老年人的文化生活需要，可以在养老机构园区中安装公共广播系统。该系统由后端的控制设备和前端隐藏在绿化带或建筑物中的播放设备组成，可以分不同区域、不同时段，按设定好的时间和内容进行多媒体语音信息的播放。同时，该系统还与消防报警系统进行联动，一旦园区火灾触发消防报警，报警语音也会随着公共广播系统进行播报。

11. 视频监控系统

视频监控系统是通过前端的监控设施设备进行画面捕捉，将视频信息呈现在监控大屏幕上由安防人员进行实时监控，并由后台系统通过存储设备将视频信息进行留存的系统。该系统可提升养老机构园区的安全保障等级，及时发现安全隐患，提高安保人员的保障效率。该系统引入人脸识别技术后可与门禁管理、人员安全管理、呼叫求助管理进行联动，提高安全保障的响应速度和准确性。

12. 消防报警系统

当发生火灾时，消防报警系统能在火灾初期，将燃烧产生的烟雾、热量、火焰等物理量，通过火灾探测器变成电信号，传输到火灾报警控制器，并同时以声或光的形式通知整个楼层疏散。控制器记录火灾发生的部位、时间等，使人们能够及时发现火灾，并及时采取有效措施，扑灭初期火灾，最大限度地减少由火灾造成的生命和财产损失。

以上所介绍的是养老机构信息管理体系的搭建过程中经常配备的各项管理系统。具体还需要根据养老机构的规模、业态、服务人群、服务模式等情况综合考虑真实需求后进行配置，用以充实养老服务信息系统功能，以合理分配养老服务资源，降低服务成本，提高服务质量，满足养老机构的多元化管理服务需求。

（二）养老机构信息管理的作用

养老机构信息管理主要以现代通信、智能可穿戴、互联网、大数据和人工智能为技术依托，以"建设信息化、智能化养老服务"为核心，以"建立老年人信息数据库"为基础，以"提供生活照料、精神关怀、安全预警、增值服务"为基本服务内容，为养老机构建立完善的养老服务体系。

信息系统建设是全面掌握老年人基本状况，为养老机构的事业发展和服务水平的提高提供可靠依据的基础工程。信息系统可以及时更新老年人基本状况的数据和基础资料，统计分析老年人的各种需求和服务的满足与供给情况，为养老机构的决策提供依据和参考。

加强信息系统建设也是拓展养老服务市场、开辟老龄产业领域的强大助推器。养老产业既需要政府主导的大众化一般性的基本养老服务，也需要市场为主体的多样性、个性化的特殊养老服务，需要养老服务事业和养老服务产业的共同发展。养老机构的信息系统可利用现代科技手段，及时了解和掌握老年人的服务需求信息，整合各种服务资源，逐步实现养老机构服务向更广泛、更深入的方面延伸，向现代化、信息化、标准化、专业化方向发展，使老年人获得方便快捷、称心周到的各种服务。

（三）养老机构信息管理的标准与信息安全

信息标准化从狭义上来讲指信息表达上的标准化，是在一定范围内人们能共同使用的对某类、某些、某个客体抽象的描述与表达。从广义上来讲，信息标准化指对信息的处理、传递、数据流程、处理设备等形成统一的规范。

养老机构的信息管理体系涉及多门类、跨行业、跨专业的各类信息子系统，如何将它们有机融合，使其数据能够互联互通，步调一致地高效运转是养老机构信息标准化需要解决的问题。

1. 信息资源标准化是信息系统建设的基本前提

在信息资源标准化前提下，信息系统对内形成闭合循环，对外呈现开放式的对接和互联，融入整个信息体系的大网络。

（1）从组织内部来看。

信息系统建设涉及各个方面和部门，呈现多元并进的局面，这就要求以信息资源标准化为前提，整合各个子系统的功能，实现信息的互通和兼容。

（2）从组织外部来看。

任何一个组织都无法避免与其他组织或个人产生联系，这就要求组织间的系统互联互通。信息资源标准化能为信息无障碍流动互通提供基础，打破组织间系统壁垒。

2. 信息资源标准化是实现信息资源共享的有效途径

信息技术快速发展和信息系统的广泛应用，使得信息资源的开发和利用渗透到各项业务中，信息爆炸式增长。要让这些信息形成统一信息资源网络服务于养老机构，其前提就是形成统一的信息标准和规范。要想提高信息的利用价值，必须严格推广实施有关标准，提高其可维护性，降低相应的成本。

3. 信息资源标准化是提高信息系统效率的保障

离开了全面完整的信息，信息系统就无法发挥其优势。

（1）系统的基础数据是关于人、财、物的数据，它们有很多共性，可重复利用，它们的标准化有利于实现信息的兼容互换，提高组织内信息系统的综合效益。

（2）通过标准化可以规范信息类型和系统所需信息的种类，为系统提供足够信息支持，增强应用效果。很多理论正确的系统往往因为信息不齐全而无法实现预期的目标。

（3）在对信息进行分析、统计等处理时，只有标准化的信息才能使工作顺利快速进行，否则在数据转换上会花费大量时间。

信息安全或数据安全有对立的两方面含义：一是数据本身的安全，主要是指采用现代加密算法对数据进行主动保护，如数据保密、数据完整性、双向身份认证等；二是数据防护的安全，主要是采用现代信息存储手段对数据进行主动防护。数据安全是一种主动的包含措施，数据本身的安全必须基于可靠的加密算法与安全体系，主要有对称算法与公开密钥密码体系两种。

数据处理的安全是指有效地防止数据在录入、处理、统计或打印中由于硬件故障、断电、死机、人为的误操作、程序缺陷、病毒或黑客等发生损坏或丢失现象,某些敏感或保密的数据可能会被不具备资格的人员阅读,而造成数据泄密等后果。

　　数据存储的安全是指防止数据库在系统运行之外的可读性。一旦数据库被盗,即使没有原来的系统程序,照样可以另外编写程序对盗取的数据库进行查看或修改。这就涉及计算机网络通信的保密、安全及软件保护等问题。

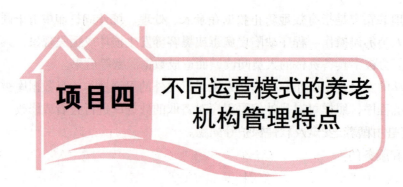

项目四 不同运营模式的养老机构管理特点

【知识目标】

◇ 了解养老机构的不同运营模式

【能力目标】

◇ 运用各个运营模式的特点，初步进行养老机构投资及运营路径的选择

【素质目标】

◇ 成立同岗位的学习小组，以同组教员实施培训，达到全组考核通过的目标

【思维导图】

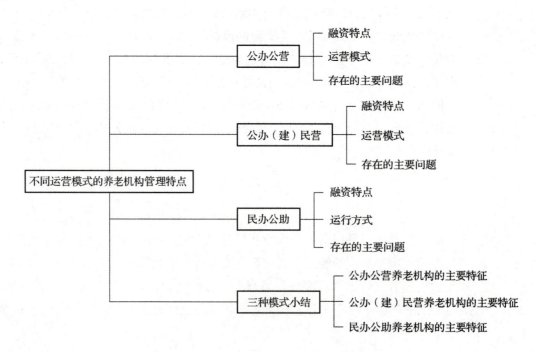

根据政府和市场在养老产业链中扮演角色和参与程度的不同,我国养老机构主要有三种运营模式:公办公营、公办(建)民营、民办公助。

一、公办公营

2013年是中国养老产业化发展的元年。在此之前更多的是政府作为养老政策的制定者、执行者和服务的供给者,负责养老机构的土地划拨、物业建造和后期运营;养老服务的主要对象是三无人员、残障人士及特困人员等社会弱势群体,注重社会效应,突显的是养老的公益属性和福利属性,所以我们称之为养老事业。这个阶段的养老服务设施就是人们耳熟能详的养老院、敬老院、幸福院、荣军院、福利中心等,而养老机构的主要运营模式就是公办公营。

(一)融资特点

公办公营养老机构模式比较简单,完全由政府投资兴办,资金和土地来源于政府拨款。

(二)运营模式

公办公营养老机构由政府直接管理,相关工作人员纳入政府事业编制,其工资收入享受国家拨款,该种模式运营压力较小。

(三)存在的主要问题

(1)管理体制问题。公办公营养老机构是事业单位编制,员工享受事业单位待遇,工作比较稳定,没有失业风险,制度规范、管理体制相对固化,某种程度上降低了养老机构的运行效率,造成高耗低效,以及公共养老资源的浪费。

(2)职能定位不明确。公办公营养老机构是为全社会提供养老服务的社会保障机构,应该发挥兜底作用,优先接收"城市三无""农村五保""低保"老年人等弱势群体,提供基本养老服务。但因为政策无明确限制,公办公营养老机构较低的收费使得社会上大量的老年人都选择入住,导致供不应求出现排队的情况,而真正需要入住公办公营养老机构的困难老年人却被排除在外。

二、公办(建)民营

公办(建)民营养老机构是指由各级政府和公有制单位兴办的具有公有制性质的养老机构。公办公营养老机构按照市场经济发展的客观要求进行改制、改组和创新,交由民间组织或社会力量去管理和运作,实现多种经济成分并存、多种管理和服务运营模式并存、充满生机和活力的发展局面。公办(建)民营是一种市场主体自主经营、自我发展的管理体制，是在市场化的运行机制下，实现养老机构产权与经营权的分离。

在公办（建）民营模式下，政府主体和养老服务供给者具有不同的权利和义务。对于政府来说，其权利包括福利供给招标或以其他方式挑选参与供给者的权利，投标审查与供给契约的授予权利，福利供给契约的监督权利，福利供给契约的变更权和终止权等。同时，政府作为公办（建）民营模式的主体，应接受公众的监督。另外，政府对养老机构的参与者应进行招标，并对其给予政策支持，以此鼓励更多社会资本参与到养老产业。

（一）融资特点

在公办（建）民营模式中，主管部门对公办养老服务机构及设施，采取产权和经营权分离的方式，在不改变产权性质的基础上改变其经营方式，由政府提供服务设施及经营条件。根据协议约定，政府依法将公办养老机构及其服务设施以承包、租赁、委托经营、合营、参股或出让等方式转给企业、社会组织、外资或个人等合法经营者，由其按照自我经营、自负盈亏、自我发展、自我约束的原则为老年人提供养老服务。

（二）运营模式

实践中，公办（建）民营模式的运行方式主要有五种：①承包式，即在不改变公办养老服务机构产权性质的前提下，将其经营服务权转让给企业、社会组织或个人等社会经营者，政府则根据承包合同收取一定的承包费，并监督社会经营者的相关服务与运营。②租赁式，即将公办养老服务机构的使用权租赁给社会经营者，政府根据租赁合同收取一定的租金，监督租赁财产不受损失。社会经营者凭借自己的经营才能获取经济效益，并利用经营的收益支付该机构的租赁费用。③委托经营式，即将公办养老服务机构委托给各类市场主体全权经营管理。④合营式，即公办养老服务机构的经营服务权由社会经营者部分代行，政府与社会经营者根据双方的资金及精力投入比例以及能力优势分配经营服务权，通过协议确认双方在某些服务管理上的职责范围，形成合作关系。⑤股份式（或称参股式），即对公办养老服务机构进行股份制改造，公办养老服务机构参与管理、分享股权，形成产权多元化、利益共享、风险共担的格局，并按照现代企业制度的模式实现公办养老服务机构的经营管理。

（三）存在的主要问题

（1）政府监管责任缺失。从现有已经完成公办（建）民营的养老机构的运营方式来看，在社会经营者取得招标权，缴纳各项规定的费用以后，政府就把养老机构完全交给社会经营者来经营。政府作为管理机构应承担监督责任，要对养老机构的日常工作进行监督。

（2）成为滋生腐败的温床。由于公办（建）民营养老机构规模一般较大，投入的建设资金也较大,在招标过程中难免出现不公平情况。因此,养老机构的建设和招标过程要实现全公开。

三、民办公助

民办公助模式是指按市场竞争机制自由兴办养老服务机构,在市场中自主经营的同时,获得政府的支持。在政策制度上,政府给予民办公助养老机构以税费减免和土地政策上的优惠等。这种模式有利于调动民营资本投入兴办养老服务机构的积极性,减少政府公共资金对养老服务机构的直接投入,有利于政府对养老服务机构服务质量提出要求和实施宏观控制。

(一)融资特点

在民办公助模式下,往往由企业、社会组织或个人以及外资出资,通过政府规划、扶持,优惠出让土地使用权,建设各种档次的养老机构。当然这种模式现实中也遭遇了不少政策"瓶颈"。例如,只有登记为民办非企业单位的民办养老服务机构才能享受国家的一些优惠政策,而登记为民办非企业单位又给这些单位带来土地及地上建筑物不能抵押贷款且不能出售房屋产权等难题,致使资金运作困难,投资人陷于进退两难境地。

(二)运行方式

在民办公助模式下,政府确定政策资金支持的范围,并给予资金支持与物质支持。资金支持包括无偿资助和有偿资助。其中,无偿资助指政府对民办养老服务机构给予无须偿还的资金资助,按照机构规模、床位、投资额等,由政府无偿给予相应的资金,亦即政府购买床位给"三无老年人""五保老年人"及其他特殊困难群体。有偿资助又分限期资助和无限期资助。其中,限期资助指政府投入部分资金,供民办养老服务机构周转三至五年,周转期间不收取任何费用,周转期满后政府收回资金再投入兴建服务设施;无限期资助则指政府向民办养老服务机构投入资金,收取低于贷款利息的资金占用费,待该机构停办时收回资金。

(三)存在的主要问题

(1)投入大、回收周期长、利润低、风险大。民办养老机构是由社会组织者独立承办,自筹资金,自负盈亏。养老机构前期的资金投入比较大,建筑、设施、人员等要一应俱全,还要符合政策要求,这必然会增加养老机构的固定成本,提高了社会办养老机构的门槛,将一部分想办养老机构但经济条件有限的社会人士排除在外。养老机构属于非营利性质的产业,成本回收的周期长,即使收回部分成本,也需要继续投入。而且民办养老机构90%以上收入来源于床位费,资金匮乏常令它们捉襟见肘。此外,在服务过程中,老年人由于活动不便不可避免地会出现意外情况，加上缺少相应的法律规范，养老机构在面临起诉时常常处于不利地位，大多数情况下只能选择败诉赔偿。而这个问题一直没有得到有效解决，成为制约民办养老机构持续发展的阻碍。

（2）价格差距大，护理人员紧缺，工作强度大、工资待遇低。养老机构是一个非营利性的公益行业，但是由于民办养老机构的民办性质决定了它的营利性。大型的民办养老机构利用其规模优势有较好的盈利能力，收费较高，入住率也高，发展较好。而大多数民办养老机构的规模都较小，条件较差，价格偏低，入住率也不高。民办养老机构的价格差距大，服务水平和质量一直得不到有效地提高。

四、三种模式小结

（一）公办公营养老机构的主要特征

公办公营养老机构的性质是公有制，主要由政府投资建设并进行管理；其日常运营的资金来源于政府的财政拨款，亏损由政府承担，并对其兜底。公办公营养老机构主要为生活困难的弱势老年人群体提供免费的基本养老服务；养老院的工作人员为事业单位编制，享受相应的事业单位的福利待遇；一般建在交通比较便利的地方，可以更好地利用各种公共设施，让出行不便的老年人能够更加方便地享受到养老服务；基础设施也比较完善，能为老年人提供较好的服务。

（二）民办公助养老机构的主要特征

民办公助养老机构是企业性质，其组织者来源多样化，资金主要来源于社会筹集，自主经营，自负盈亏；主要服务对象为社会上的老年人，没有特定对象的限制；采用企业化的管理模式，工作人员为合同制员工，专业性比较高，服务水平较高，但流动性强。公办（建）民营养老机构为了节约成本一般都选择建在地价较低的地方，但这些地方交通不便，导致入住率不高。

（三）公办（建）民营养老机构的主要特征

民办公助养老机构性质为公有制，所有权和经营权分离，政府拥有所有权，经营权归社会组织所有；主要资金由政府承担，社会组织者需要交纳一定数额的风险保证金和机构管理发展资金；政府负责基础设施的建设，社会组织者负责后期的运营管理；服务对象比较广泛，既包括社会上的老年人也包括特殊困难群体老年人；规模比较大，各项设施都比较完善。

参考文献

[1] 张岩松. 养老服务业发展与个案研究[M]. 北京：清华大学出版社，2015.
[2] 魏华林，金坚强. 养老大趋势[M]. 北京：中信出版社，2014.
[3] 管帅威. 公办、民办和公建民营模式养老院的比较研究——以河南省为例[J]. 经济研究导刊，2018（28）：56-57..